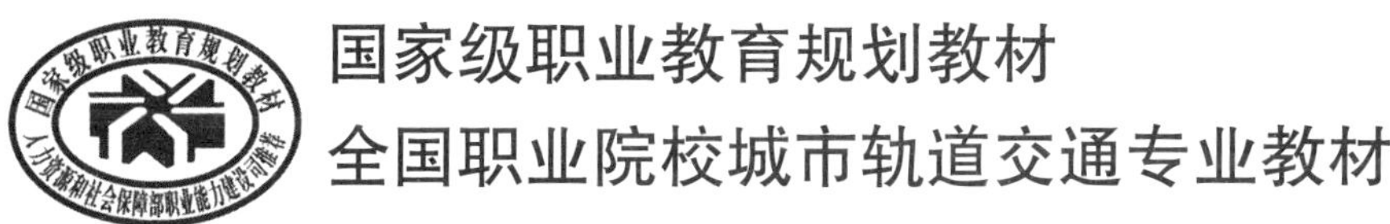

国家级职业教育规划教材

全国职业院校城市轨道交通专业教材

城市轨道交通车辆维护与检修

人力资源社会保障部教材办公室组织编写

黄凯林　主编

中国劳动社会保障出版社

简介

本教材以城市轨道交通列车检修工职业标准为依据，结合职业院校城市轨道交通专业的教学实际进行编写，主要包括城市轨道交通车辆维护与检修概述，以及车体与车门、转向架、连接装置、风源及制动系统、空调系统、牵引系统、辅助供电系统、控制及乘客信息系统的维护与检修等内容。教材配有电子课件，可通过技工教育网（http：//jg.class.com.cn）下载。

本教材由黄凯林任主编，陈妮、孙保军、王永祥参加编写。

图书在版编目（CIP）数据

城市轨道交通车辆维护与检修 / 黄凯林主编 . -- 北京：中国劳动社会保障出版社，2020
全国职业院校城市轨道交通专业教材
ISBN 978-7-5167-4428-4

Ⅰ. ①城…　Ⅱ. ①黄…　Ⅲ. ①城市铁路 – 铁路车辆 – 车辆检修 – 高等职业教育 – 教材
Ⅳ. ① U279.3

中国版本图书馆 CIP 数据核字（2020）第 115097 号

中国劳动社会保障出版社出版发行
（北京市惠新东街 1 号　邮政编码：100029）
*
三河市潮河印业有限公司印刷装订　　新华书店经销

787 毫米 ×1092 毫米　16 开本　14.75 印张　286 千字
2020 年 9 月第 1 版　　2021 年 12 月第 2 次印刷
定价：32.00 元

读者服务部电话：（010）64929211/84209101/64921644
营销中心电话：（010）64962347
出版社网址：http：//www.class.com.cn
http：//jg.class.com.cn

前　言

我国城市轨道交通自1965年北京地铁一期工程建设开始，经过了50余年的建设和发展，取得了显著成就。近年来，城市轨道交通正处于大规模高速发展时期，以北京、上海、广州为代表的特大城市已进入网格化建设阶段，尚有几十个城市正在建设或规划中。实践证明，发展城市轨道交通是解决城市交通问题的有效途径，对促进城市经济持续发展也起到了重要作用。

随着城市轨道交通行业的高速发展，城市轨道交通企业对从业人员的知识水平和职业能力提出了更高的要求。为了培养更加符合城市轨道交通企业需求的技能人才，我们组织了一批教学经验丰富、实践能力强的一线教师和行业、企业专家，在充分调研的基础上，编写了这套全国职业院校城市轨道交通专业教材。

这套教材包括《城市轨道交通概论》《城市轨道交通车辆基础》《城市轨道交通车站设备基础》《城市轨道交通行车组织》《城市轨道交通客运组织》《城市轨道交通车辆驾驶》《城市轨道交通乘客服务》《城市轨道交通车辆维护与检修》和《城市轨道交通安全管理》。

本次教材编写工作的重点主要体现在以下几个方面：

第一，突出教材的实用性。本着“学以致用”的原则，根据城市轨道交通企业的工作实际安排教材的结构和内容，对操作性较强的课程，教材在编写中安排了技能训练，突出对学生实际操作能力的培养。

第二，突出教材的先进性。根据城市轨道交通行业的现状和发展趋势，教材在编写过程中尽可能多地体现了新知识、新技术、新方法、新设备，以期缩短学校教育与企业岗位需求的距离，同时，严格执行国家最新技术标准。

第三，突出教材的易用性。新版教材充分考虑学生的认知规律，注重利用图表、实物照片和案例辅助讲解知识点和技能点，为学生营造生动、直观的学习环境，激发学生的学习兴趣。同时，教材还配有电子课件和习题册，便于教师开展教学和学生课后复习。

本套教材的编写得到了有关省市教育部门、人力资源社会保障部门和一批职业院校的大力支持，教材编审人员做了大量的工作，在此，我们表示诚挚的谢意！同时，恳切希望广大读者对教材提出宝贵的意见和建议。

人力资源社会保障部教材办公室

目　录

第一章　城市轨道交通车辆维护与检修概述

学习目标

- ◆ 了解城市轨道交通车辆维护与检修的基本概念。
- ◆ 掌握城市轨道交通车辆维修的方式、修程、周期、制度、限度及应用。
- ◆ 了解城市轨道交通车辆检修工艺和工艺文件的内容。
- ◆ 掌握城市轨道交通车辆检修的生产和工艺过程及基本方法。
- ◆ 了解城市轨道交通车辆基地的组成、功能及主要线路。
- ◆ 掌握城市轨道交通车辆主要检修设施设备的作用。

城市轨道交通车辆维护与检修（维护与检修也可简称“维修”）是城市轨道交通系统工作的重要组成部分。本章主要介绍了城市轨道交通车辆（以下也可简称“车辆”）维修的基础知识，包括城市轨道交通车辆维修的概念、方式、修程、周期、制度和限度，车辆检修工艺的相关概念和基本方法，车辆基地的组成、功能和主要线路，车辆基地主要设备的作用、特点及应用等内容。

第一节　城市轨道交通车辆维修基本概念

城市轨道交通车辆在运用过程中，零部件会出现磨耗、损伤和腐蚀，目前的技术水平还不能确保车辆在整个寿命期内不需要维修即可持续保持其运用性能。为了保证车辆处于良好的状态，确保行车安全和延长使用寿命，必须对其进行相应的维修工作。

一、车辆维修

车辆维修是指为保持、恢复和提升车辆技术状态而进行的技术活动，主要作用在于恢复车辆精度、性能，以提高效率、延长使用寿命、保持工作能力。车辆维修的基本内容包括车辆维护、车辆检查与车辆修理。

1. 车辆维护

车辆维护的工作内容是保持车辆清洁整齐、润滑良好、安全运行，包括及时紧固松动的紧固件、调整活动部分的间隙等，简言之，即清洁、润滑、紧固、调整、防腐。实践证明，车辆的寿命在很大程度上取决于维护保养的好坏。车辆维护依工作量大小和难易程度不同，分为日常维护保养、一级维护保养、二级维护保养、三级维护保养等。

（1）日常维护保养又称例行保养，其主要工作内容是清洁、润滑和紧固易松动的零部件，检查零部件的完整性。这类保养的项目和部位较少，大多数在车辆的外部。日常维护保养的具体工作由操作工人承担。

（2）一级维护保养的主要工作内容是全面地进行拧紧、清洁、润滑、紧固，还要部分地进行调整。一级维护保养一般也由操作工人承担。

（3）二级维护保养的主要工作内容包括内部清洁、润滑、局部解体检查和调整。二级维护保养一般由专职维护保养工人承担。

（4）三级维护保养主要是对车辆主体部分进行解体检查和调整，必要时对达到规定磨损限度的零部件加以更换，此外，还要对主要零部件的磨损情况进行测量、鉴定和记录。三级维护保养一般也由专职维护保养工人承担。

在各类维护保养中，日常维护保养是基础。保养的类别和内容要针对不同车辆的特点进行确定，不仅要考虑车辆的生产工艺、结构复杂程度、规模大小等具体情况，还要考虑不同企业的维修习惯。

2. 车辆检查

车辆检查是指对车辆的运行情况、工作精度、磨损或腐蚀程度进行测量和校验。通过检查，相关人员可以全面掌握车辆的技术状况和磨损情况，及时查明和消除车辆的隐患，有目的地做好修理前的准备工作，以提高修理质量和缩短修理时间。

车辆检查按时间间隔不同，可分为日常检查和定期检查。日常检查由车辆操作人员执行，同日常维护保养相结合，目的是及时发现不正常的技术状况，进行必要的维护保养工作。定期检查是按照计划，车辆操作人员参加，定期由专职维修工执行。定期检查的目的是全面准确地掌握零部件磨损情况，以便确定是否有必要进行修理。

车辆检查按技术功能不同，可分为机能检查和精度检查。机能检查是指对车辆各项机能进行检查与测定，如是否漏油、漏水、漏气，防尘密闭性如何，零部件耐高温、高速、高压的性能如何等。精度检查是指对车辆及其组成件的实际加工精度进行检查与测定，以便确定车辆及其组成件的精度情况，为车辆及其组成件的验收、修理和更新提供依据。

3. 车辆修理

车辆修理是指修复由于各种原因造成的车辆及其组成件损坏和精度恶化，通过修理或更换磨损、老化、腐蚀的零部件，使车辆性能得到恢复。车辆的维护保养和修理是车辆维修的不同方面，二者由于工作内容与作用不同，不能相互替代，工作中应把二者同时做好，使其相互配合、相互补充。

（1）车辆修理的种类

根据修理范围、修理间隔期和修理费用不同，车辆修理可分为小修理、中修理和大修理三类。

1）小修理。小修理（简称小修）通常只需修复、更换部分磨损较快和使用期限等于或小于修理间隔期的零部件，调整车辆的局部结构，保证车辆能正常运转到计划修理时间。小修理的特点是修理次数多，工作量小，每次修理时间短。小修理一般在生产车间现场由车间专职维修工执行。

2）中修理。中修理（简称中修）是对车辆进行部分解体、修理，或更换部分主要零部件与基准件，或修理使用期限等于或小于修理间隔期的零部件，同时要检查整个机械系统，紧固所有机件，消除扩大的间隙，校正车辆的基准，保证车辆能恢复和达到应有的标准和技术要求。中修理的特点是修理次数较多，工作量适中，每次修理时间较短。中修理的大部分项目由车间的专职维修工在生产车间现场进行。

3）大修理。大修理（简称大修）属于全面修理，作用是恢复车辆原有精度和性能。大修理的特点是修理次数少，工作量大，每次修理时间较长。车辆大修通常在有条件实施大修理的生产车间或车辆修理厂进行，一般由专职维修工执行。

（2）车辆修理的方法

1）标准修理法。标准修理法又称强制修理法，是指根据车辆零部件的使用寿命，预先编制具体的修理计划，明确规定车辆的修理日期、类别和内容的修理方法。车辆运行到规定的期限，不管其技术状况好坏、任务轻重，都必须按照规定的作业范围和要求进行修理。此方法有利于做好修理前准备工作，有效保证车辆的正常运行，但有时会造成过度修理，增加修理费用。

2）定期修理法。定期修理法是指根据零部件的使用寿命、生产类型、工件条件和有关定额资料，事先规定各类计划修理的固定顺序、修理间隔期和工作量的修理方法。运用定期修理法修理前，通常根据车辆状态确定修理内容。此方法有利于做好修理前的准备工作，并可采用先进的修理技术，降低修理费用。

3）检查后修理法。检查后修理法是指根据车辆零部件的磨损情况，事先只规定检查次数和时间，而每次修理的具体期限、类别和内容均由检查后的结果决定的修理方法。这种方法虽然简单易行，但由于修理计划性较差，检查时有可能由于对车辆状况的主观判断误差而导致零部件的过度磨损或故障。

二、车辆维修方式

城市轨道交通车辆的维修方式是指对车辆维修时机的控制，也就是说，对维修时机的掌握是通过采用不同的维修方式来实现的。车辆维修方式包括定期维修、视情维修和事后维修。

1. 定期维修

定期维修又称时间预防维修，它以使用时间或运行里程作为维修期限。只要设备使用达到预先规定的时间，不管其技术状态如何，都要进行规定的维修工作，这是一种带有强制性的预防维修方式。

定期维修的依据是机件的磨损规律（见图 1–1），机件起初工作时故障率较高，随着使用时间的增长，故障率会快速下降至允许的故障率（规定的故障率），这一时段称为机件的磨合期（又称为早期故障期）。磨合期过后，机件会在较低或规定的故障率下工作，其性能稳定，运行相对安全，这一时段通常称为机件的有效寿命期（又称为偶然故障期）。当机件达到有效寿命后，工作时的故障率会快速增加，进入耗损故障期，其工作稳定性和安全性会急速下降。因此，机件只要工作就必然磨损，磨损严重就会形成故障，进而影响使用和安全。定期维修的关键问题是如何确定维修周期或维修时机。定期维修的实施是由计划修理周期、修理级别和检修范围，以及有关的检修工作条例来保证的。

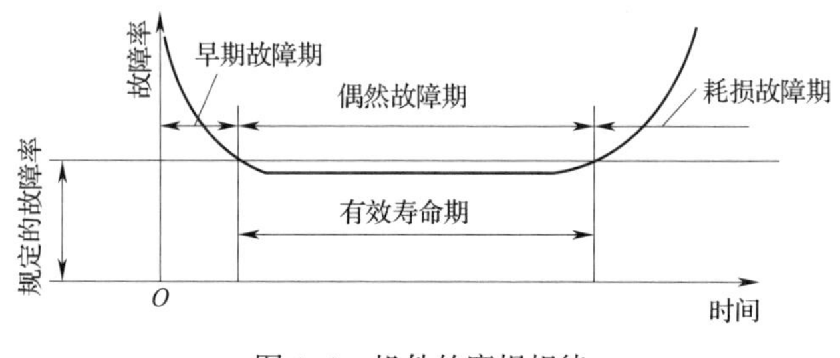

图 1–1 机件的磨损规律

定期维修适用于以下情况：

（1）故障发生机制带有明显的时间相关性。

（2）在设备使用期限内，机件出现预期的耗损故障期，这样可以依据其磨损规律，预测即将发生故障的时间，在此时期故障率将迅速增高。

（3）对于一些重要的机件，当很难检查和判断其技术状况时，定期维修是一种有效的办法。

定期维修的优点是容易掌握维修时间和维修计划，组织管理工作也较简单、明确，对故障有较好的预防作用。定期维修是我国城市轨道交通车辆目前主要采用的维修方式，在保证正常、安全运行方面具有积极作用。定期维修的缺点是不能针对设备的实际技术状况进行维修，预防工作采用“一刀切”的大拆大卸方针，使拆卸次数增多，不利于充分发挥机件的固有可靠性，甚至导致故障增加。

2. 视情维修

视情维修属于按需预防维修方式，它根据设备实际情况（技术状态）确定维修时机，

是靠不断定量分析监测机件的某些参数或性能的视情资料，决定维修时间和项目的维修方式。视情资料指的是通过诊断或监测表征机件技术状态参数获得的资料。视情维修的特点是可以充分发挥机件的潜力，提高机件预防维修的有效性，减少维修工作量和人为差错。这种维修方式费用高，要求具备一定的诊断条件。

视情维修适用于以下情况：

（1）属于耗损故障的机件，而且有缓慢发展的特点（如磨损），能估计出量变到质变的时间。

（2）能定出评价机件技术状态的标准，如极限状态的参数标准等。

（3）机件故障会直接危及安全，而且有极限参数可以监测。

（4）除了眼睛观察及设备本身的测试装置外，还要有适当的监控或诊断手段。

3. 事后维修

事后维修也称故障后维修，它不控制维修时期，是在某个机件出现故障之后所采取的维修方式。事后维修的工作负荷一般是无法预计和评价的，由使用者（运营者）发现故障之后报告，维修就此展开。故障的维修可以是彻底维修，也可以是临时维修，设备在临时维修之后仍然可以投入运营，并等待彻底维修。彻底维修程序结束之后，就应该认为设备恢复可使用状态，可以投入正常的运营。事后维修一般是在各线车辆段或停车场进行。

事后维修适用于以下两种情况：

（1）机件发生故障，但不影响总体和系统的安全性，且可以在故障发生后进行维修。

（2）故障属于偶然性的，故障规律不确定，或者虽属耗损型故障，但用事后维修方式更经济。

三、修程与维修周期

修程是指城市轨道交通车辆维修的级别。维修周期是指相同修程之间的间隔时间或使用期限，修程级别越高，维修周期越长。

目前，国内城市轨道交通车辆的修程是各城市轨道交通企业根据车辆运用情况依据计划修（即预防性维修）的原则自行制定的，一般根据车辆运营里程数与运营时间划分维修的间隔，形式多样且无统一标准。不同城市车辆定期维修周期见表 1–1。

下面以某地制定的车辆修程为例，说明车辆在各级修程中的主要作业内容。

1. 日检

日检也称列检，主要是对与列车行车安全相关的部件进行外观检查和车辆各类功能检查。日检安排在列车运营结束回车库后进行。

表 1-1　　不同城市车辆定期维修周期

地铁名称	修程	运营里程（万千米）	运营时间
北京地铁（京港地铁 4 号线）	双周检	0.5	15 天
	月检	1.5	45 天
	架修	40	3 年
	厂修	160	15 年
上海地铁	列检	—	1 天
	双周检	0.4	2 周
	双月检	2	2 个月
	定修	10	1 年
	架修	50	5 年
	大（厂）修	100	10 年
广州地铁	日检	—	1 天
	双周检	0.35 ~ 0.5	2 周
	三月检	2.5 ~ 3.5	3 个月
	半年检	6.5 ~ 8	6 个月
	一年检	12.5 ~ 15	1 年
	二年检	23 ~ 28	2 年
	三年检	34 ~ 40	3 年
	架修	62 ~ 75	6 年
	厂修	125 ~ 150	12 年

2. 双周检

双周检包括车辆走行部检查，主逆变器相关接触器检查和清洁，受电弓、空调检查和空调滤网更换等。为了提高车辆利用率，双周检安排在运营早晚高峰之间的时间段进行。

3. 三月检

三月检包括对车辆主要部件及系统进行清洁和功能检查，特别是车门、车钩的清洁和润滑等。

4. 年检

年检也称为定修，包括对车辆各系统进行状态检查、检测和功能调整，对各部件进行全面检查、清洁、润滑，对部分部件（如空调机组、继电器）进行清洁、测试和修理，以及对列车进行全面调试。为了减少维修停时和保证周末正线用车，年检安排在 5 天内完成。

5. 架修

架修的目的是恢复车辆的性能。架修包括以下流程：将转向架、贯通道、车钩缓冲装

置、制动装置、牵引电动机、牵引逆变器、辅助逆变器、蓄电池等主要部件解体后进行全面仔细检修，转向架及轮对还需进行探伤；更换一些密封橡胶件、磨耗件、一次性使用件和工作寿命到期的零部件；对车辆各系统进行全面检测、调试及试验。为了缩短车辆架修的停时，提高车辆上线利用率，架修采用部件互换修的方式，即从车辆上拆下待修部件整件，用地面上预先修理好的备件装车，使整车能在较短时间内完成修复并重新投入运营。专业班组再对拆下的系统部件进行分解维修，作为下一列车架修的更换备件。

6. 大修

大修也称厂修，目的是全面恢复车辆的尺寸和性能，在车辆设计寿命周期内保持车辆表现稳定。大修是在架修的基础上对整列车进行分解、检查、修复、全面清洗（包括部件、空气管道等）、压力密封检测、车体重新油漆等，并结合技术改造对部分系统进行全面升级或更换，对车辆各系统进行全面检测、调试及试验。此类维修在综合维修基地进行。

车辆修程关系如图 1–2 所示。

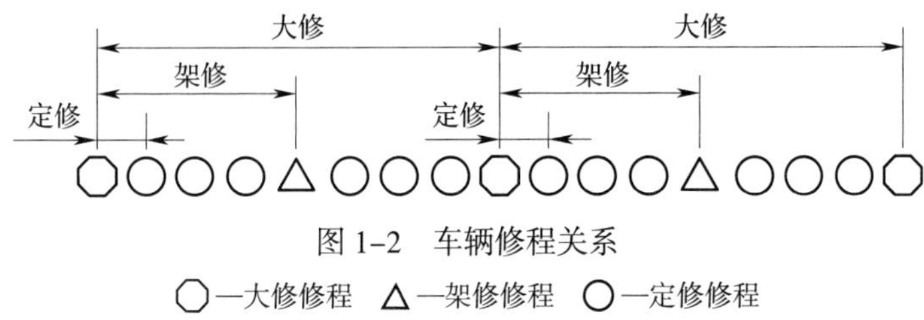

图 1–2　车辆修程关系

◯—大修修程　△—架修修程　○—定修修程

除以上修程外，对一些进行过特殊检修的列车，如镟轮后更换过轮对和转向架或进行过试验的列车，应按照要求进行特殊检查，主要是对列车走行部等进行外观检查，保证列车安全运行。另外，节假日到来前，应安排对列车的一些重要零部件（如车底紧固件、车门、牵引 / 制动回路继电器等）进行普查，保证节假日期间列车性能稳定。

一般应根据所选车型及车辆利用率的不同要求，综合考虑维修停时，灵活制定各种修程，合理编制相关修程的内容，尽量减少“过剩”修理。例如，香港地铁车辆不做日检。另外，有些企业还采用均衡修的方式，即将架修、大修内容分解到年检等各修程中去，以减少列车停时，提高车辆利用率。

四、维修制度

车辆的维修制度可以分为两种类型：一种是将车辆维修过程划分为若干个修程，进行有计划的预防维修，即计划修；另一种是根据车辆在运用过程中的技术状态，进行必要的维修，即状态修。

1. 计划修

计划修是指按车种和车型对城市轨道交通车辆有计划地进行预防性检查、维护和修理的维修制度。计划修的内涵是在掌握机械设备磨损和损伤规律的基础上，根据各种零部件的磨损速度和使用极限，贯彻“防重于治”的原则，相应地组织保养和修理，避免零部件过早磨损，防止或减少故障，延长使用寿命，从而较好地发挥设备的使用效能和降低使用成本。采用计划修时，一般根据事先确定的计划，当达到事先确定的时间周期或者车辆运行里程时，即对相关设备进行检查和处理。对故障发生与工作时间有密切关系且无法监控的零部件，可以采用计划修方式进行维修。各种车型的计划修要求不大相同。

计划修的具体实施可概括为定期检查、按时保养、计划修理。

实行计划修制度应具备以下条件：

（1）能通过统计、测定、试验研究，确定总成和主要零部件的修理周期。

（2）能根据总成和主要零部件的修理周期，考虑基础零部件的修理，合理地划分修理类别等级或修程。

（3）具有一套相应的修理技术定额标准。

（4）具备按职能分工、布局合理的修理基地。

2. 状态修

状态修是指按车辆的技术状态进行必要修理工作的维修制度。采用状态修时，对工作中的车辆维修没有计划，每次维修的作业范围和工作量是随机的，对车辆不做根本性的彻底修理，甚至使用到一定程度就报废。

从维修方式角度看，状态修属于视情检修，是一种按需预防检修方式。实施状态修能避免计划修中的频繁维修、在修时间长等问题，从而能显著提高车辆的利用率。对故障发生时能以参数或标准进行状态检查的零部件，可以采用状态修方式进行维修。车辆各类维修方式的优缺点及适用情况见表 1–2。

表 1–2　　车辆各类维修方式的优缺点及适用情况

维修方式		优点	缺点	适用情况
定期维修	计划修	管理相对简单，计划性强，能保证车辆运行处于良好状态，能确保运营要求	维修成本极高，维修周期与程度的合理性难以掌握	无备份且运营要求非常严格的系统或设备
视情维修	状态修	针对性强，故障设备修复周期短，能保证运营要求。设备故障消除在发生之前，能确保运营要求，维修成本低	检测工作量大，要求的检测装备和水平高，技术管理难度大，检测周期和程度难确定	具有自动检测功能且与运营安全密切关联的系统或设备
事后维修	故障后维修	平时维护工作量小，维护成本低	要考虑备用设备，故初期投资较大，维修周期较长	与行车无直接联系，设备运行不确定，已考虑足够备份的系统或设备

从一定程度上说，状态修是对计划修的一种探索和尝试，当对状态修的尝试达到一定程度之后，经过总结归纳可将其列为计划修的一部分，以此循序渐进，优化维护检修体系。一个好的维修模式既能保持车辆的工作能力和状态，又能使总费用降至最低。实施灵活的计划修和状态修相结合的方式，能有效克服状态修带来的“维修不足”，减少计划修导致的“过剩维修”，保证城市轨道交通车辆的维修质量，同时减少车辆维修停时，从而大大提高车辆利用率。

对已运营稳定的线路，考虑到人力成本和设备类型，最佳的维修方式为状态修，其自动化程度高、维修成本低、设备性能保持好。对于一些目前条件还达不到状态修的运营单位，可先采取计划修。对于具有自动检测功能的系统，要积累数据及经验，向状态修过渡。

目前，我国城市轨道交通车辆采用的是计划修，即计划预防性维修，对车辆实施有计划的预防维修。

五、车辆维修限度

车辆维修限度也称车辆检修限度，是指城市轨道交通车辆在检查与修理时，对零部件允许存在的损伤程度的规定限度。城市轨道交通车辆维修限度合理与否，不仅直接影响车辆的质量和行车安全，而且影响车辆维修的成本、经济效果和维修周期。因此，合理制定维修限度标准，对完成城市轨道交通运输任务有着重要意义。维修限度的种类包括原形尺寸、禁止使用限度（运用限度）和各级修程限度（中间限度）。

1. 原形尺寸及确定原则

各零部件的原形尺寸及配合原始间隙是指城市轨道交通车辆各零部件的设计尺寸和制造允许公差，以及组装时的允许间隙。它是在设计城市轨道交通车辆时，根据车辆的性能要求、零部件材质、加工工艺条件、使用条件等因素制定的。

2. 禁止使用限度及确定原则

城市轨道交通车辆各零部件的尺寸及配合间隙超过禁止使用限度时，不经修理或更换不允许再继续使用。禁止使用限度实际上就是所谓零部件或配合的使用期限。确定禁止使用限度时应考虑零部件本身的工作条件、零部件间配合工作条件和对整个车辆运用性能的影响。车辆的运用性能包括运行中的安全性、平稳性，以及经济上与技术上的合理性。

3. 修程限度及确定原则

修程限度是指各级修程所规定的维修限度，也是区分各零部件的损伤在各级修程中是否需要处理的依据。它直接影响到车辆修理后的技术质量，以及各修程的作业范围、维修工作量的大小与维修成本的高低。当零部件或配合的磨损损伤程度在修程限度内时，磨损表面尚有足够的磨损余量，保证继续安全使用到下一个规定修程。

制定修程限度时，应考虑能够保证零部件安全运用到下一次定修期，各修程间的相互配合，以及在保证修理质量的基础上贯彻节约原则。

第二节　城市轨道交通车辆检修工艺

工艺是指人们在使用工具进行生产时，将材料加工成产品的工作方法及操作技艺。对于机器修理行业，工艺就是人们在修理过程中，为达到修理质量标准所采用的技术、方法和手段。

在设备检修过程中，由分解、检查、修复、调整、试验、装配等方法形成的检修过程称为检修工艺过程（也称为工艺流程）。

一、车辆检修的生产过程与工艺过程

生产过程是指从投料开始，经过一系列加工，直至成品生产出来的全部过程。机械产品生产过程是指从原材料（或半成品）开始直到制造成为产品之间的各个相互联系的全部劳动过程的总和。而工艺过程是在生产过程中改变生产对象的形状、尺寸、位置和性质等，使其成为半成品或成品的过程。

城市轨道交通车辆按规定的检修周期进行检修，在维修基地或车辆段进行。待修车辆回至车辆段、维修基地直至修竣后的全部过程，称为车辆的生产过程。车辆运用整备生产过程如图 1–3 所示，列车检查、检修的生产过程如图 1–4 所示。

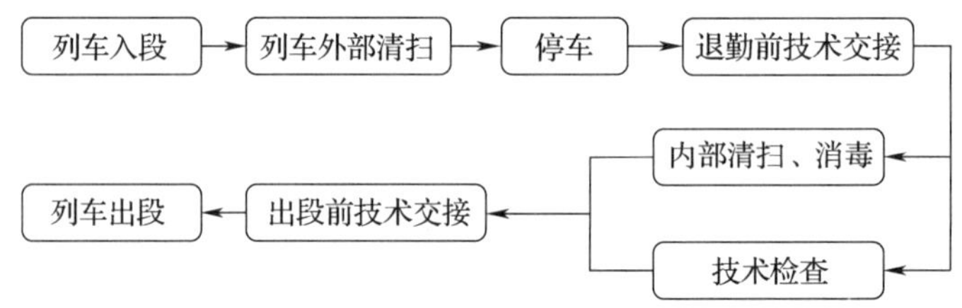

图 1–3　车辆运用整备生产过程

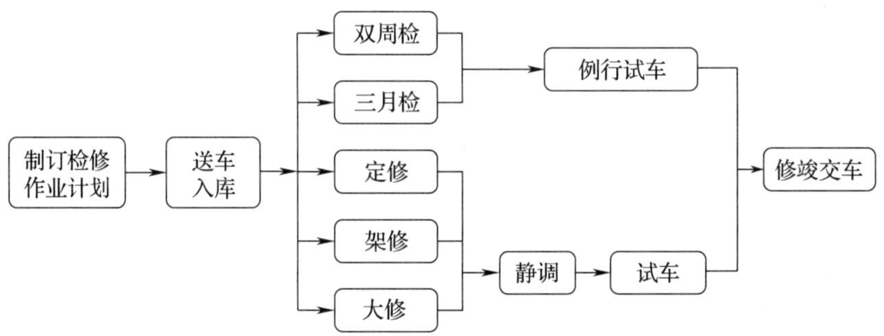

图 1–4　列车检查、检修的生产过程

修理车辆的生产过程通常包括下列内容：送修和接修定期检修车辆；修理开工前的准备工作，包括清扫、外观检查和制订检修作业计划；车辆分解，即根据作业计划将车辆分解成零件或部件；零部件的清洗、检查，并确定其修理范围；修理零件和部件；车辆组装及喷涂油漆；修竣车的技术鉴定和交接。

在车辆修理过程中，按规定的次序依次完成的各种作业总和称为车辆的修理工艺过程，车辆架修、大修工艺过程如图 1–5 所示。根据车辆零部件修理作业方式的不同，车辆的修理工艺过程可分为现车修理（即不换件修理）与互换修理两种。

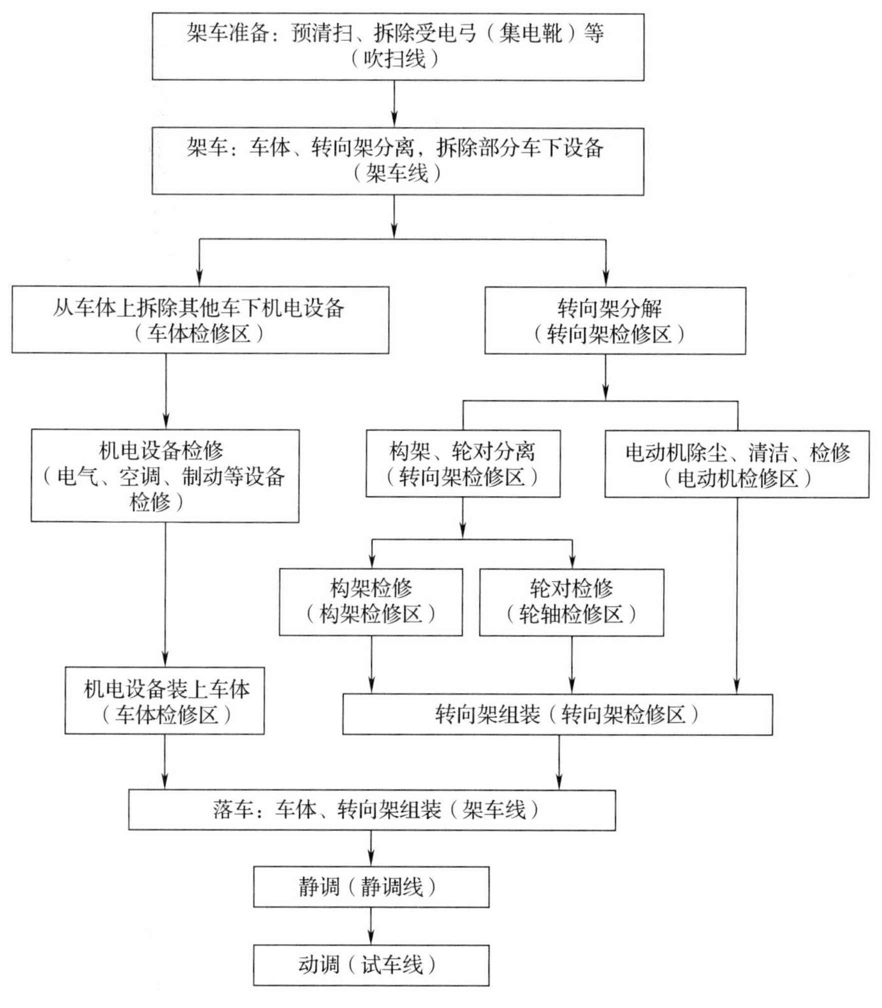

图 1–5　车辆架修、大修工艺过程

1. 现车修理

现车修理是指待修车上的零部件经过修理消除缺陷后，仍装在原车上而不进行零部件互换的修理方式。现车修理工艺过程如图 1–6 所示。

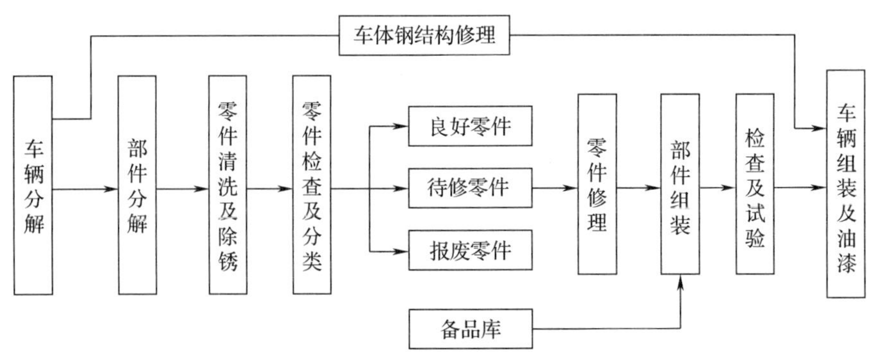

图 1–6　现车修理工艺过程

现车修理工艺特点是不需要储备过多的备用零件，常因待修零件而延长车辆停修的时间。这种方法主要用来处理待修车辆数量不多的情况。

2. 互换修理

城市轨道交通车辆定期修理中普遍实行的互换修理是指从待修车辆上分解下来的零部件修竣后可组装于同车型的任何检修车上，而并非一定装于原车的修理方式。

互换修理工艺过程如图 1–7 所示。

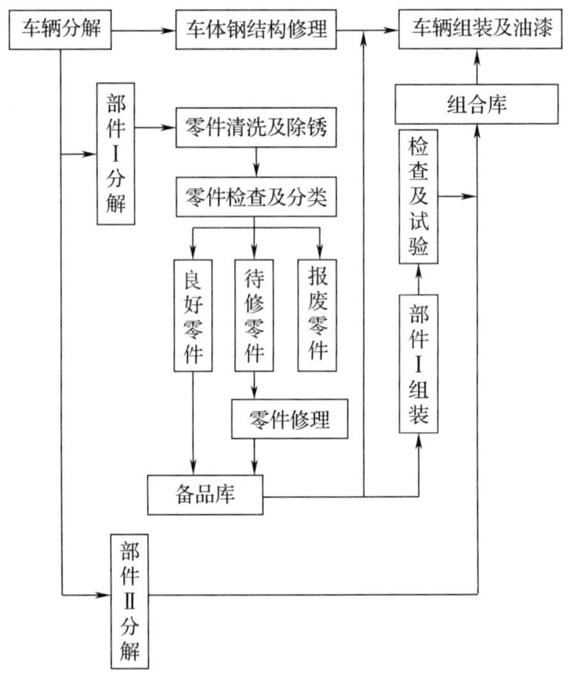

图 1–7　互换修理工艺过程

互换修理工艺的优点是有利于优化检修生产组织与管理，提高检修效率，缩短在修时间；其缺点是配件互换要求高，占用资金多，配件维护工作量大。

二、车辆检修工艺文件

根据零部件的技术要求，结合实际情况，考虑各种因素，将最合理的技术要求、操作方法和程序等用图、表、文字形式表示出来，并以文件的形式加以规定，使生产和管理人员有统一、明确的认识，保证生产稳定，这种技术文件称为工艺文件。

车辆检修工艺文件包括以下内容：零部件常见的故障形式及检修技术要求；零部件每种故障的修理方法；整个检修过程存在的工序、工艺路线，以及经过的工段和车间；各工序的加工内容及使用的机床和工艺设备，选用的加工规范，检验的项目和方法；工时定额、原材料消耗及工人的技术等级要求等。车辆检修工艺文件的形式主要有检修技术标准、检修工艺规程、工艺过程卡片和工艺卡片等。

1. 检修技术标准

检修技术标准是城市轨道交通车辆检修的质量标准，具有法规属性，主要规定城市轨道交通车辆检修的技术要求、检修限度、各修程的备件互换范围等。

2. 检修工艺规程

检修工艺规程是某个零部件的全部检修工艺文件。它的内容有零部件的检修限度、工作图、检修工具及材料、各工序的修理方法和技术要求等，但具体操作方法和加工规范不够详细，也没有工时定额。

城市轨道交通车辆检修工艺规程可以按修程编制，如日检（列检）规程、周检规程、月检规程、定修（年检）规程、架修规程、大修（厂修）规程等；也可以按零部件编制，形式上根据需要采用表格式、流程图式或文字描述方式；还可以将检修工艺与检修范围分开编制，检修工艺分车上部件检修（检查）工艺和车下部件检修工艺，而检修范围则规定每个修程哪些部件进行维修，这样编制的优点是便于维修者记忆和管理。检修工艺规程的内容包括检修部件名称、检查或检修项目的顺序和方法、使用的工具和材料、检修作业内容、检修技术要求和其他注意事项。

3. 工艺过程卡片

有些零部件的检修过程经过许多工段，为了说明各工段间的相互关系、先后顺序、各工序应达到的质量标准等，可以制定零部件的检修工艺过程卡片。工艺过程卡片上规定了检修部件所经过的车间班组，分别说明各工序的检修技术要求、所用设备和工时定额等整个检修过程的概况。工艺过程卡片还经常附有各个工作地点（工段）的实际布置图或工艺流程图。

4. 工艺卡片

工艺卡片是具体指导工人进行生产的工艺文件，详细记载各工序加工所必需的资料。对零部件检修质量起关键作用的工序（如焊修、热处理、机械加工等）常以一个工序的工作内容单独制作工艺卡片。这种工艺卡片又叫工序卡片，针对检修一个具体零部件的全部工艺过程按工作步骤逐条列出，具体指导工人操作。

三、车辆检修的基本方法

1. 车辆分解

（1）分解的一般性原则和要求

1）分解前必须弄清楚设备及零部件构造和工作原理，主要包括零部件结构特点和零部件之间的连接、配合关系。

2）分解前做好准备工作，主要包括分解场地的选择、清理，车辆拆卸、断电、擦拭、放油，对易氧化、易腐蚀的零部件进行保护。

3）使用正确的分解方法，保证人身和设备安全。分解顺序一般与装配顺序相反，先拆外部附件，再将整机拆成总成、部件，最后全部拆成零件并按部件分类放置。

4）对轴孔装配件应坚持拆与装所用力相同的原则，主要防止零部件碰伤、拉毛，甚至损坏。热装零部件需通过加热进行拆卸。

5）拆卸应为装配创造条件。

（2）常用拆卸方法

1）击卸法。这种方法利用锤子或其他重物在零部件上敲击，使零部件拆下。

2）拉拔法。这种方法适用于精度较高、不允许敲击的零部件，采用的工具是专用拉拔器。例如，转向架轴箱装置内的滚动轴承内圈从轴颈上的拆卸即可采用拉拔法。

3）顶压法。这种方法利用机械和液压压力机或千斤顶等工具和设备进行拆卸，适用于形状简单的过盈配合件。例如，车轮与车轴装配时，会使用专用的压装机将车轮压装至车轴轮座上组成轮对。

4）温差法。这种方法适用于尺寸较大、配合过盈量较大或无法用顶压法等方法拆卸的情况。

5）破坏法。若必须拆卸焊接、铆接等固定连接件，或为保存主件而破坏副件，可采用锯、钻、气割等方法。

车辆分解要注意严格遵守工艺文件要求，对必要的参数进行测量和记录，标记重要零部件，记录调整垫片编号等。

2. 车辆装配

车辆装配是把零部件按照工艺装配规程要求组装成车辆的整个工艺过程。

装配对车辆性能和使用寿命有非常大的影响，即使所有零部件都合格，如果装配不当，也不能组装出合格的车辆。装配包括部件组装和总装配，其顺序为组件装配、部件装配、总装配。

（1）装配精度

装配精度是指装配后的质量与技术规格的符合程度，一般包括配合精度、几何精度、相对运动精度、接触精度等。影响装配精度的因素有零部件本身修理质量、装配过程中的选配、装配后的调整与检验。

（2）保证装配精度的方法

1）互换法。如果配合零部件公差之和小于或等于规定的装配允差，零部件可完全互换，无须进行修配和调整。互换法适用于按标准件制造的零部件和对精度要求不高的配合件，如滚动轴承。

2）选配法。当精度要求较高时，可在一组零部件中进行选配，保证规定的技术要求。

3）调整法。通过调整件的选择、零部件相互位置的改变进行调整，如垫圈选择、锥齿轮位置的变换等。

4）修配法。在修配件上预留修配量，装配时修去多余的部分，保证装配精度。修配法适用装配精度要求高的情况，如滑动轴承。

（3）装配工作的一般要求

1）对零部件要进行检验，不合格的零部件不进行装配。

2）对零部件进行清洗，对摩擦表面进行润滑。

3）装配工作必须按一定的程序进行，一般遵循以下原则：先下部零部件，后上部零部件；先内部零部件，后外部零部件；先笨重零部件，后轻小零部件；先精度高的零部件，后一般零部件。

4）要选择合适的装配工具和设备，尽量使用专用工具和机动工具。

（4）装配工艺过程

装配工艺过程包括装配前的准备、装配、调试（调整和试验）三个基本环节，装配生产的组织形式为固定式装配。

3. 车辆清洗

（1）清洗的目的

车辆经过长时间的运转，各部分均有不同程度的油污、积垢、锈蚀等堆积在零部件上。如果不清洗干净，将给下一步的检修工作带来很大困难，使一些隐蔽的缺陷、损伤不能被发现，从而造成漏检、漏修，甚至会导致严重的后果。

（2）清洗的分类

1）外部清洗。外部清洗是指解体前对整体设备或部件外部的清洗，以便分解及发现外部损伤，保证检修工作的清洁度要求。

2）零部件清洗。零部件清洗是指解体后针对零部件的彻底清洗，以便对零部件做进一步检查或修复。

3）过程清洗。过程清洗是指在修理过程中根据修理工艺的需要对零部件进行的清洗。例如，电镀前先除去零部件表面的油脂和氧化膜，使镀层与基体表面结合更牢固。

4）组装前的清洗。组装前的清洗主要是清除修理过程中产生的污垢、铁屑、杂物，避免带入部件造成损伤。对配合精度要求较高的零部件更应严格清洗。

（3）清洗方法

常用的清洗方法包括机械清洗和化学清洗。机械清洗通常采用手工清洗、机械工具清理、压缩空气吹扫、吸尘器清洗、高压喷射清洗和超声波清洗等。化学清洗通常采用碱溶液煮洗、有机溶剂清洗、水基清洗、气相清洗等。

4. 车辆检查

正确检查零件缺陷和故障的性质、程度、位置是车辆修理的前提。零件的检查工作将直接影响城市轨道交通车辆的修理质量。车辆检查的类型有修前检查、中间检查和落成检查。

（1）修前检查

修前检查是在城市轨道交通车辆分解解体成零部件后、开始修理前进行的，目的在于确定修复工作量，确定零部件的技术状态，并将零部件分成可用零部件、不可用零部件和需要修理的零部件三类。

（2）中间检查

中间检查是在零部件修理过程中进行的，主要是应用各种检测工具和设备对零部件按技术要求进行仔细检查，目的在于检查经过修理的零部件是否符合技术要求，确定零部件是否合格，避免组装后返工修理。

（3）落成检查

落成检查是部件组成后的性能检测，目的是核对性能和参数是否符合技术要求，也是较全面系统的检查，检查合格才允许装车和使用。

在车辆零部件的检查过程中，主要的检测内容有几何精度、表面质量、隐蔽缺陷和零部件之间的关系。

5. 常用检测方法

车辆零部件性能常用的检测方法有感官检测法、量具仪器检测法和隐蔽缺陷检测法。

（1）感官检测法

1）目检。目检即用眼睛或者借助放大镜检查零部件工作状态和零部件表面的状态。例如，可用此方法检查各车辆连挂状态、车辆机械及电气设备的工作状态等。

2）听检。听检即从发出的声响和振动判断机械运转是否正常。例如，通过敲打车轮听其声音清脆或浑浊可以判断车轮是否正常或有裂纹，通过敲打螺母可以判断螺母是否松动，通过听进气和排气声可以判断气压制动和二系悬挂空气弹簧系统高度控制阀的工作状态等。

3）触检。触检即通过配合件的晃动量对运动间隙做出粗略的检查。触检可大致判断运转部分零部件的温度，以及油管、水管内液体流速的脉动。例如，通过触及空调循环系统中各管路和送风口的温度，可以大致判断其工作状态等。

感官检测法简单、方便、用途广泛，但这种检测方法不够精确，与工作者实践经验有很大关系，一般只作为初检（如日常检查）。

（2）量具仪器检测法

1）通用量具、量仪测量。零部件的几何误差可通过通用量具检测，电气组件的电压、电流等参数值可用通用量仪进行检测。

2）专用量规、样板测量。

3）机械仪器检测。机械仪器可以检测零部件的性能，如弹簧弹力、平衡重量、严密性、承压能力等。

（3）隐蔽缺陷检测法

隐蔽缺陷是指零部件表面和内部的空洞、夹渣、微观裂纹等不易发现的损伤，隐蔽缺陷检测法又称为无损探伤检测法，包括荧光探伤法、涂色探伤法、电磁探伤法、超声波探伤法和射线探伤法等。

1）荧光探伤法。荧光探伤法利用紫外线对某些物质的激发来检验零部件的表面缺陷，主要用于一些技术要求较高的材料和不导磁材料，如不锈钢、铜、铝、镁合金，以及塑料和陶瓷等制成的零部件。

2）涂色探伤法。涂色探伤法是一种探测零部件表面裂纹的简便方法。它利用液体渗透原理，在零部件表面涂一层渗透液，零部件表面若有裂纹，渗透液即渗入，裂纹处的渗透液会被吸收，即可显示裂纹。

3）电磁探伤法。电磁探伤法是利用电磁原理发现金属缺陷的检测方法。这种探伤方法是将铁磁材料的零部件磁化，零部件缺陷处的磁阻就会增大，利用漏磁发现缺陷。电磁探伤法能比较灵敏地查出铁磁性材料（铁、钴、镍）及其合金（奥氏体不锈钢除外）的表面裂纹、夹杂等缺陷，材料的近表缺陷（2 ~ 5 mm）在一定条件下也可查出。

4）超声波探伤法。超声波探伤法是利用超声能透入金属材料的深处，并且由一截面进入另一截面时在界面边缘发生反射的特点检测零部件缺陷的一种方法。当超声波束自零部件表面由探头通至金属内部，遇到缺陷与零部件底面时就分别发生反射波，在荧光屏上形成脉冲波形，根据这些脉冲波形可以判断缺陷位置和程度。

5）射线探伤法。射线探伤法是利用 X 射线（也可以是 γ 射线或其他高能射线）能够穿透金属材料，并由于不同材料对射线的吸收和散射作用不同，从而使胶片感光不一样，于是在底片上形成黑度不同的影像，据此判断材料内部缺陷情况的一种检测方法。

四、车辆零部件的损伤

车辆在使用过程中，机械零部件会逐渐松动，并产生磨损、变形、腐蚀、断裂等损伤；电气电子部件会发生线路断线、接触器动作不良、变流元件或电子线路板损坏、绝缘材料老化或破损等损伤。

1. 机械零部件的损伤

（1）磨损

磨损是指互相接触的零部件相对运动时，工作表面材料逐渐损耗的现象。

城市轨道交通车辆机械零部件检修与更换主要是由磨损引起的。因此，研究磨损、提高零部件的耐磨性，对于提高车辆工作的可靠性、延长车辆零部件的使用寿命、节省检修费用都具有重要意义。磨损通常以单位运行里程中零部件尺寸的变化量表示。

1）摩擦与磨损。物体间的摩擦会产生磨损，摩擦形式直接影响磨损的程度。按摩擦表面的润滑状态不同，摩擦可分为干摩擦、液体摩擦和边界摩擦，摩擦副的摩擦状态如图 1–8 所示。有的摩擦同时具有两种或两种以上形式，称为混合摩擦。

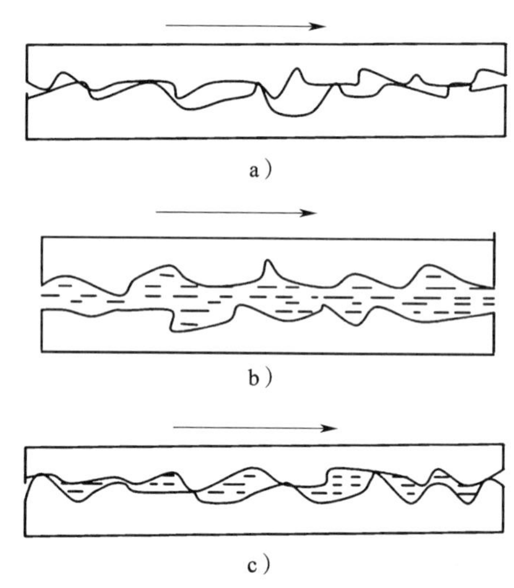

图 1–8　摩擦副的摩擦状态

a）干摩擦　b）液体摩擦（流体摩擦）　c）边界摩擦

①干摩擦。摩擦副表面直接接触，没有润滑剂存在时的摩擦称为干摩擦。

②液体摩擦。液体摩擦（又称为流体摩擦）是指摩擦副表面完全被连续的润滑油膜所隔开，可形成厚度为几十微米的压力油膜，载荷的传递通过油膜实现，此时只有液体之间的摩擦。

③边界摩擦。摩擦副表面间有润滑油存在，由于润滑油与金属表面的吸附作用，在金属表面形成极薄的边界油膜。边界油膜的厚度小于 1 μm，不足以将两金属表面分隔开，所

以相互运动时，两金属表面微观的高峰部分将互相锉削，这种摩擦形式称为边界摩擦。

除此之外，摩擦还可以分为半干摩擦和半液体摩擦。半干摩擦是指干摩擦和边界摩擦同时存在的情形，不充分的边界摩擦将导致半干摩擦。半液体摩擦是液体摩擦和边界摩擦同时存在的情形，不充分的液体摩擦会导致半液体摩擦。

2）磨损形式。

①磨料磨损。零部件表面与磨料（粒）互相摩擦而引起表层材料损失的现象，称为磨料磨损。磨料磨损是最为常见的一种磨损，也是磨损强度较高的一种磨损。对润滑油进行良好过滤，同时注意密封、经常维护、清洗换油，可以减少磨料磨损。

②黏附磨损。两个做相对滑动的表面，在局部发生相互焊合，使一个表面的材料转移到另一个表面所引起的磨损，称为黏附磨损。黏附磨损常发生在压力大、润滑条件差、相对速度高的场合。黏附磨损会使摩擦表面产生严重的磨损，磨损加剧还会导致零部件互相咬死。对摩擦副表面进行适当处理和合理润滑、建立可靠的润滑油膜、隔开摩擦副表面，以及选择互溶性小的材料配对等，可避免或减轻黏附磨损。

③疲劳磨损。疲劳磨损一般产生于载荷较大的滚动摩擦副中，主要是由于接触疲劳所引起的，是一种表层脱落或剥离现象。影响疲劳磨损强度的因素主要有接触表面的压力、载荷循环次数、零部件表面抵抗挤压变形的能力、强化层的厚度等。减轻疲劳磨损可以通过减少材料中的脆性夹杂物、提高表面的加工质量、降低表面粗糙度和形状误差，以及进行表面处理等方式。

④氧化磨损。在摩擦过程中，氧化物吸附在摩擦表面上，并向表层内扩散，与发生显微塑性变形的金属接触形成氧化膜。氧化膜能防止黏附磨损，抗磨性好，但是当氧化膜较厚时，则易从表面脱落，形成氧化磨损。氧化磨损与压力大小有密切关系，压力越大，氧化磨损越严重。有振动载荷时，氧化膜易被破坏，使氧化磨损加速。相对速度较高时，氧化磨损将转变为以摩擦为主的黏附磨损。

3）影响磨损的主要因素。

①工作条件。配合零部件摩擦副表面间的工作条件是决定磨损形式和磨损速度的基本因素，包括摩擦类型、相对速度和载荷三个方面。

②润滑介质。配合零部件摩擦副表面包含的物质包括润滑油、磨料和气体等。润滑油能使摩擦副表面不产生干摩擦，同时还有散热和排除异物的作用。润滑油的性质对磨损过程有很大影响，它应具有适当的黏度和化学稳定性，不含酸类和机械杂质。

③摩擦副表面状况。摩擦副表面状况包括金属材质、加工质量、表面硬度和热稳定性等。

因此，减缓磨损的措施主要有恰当地选择耐磨材料、保证零部件表面的低粗糙度和高精度、提高摩擦表面硬度、合理采用润滑剂和创造良好的工作环境等。

（2）腐蚀

金属零部件的腐蚀是指表面与周围介质起化学或电化学作用而发生的表面破坏现象。腐蚀损伤总是从金属表面开始，然后或快或慢地往里深入，并使表面的外形发生变化，出现不规则形状的凹洞、斑点等破坏区域。腐蚀使金属表面产生新物质，时间长久将导致零部件被破坏。

腐蚀按其机理不同，可以分为化学腐蚀和电化学腐蚀。

1）化学腐蚀。化学腐蚀是指金属材料在干燥气体和非电解质溶液中发生化学反应生成化合物的过程中没有电化学反应的腐蚀。其基本特点是不产生电流，同时腐蚀产物生成于反应物表面。例如，金属与空气中的氧气、二氧化硫及润滑剂中某些腐蚀性物质的反应就属于化学腐蚀。

2）电化学腐蚀。电化学腐蚀是金属和电解液起电化学作用的过程。电化学腐蚀有电流产生，阳极金属被腐蚀，同时腐蚀产物并不完全覆盖于反应物表面。电化学腐蚀远比化学腐蚀普遍和严重。

影响零部件腐蚀的因素有材料因素、环境因素、结构因素等。减轻腐蚀的措施是采用耐腐材料并覆盖保护层和采用通风、除湿等措施降低大气或其他腐蚀介质的腐蚀性，以及采用缓蚀剂改善零部件的工作环境等。

（3）变形

金属零部件变形包括弹性变形和塑性变形两种情况。零部件受外力作用发生尺寸和形状的变化，当外力去除后，变形随之消失，这时零部件发生的变形为弹性变形；当外力去除后，零部件的外形不能恢复，这时零部件发生的变形为塑性变形。

零部件主要的变形形式有拉伸、压缩、弯曲、剪切和扭转。变形后，零部件之间的位置关系遭到破坏，造成零部件偏磨、裂纹甚至断裂，从而影响整台设备的使用寿命。

车辆零部件的另一种变形是在弹性变形中总是伴随着微小的塑性变形，并且会积累下来，如压缩弹簧经过一定次数的弹性变形后会缩短。

影响塑性变形的因素主要有温度、载荷、材质性能和热处理工艺。

（4）断裂

城市轨道交通车辆零部件的损伤主要是裂纹与断裂。轴类、箱体、螺栓等都是容易发生断裂的零部件。零部件断裂通常会产生较严重后果。

1）零部件断裂机理。断裂是零部件在机械力、热、磁、声响、腐蚀等单独或联合作用下，发生局部开裂或分成几部分的现象。断裂是零部件破坏的重要原因之一，是零部件使用过程中最危险的破坏形式，往往会造成重大事故。

零部件的断裂有的是受一次载荷或冲击载荷作用造成的，有的是在不太大的载荷长期作用下造成的。车辆零部件一般是受多次交变载荷作用而产生裂纹的，这种形式的损坏称为疲劳断裂。

2）疲劳断裂特征。疲劳断裂的断口都有明显的两个区域，即疲劳断裂区和最后折断区，如图 1–9 所示。

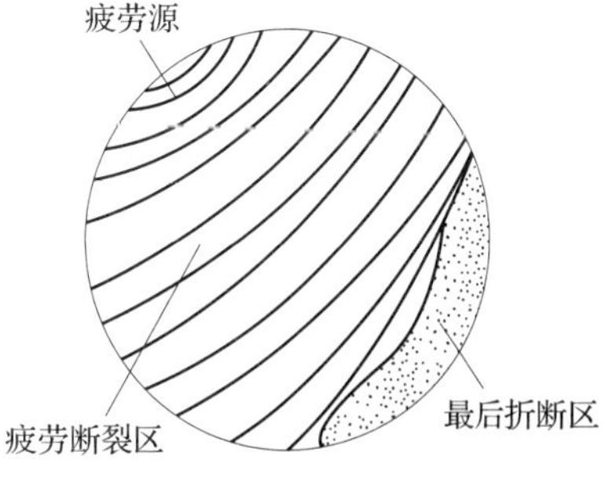

图 1–9　疲劳断裂特征

①疲劳源一般位于零部件应力集中最为严重的地方（如小孔、圆角等），也可能位于零部件表面或内部的缺陷处。

②交变应力越大，零部件最后折断区面积越大。

③交变应力越小，零部件断裂前应力循环次数越多，疲劳断裂区越光滑。

④对于转动的受弯曲作用的轴类零部件，其超载程度越大，最后折断区越接近中心。

3）疲劳断裂的原因。

①金属材料自身存在缺陷。

②零部件在热加工时产生缺陷。

③零部件结构存在缺陷。

④零部件加工时产生表面缺陷。

⑤零部件检修时产生损伤。

4）避免断裂的措施。

①设计零部件时减少应力集中。

②降低零部件表面粗糙度和提高零部件表面硬度，如镀铬、高频淬火、滚压和喷丸处理等。

③检修零部件时避免零部件表面的各种损伤，如划伤、碰伤；螺栓紧固力矩大小严格符合技术要求；保证各装配零部件之间和连接零部件之间的几何精度要求，如螺栓与支撑面的垂直度等。

2. 电气电子部件的损伤

电气电子部件分为有触头器件和无触头器件两类。由于无触头器件的大量使用，交流传动城市轨道交通车辆的故障主要集中在变流元件和电子线路板上。下面介绍几种常见的故障形式。

（1）接触器和继电器故障

接触器和继电器的常见故障有触头磨损、触头熔焊、线圈断线、衔铁不释放等。

（2）变流元件损坏

变流元件主要指晶闸管、可关断晶闸管（GTO）和绝缘栅双极型晶体管（IGBT）等大功率电子元件。主电路出现过电压、过电流、散热不好等均可导致变流元件被击穿。

（3）电子线路板损坏

一般来说，故障主要集中在功率放大部分，因为此处电流较大，元件容易发生短路和过流现象。另外，线路板上的元器件也易发生故障，由于元器件受潮、过热、腐蚀等原因产生接触不良、断脚、爬电，从而使元件烧损。

（4）绝缘材料老化

绝缘材料老化是指电气设备在工作中，绝缘材料由于环境因素的作用发生化学、物理变化而导致其电气性能（主要是绝缘性能）和力学性能变差的现象。

绝缘材料老化的形态特征一般为变色（如表面呈现蜡黄色等）、分层、变形、变脆、裂纹，严重时脱落或呈粉碎状态。引起绝缘材料老化的原因有材料受热、材料氧化、环境潮湿、材料受力、光照等，其中主要原因是材料受热和材料氧化。

五、车辆常见故障及处理方法

1. 故障分类

城市轨道交通车辆发生的故障按性质不同，可分为自然故障和事故故障两类。自然故障是指设备或零部件的正常磨损或物理、化学变化造成部件磨损、变形、腐蚀和断裂而引起的故障。事故故障是指因维护不当、操作不当、设计缺陷或部件质量缺陷造成的故障。自然故障需要在日常工作中定期检查，提前发现问题，做好预防处理；事故故障是由自然或人为的原因造成，需要通过提高员工的业务素质和技术水平，加强责任心和规范作业手段，减少、避免故障发生。

城市轨道交通车辆故障按发生地点不同，可分为正线故障和库内故障。正线故障是指车辆在正线运营时发生的故障；库内故障是指车辆在库内维修作业或段内调试过程中发生的故障。正线故障根据影响程度不同，可分为以下四种：

（1）运营车辆发生故障不能正常运行，但经过短时间（2 ~ 3 min）修复或换件处理可以恢复正常性能并维持运行的一类故障。

（2）运营车辆发生故障，但不影响车辆正常运行，一般能继续维持运行，待车辆回库后再进行处理的一类故障。

（3）运营车辆发生严重故障，不能维持正常运行，且短时间内无法进行有效处理，需要进行清客或使用其他车辆将其牵引出运营线路退出服务，然后进行维修处理的一类故障。

（4）运营车辆发生脱轨、颠覆、火灾或车辆走行部分发生切轴、大部件脱落等严重故障，列车不能继续行驶运行，需要相关部门出动救援队伍、利用专用工具进行处理的一类故障。

城市轨道交通车辆故障按形式不同，可分为机械故障和电气故障；按系统组成不同，可分为车体故障、车门故障、转向架故障、制动及供风系统故障、空调及电加热系统故障、牵引系统故障、辅助电源系统故障、列车控制与诊断系统故障、控制电路故障、列车广播及

乘客信息系统故障，以及客室照明故障、司机室雨刮器故障、电笛故障等。城市轨道交通车辆的常见故障见表 1–3。

表 1–3　城市轨道交通车辆的常见故障

序号	类别	常见故障
1	车体	表面凹陷、车窗玻璃破裂、扶手松动、表面及内装脱漆等
2	车端连接装置	车钩连挂时无法导向对中或无法垂向对中、车钩不能连挂或解钩、MRP 阀不能连通或自动关闭、MRP 阀漏风、贯通装置故障等
3	车门	车门打不开或关不上、门扇脱槽、车门开度不够、开关门卡滞等
4	转向架	橡胶弹簧表面破损、转向架四角不符合标准、液压减振器漏油、构架弯角处裂纹等
5	制动及供风系统	管路漏风、空气压缩机不启动、空气压缩机润滑油变质、闸瓦裂纹等
6	空调及电加热系统	空调系统漏液、通风机或冷凝风机反转、风门电动机工作异常等
7	牵引系统	受电弓滑板条表面裂纹、IGBT 炸裂、牵引逆变控制单元和电动机工作异常等
8	辅助电源系统	蓄电池接线端子烧损、辅助逆变器工作异常等
9	列车控制与诊断系统	显示屏黑屏、显示屏触摸不灵、显示屏显示各系统异常、控制卡板损坏等
10	控制电路	列车不能激活、列车不能升弓、列车牵引封锁、紧急制动不能缓解等
11	列车广播及乘客信息系统	广播无报站、客室动态地图无显示、客室 LCD 屏无画面显示等
12	其他	客室照明故障、司机室雨刮器故障、电笛故障等

2. 处理方法

车辆发生正线故障时，司机应能及时快速处理，尽快恢复运营秩序。一般情况下，司机可以通过观察列车监控系统显示屏，获取列车故障信息，做出分析和判断，以便采取恰当的措施和方法排除故障。通常正线故障可以采用故障恢复法、故障切除法、旁路法和重启法进行处理。具体可参照各城市轨道交通运营企业司机手册等文件。

车辆发生库内故障时，对车辆正常载客运营不会造成影响。库内故障一般通过调整、更换、维修和重新安装等方法进行解决。

第三节　城市轨道交通车辆基地及设备

城市轨道交通车辆基地作为城市轨道交通的配套系统，主要包括车辆段、综合维修中心、物资总库和培训中心四大基本部分，并辅以必要的办公、生活设施。国内有些城市还将行车调度指挥中心、地铁公安分局或运营公司部分职能处室整合在车辆基地内，如图 1-10 与图 1-11 所示。

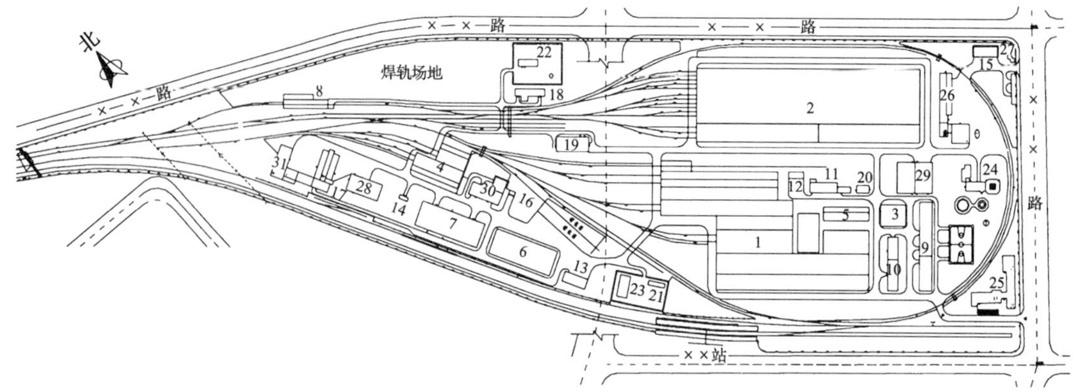

图 1-10　某地铁公司车辆基地的整体布局

1—组合车库　2—月修、列检停留库　3—维修中心　4—特种车库及调机库　5—喷漆库　6—材料总库（一）　7—材料总库（二）　8—车辆洗刷库　9—材料库及材料棚　10—设备车间　11—蓄电池间　12—空压机间　13—六台位汽车库（一）　14—车辆段易燃品库　15—六台位汽车库（二）　16—油脂存放间　17—委外设备维修中心　18—信号楼　19—混合变电所　20—降压变电所　21—给水所　22—污水处理间　23—给排水领工区　24—食堂、浴室　25—教育培训中心　26—段综合办公大楼　27—门卫　28—锅炉房　29—联合检修房屋　30—设备检修综合办公楼　31—委外培训中心公寓

图 1-11　某市地铁车辆基地

一、车辆基地的功能

车辆基地包括车辆段与综合基地。作为城市轨道交通系统的运用、检修、材料 / 后勤保障基地，其功能应体现在为整个城市轨道交通系统服务。因此，车辆基地具备以下基本功能。

1. 车辆停放及日常保养功能

该功能主要包括车辆的停放和管理，车辆的外部洗刷、内部清扫及定期消毒，驾乘人

员每日出、退勤前的技术交接，对运用车辆的日常保养（包括列检、双周检和季检）及一般性临时故障的处理等。

2. 车辆检修功能

依据车辆的检修周期，定期完成对车辆的计划性修理（包括定修、架修和大修）。

3. 列车救援功能

列车发生事故（如脱轨、颠覆）或接触网中断供电时，能迅速出动救援设备起复车辆，或将列车牵引至邻近车站或车辆段，并排除线路故障，恢复行车秩序。

4. 系统设备 / 设施的维护、保养和检修功能

该功能主要包括对城市轨道交通系统，包括供电、环控、通信、信号、防灾报警、综合监控、自动售检票、给排水、自动扶梯等机电设备和房屋、轨道、隧道、桥涵、车站等建筑设施进行维护、保养和检修等。

5. 材料物资供应功能

车辆段与综合基地应负责城市轨道交通系统在运营和检修过程中所需各种材料、设备器材、备品备件、劳保用品及其他物资的采购、储存、保管和供应工作。

6. 技术培训功能

车辆段与综合基地应负责对城市轨道交通系统的工人、技术人员和管理人员进行培训。

车辆段的主要工作任务包括以下几点：承担全线配属车辆的停放、运用、清扫、洗刷和技术检查工作，承担全线配属车辆的双周检、三月检工作，承担全线配属车辆不落轮镟修工作，承担全线配属车辆的定修、临修工作，承担本线和其他线路配属车辆的架修和大修工作，承担新车或检修后列车的静调、动调工作，负责全线的事故列车救援工作，负责车辆段内设备和机具的维修及调车机车的日常维修工作，负责本段的行政、技术管理、材料供应和后勤管理等工作。

以上任务范围是针对具备架修或大修能力的车辆段而言。有些车辆段任务范围界定在定修修程及以下，车辆架修或大修由具备能力的车辆段承担。前者称为大架修车辆段，后者称为定修车辆段。同一条线路，为了每天列车始发和收乘方便，往往在其一尽端设置一座车辆段，另一尽端只设置具备停放、运用、清扫、洗刷和列车技术检查工作功能的停车列检库和列车清洗库，通常称之为停车场，如图 1–12 所示。

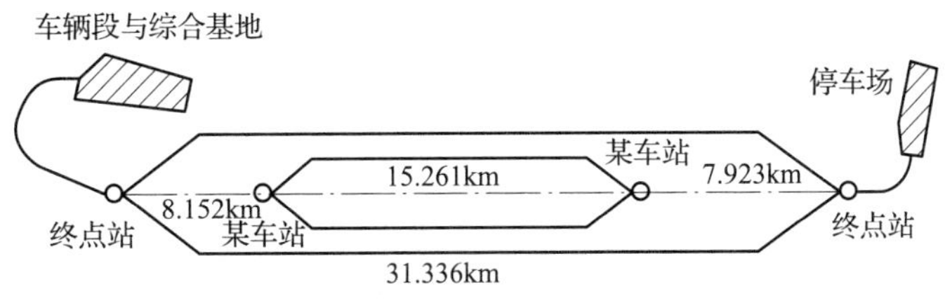

图 1–12　车辆段与停车场

二、车辆基地的主要线路

车辆基地的主要线路包括停车线、牵出线、静调线、试车线、洗车线、检修线、临修线、出段线、入段线等，如图 1–13 所示。

图 1–13　车辆基地的主要线路

1. 停车线

停车线应为平直线路，一般设停车库，停放车辆同时兼作检修线，有尽端式和贯通式两种。贯通式停车线便于列车的灵活调度，因此采用较多。一般尽端式停车线每线停放 2 列列车，贯通式停车线每线停放 2 ~ 3 列列车。

2. 出段线、入段线

出段线、入段线是供车辆出、入停车场或车辆段的线路，一般设置为双线，并避免切割正线，根据行车和信号要求留有必要的与运营正线的转换长度。

3. 牵出线

牵出线用于车辆段或停车场内调车，牵出线的长度和数量根据列车的编组长度和调车作业的方式和工作量确定。

4. 静调线

静调线是静态调试线的简称，设在静态调试库内。列车检修完毕再到试车线试车之前，要在静态调试库对列车进行静态调试，检查各部分的技术状态，对电气设备和控制回路的逻辑动作和整定值进行测试和调整。静调线全长设置地沟，地沟内设置照明光带。静调线为平直线路，同时设置车间牵引电力电源盒及有关的测试设备。

车辆检修后进行车辆尺寸及水平度检查，需要在轨道高差精度等标准较高的线路（称为零轨）上进行，这项检查宜设在静调线。

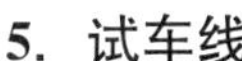

5. 试车线

试车线供定修、架修、大修后列车在验收前进行动态调试，其长度应满足远期列车最高运行速度、性能试验、列车编组、行车安全距离的要求。试车线一般为平直线路，线路中间要设置不小于一单元列车长度的检查坑，供列车临时检查用。试车线还要设置信号的地面装置，可进行列车车载信号装置的试验。试车线旁设置试车工作间，内设信号控制和试车必需的有关设备、设施和仪器。试车线需采取隔离措施。

6. 洗车线

洗车线供列车停运时洗刷车辆用，其中部设有洗车库。洗车线一般为贯通式，尽量和停车线相近，可以减少列车行走时间，并减少对车场咽喉地区通过能力的压力。洗车库前后需设置不小于一列车长度的直线段，保证列车平顺进出洗车库。

7. 检修线

检修线为平直线路，布置在检修、定修、架修、大修库内。架修、大修线的线间距除根据架修作业需要，还要综合考虑架车机等检修设备和检修平台等的布置、检修移动设备和备件运输车辆移位，以及检修人员作业需要的空间来确定。检修线中要有一条平直度要求较高的线路，用于精确测量车体地板高度。

8. 临修线

列车发生临时故障和破损时，在临修线上完成对车辆的临修工作。临修线的长度应能停放一列车，并考虑列车解编的需要。

以上是保证列车运行和检修的主要线路，除此之外，检修基地内还要按需设置临时停车线、检修前对列车进行清洗的吹扫线、材料装卸专用线、特种车辆（如轨道车、接触网架线试验车、磨轨车、隧道冲洗车等）停车线、联络线和与铁路连通的地铁专用线等。这些线路用道岔相互连接，道岔和信号设备联锁，由设置在站场的中央调度室对电气集中控制设备进行操作、排列和开通列车的进路，进行调车和取送车作业。某地铁车辆段线路布置如图1–14所示。

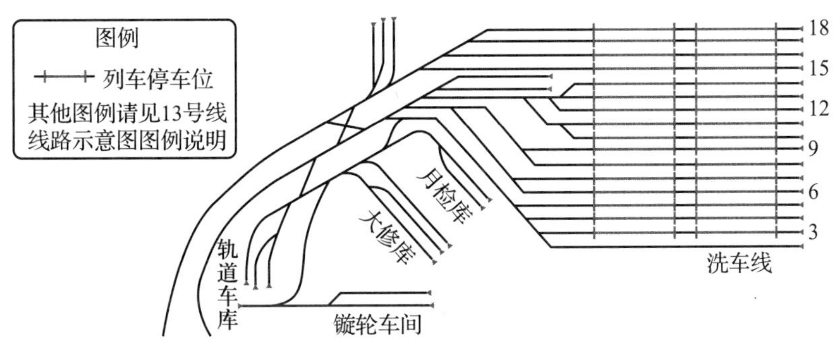

图 1–14 某地铁车辆段线路布置

三、主要检修设施及设备

1. 车辆段主要检修设施

车辆段检修设施主要有停车列检库（运用库）（见图 1–15）、洗车库、不落轮镟修库、静调库、双周检或季检库（见图 1–16）、定修库、大架修库、吹扫线、空气压缩机站、内燃机车轨道车库、试车线，以及设备维修车间、蓄电池检修库、救援办公室、备品备件库等。

图 1–15　停车列检库（运用库）

图 1–16　季检库

2. 车辆段主要检修设备

车辆基地主要设备见表 1–4，其中车辆段工艺设备主要有数控不落轮机床、列车自动清洗机、架车及转轨设备、内燃机车、起重运输设备、电源设备、专用工艺装备、机电检修检测设备、仪器仪表及电气 / 电子检测设备、通用机电设备、清洗设备、转向架检修 / 检测设备和救援设备等。

表 1–4　车辆基地主要设备

<table>
<tr><th>类别序号</th><th colspan="2">设备类型</th><th>设备名称</th></tr>
<tr><td colspan="4">车辆段工艺设备</td></tr>
<tr><td>1</td><td colspan="2">数控不落轮机床</td><td>数控不落轮机床、遥控公铁两用车</td></tr>
<tr><td>2</td><td colspan="2">列车自动清洗机</td><td>列车自动清洗机</td></tr>
<tr><td>3</td><td colspan="2">架车及转轨设备</td><td>地下固定式架车机、移动式架车机、浅坑移车台、公铁两用车</td></tr>
<tr><td>4</td><td colspan="2">内燃机车</td><td>内燃调车机车</td></tr>
<tr><td rowspan="3">5</td><td rowspan="3">起重运输设备</td><td>起重机</td><td>电动双梁桥式起重机、电动单梁桥式起重机、电动单梁悬挂式起重机、伸缩臂悬挂式吊车</td></tr>
<tr><td>汽车</td><td>救援指挥车、工程救援车、救援设备集成箱货车、工具汽车、载货汽车、大客车、轿车</td></tr>
<tr><td>叉车、搬运车</td><td>蓄电池叉车、蓄电池搬运车、手动液压搬运车</td></tr>
</table>

续表

<table>
<tr><th>类别序号</th><th colspan="2">设备类型</th><th>设备名称</th></tr>
<tr><td rowspan="3">6</td><td rowspan="3">电源设备</td><td>静调 / 周月检电源设备</td><td>静调 / 周检 / 月检电源设备</td></tr>
<tr><td>充放电设备</td><td>充电机、放电机、充放电机配套设备</td></tr>
<tr><td>稳压电源</td><td>直流稳压电源、交流稳压电源</td></tr>
<tr><td>7</td><td>专用工艺装备</td><td colspan="2">车辆轮廓限界检测装置、线路设备限界检测装置、工艺转向架、转向架提升台、移动式液压升降平台、移动式车钩架托机、转向架转盘、轮对转盘、移动式作业平台、移动式车体支座、单柱式校正液压机、吊具（转向架 / 空调 / 受电弓）</td></tr>
<tr><td rowspan="6">8</td><td rowspan="6">机电检修检测设备</td><td>车门检修测试装置</td><td>车门密封条检修台、可移动式车门测试装置</td></tr>
<tr><td>受电弓检修测试装置</td><td>受电弓检修试验台、便携式受电弓测试仪</td></tr>
<tr><td>空调检修测试装置</td><td>可移动式车辆空调测试装置、空调冷媒充放装置、空调机清洗槽</td></tr>
<tr><td>电气制动设备检修测试装置</td><td>空气压缩机试验台、单元制动装置综合试验台、固定式单阀试验台、可移动式制动装置测试设备</td></tr>
<tr><td>电动机检修测试装置</td><td>电动机检修试验装置、牵引电动机空载试验装置</td></tr>
<tr><td>逆变器试验装置</td><td>可移动式 VVVF 试验装置、可移动式 SIV 试验装置</td></tr>
<tr><td rowspan="2">9</td><td rowspan="2">仪器仪表及电气 / 电子检测设备</td><td>仪器仪表</td><td>静调仪器仪表、月检库检测设备、接地兆欧表、示波器、单双臂两用电桥</td></tr>
<tr><td>电气 / 电子检测装置</td><td>速度表及传感器试验台、压力表及传感器试验台、转速传感器试验台、电量传感器试验台、仪表检测及试验设备、主断路器试验装置、电气开关元件综合试验台、司机控制器试验台、电子检修综合试验台、移动式耐压试验台、电热鼓风干燥箱、电热干燥箱</td></tr>
<tr><td rowspan="3">10</td><td rowspan="3">通用机电设备</td><td>空气压缩机</td><td>固定式空气压缩机、移动式空气压缩机</td></tr>
<tr><td>金属机床设备</td><td>车床、铣床、刨床、摇臂钻床、立式钻床、磨床、带锯床、弓锯床、剪板机</td></tr>
<tr><td>电气焊设备</td><td>电焊机、气焊 / 气割设备、焊接配套设备</td></tr>
</table>

续表

类别序号	设备类型		设备名称
10	通用机电设备	钳工设备	台式钻床、除尘式砂轮机、划线平台、压装设备、电动套丝机、弯管机
		通用机械	管道机械、磅秤、台秤、液压千斤顶、吸尘器、排风扇、升降梯
11	清洗设备		车下吹扫设备、高压喷射清洗机、构架清洗机、轮对清洗机、轴箱清洗机、轴承清洗机、超声波清洗机
12	转向架检修 / 检测设备	探伤设备	构架探伤设备、轮对探伤设备、轴承探伤设备
		拆装、压装设备	轴箱拆装机、轴箱压装机、退轮高压油装置、轮对压装机
		检测设备	构架检测平台及专用工装、转向架静载试验机、轴承检测仪器设备、轴承检测平台、轴箱检测平台、轮对跑合试验台、轮对动平衡机
		机加工设备	数控轮对车床、数控立式车床、数控车轴车床
		组装设备	构架翻转机
		油漆设备	构架喷漆装置、漆雾净化装置
13	救援设备		车辆复位救援设备、扶正装置、牵引装置、气垫、剪扩钳、车轴推进器、轮对故障行走小车、轨道运输小车、发电及照明设备、人员防护装备、救援辅助设备
综合维修基地主要工艺设备			
14	接触网设备	接触网作业车	接触网检修车、架线车、放线车
		接触网检测车	接触网检测车（可以和接触网检修车或轨道检测车组合）
15	工务设备	轻型轨道车	轻型轨道车
		轨道平板（吊）车	轨道平板车、平板吊车、轻型轨道平板车
		轨道打磨车	轨道打磨车
		轨道检测车	网轨检测车
		钢轨机械	锯轨机、焊轨机、弯轨机、钻孔机、液压拉轨器、轨缝调整器、钢轨涂油器
		道床机械	捣固机、起道机、拨道机、铁道螺钉电扳手、电镐、液压方枕器
		工务及探伤仪器	钢轨探伤仪、焊缝探伤仪、轨距水平测量仪、经纬仪、水准仪

续表

<table>
<tr><th>类别序号</th><th colspan="2">设备类型</th><th>设备名称</th></tr>
<tr><td colspan="4">物资总库主要设备</td></tr>
<tr><td>16</td><td colspan="2">仓储设备</td><td>立体仓储设备、普通可调式工业货架</td></tr>
<tr><td colspan="4">培训设备</td></tr>
<tr><td rowspan="3">17</td><td rowspan="3">计算机及培训设备</td><td>计算机辅助设备</td><td>台式计算机、便携式计算机、移动硬盘、打印机、复印机、传真机、扫描仪</td></tr>
<tr><td>电教设备</td><td>固定投影仪、便携投影仪、数字展示台、电动屏幕、移动屏幕、DVD 影碟机、彩色电视机、功率放大器、音箱、多媒体控制台、中央控制系统、无线手持话筒、会议专用话筒、DVD 光盘刻录机、红外线笔、录音笔、摄像机、数码相机</td></tr>
<tr><td>教具模型挂图</td><td>司机模拟驾驶器、受电弓演示器、动车转向架模型、拖车转向架模型、牵引电动机模型、牵引逆变器模型、辅助逆变器模型、高压电路模型、牵引电路模型、自动列车防护（ATP）系统演示模型、自动列车驾驶（ATO）系统演示模型、自动列车监控（ATS）系统演示模型、计算机联锁（CBI）系统演示模型、转辙机演示器、气制动演示器、气制动系统原理模型、自动车钩模型、半自动车钩模型、永久性牵引杆模型、车钩缓冲原理演示器、列车空调机模型、车门控制传动系统演示模型、屏蔽门（PSD）控制传动系统演示模型、自动检票机控制模型、传动系统演示模型、扶梯传动原理模型、其他教具 / 模型 / 挂图</td></tr>
</table>

四、车辆基地主要设备介绍

车辆段与综合基地设备种类多、涉及专业广，这里主要介绍数控不落轮镟床、列车清洗机等设备。

1. 数控不落轮镟床

数控不落轮镟床用于在城市轨道交通车辆（不包括单轨与磁浮车辆）整列编组不解编、车下转向架轮对不落轮的条件下，对车辆单个轮对的车轮踏面和轮缘的磨损、缺陷表面进行镟削加工，安装在镟轮库轨面以下的基坑中，如图 1–17 所示。

与数控不落轮镟床配套使用的遥控公铁两用车是主要用于镟轮线上牵引车辆，对指定轮对进行不落轮镟削时遥控定位停车的专用设备。遥控公铁两用车亦可用于其他轨道的牵引作业或在地面道路上行驶。

数控不落轮镟床可用于下列工况：

图 1–17　数控不落轮镟床

（1）在车辆整列编组不解编、车下转向架轮对不落轮的条件下，对车辆单个轮对的车轮踏面和轮缘进行镟削加工。

（2）对已落架的转向架上的单个轮对进行不落轮加工。

（3）对已落轮、带轴箱的单个轮对进行加工。

（4）在不落轮条件下对工程轨道车辆（如内燃机车、接触网作业车等）单个轮对踏面和轮缘进行镟削加工。

（5）被加工轮对带有外置式轴箱或内置式轴箱，目前国内购置的数控不落轮镟床大多要求被加工轮对带有外置式轴箱。

（6）对轮对上的制动盘进行镟削加工。

2. 列车清洗机

列车清洗机是用于对城市轨道交通列车外表面实施自动洗车作业的专业设备（有些还具备进行淋雨试验的功能）。列车长期在隧道、地面和高架线路上高速运行，车体端面和表面会吸附很多灰尘或其他脏物，长期累积会影响车辆外表面的美观，应予及时清洗，完成车身两侧（包括车门、窗玻璃、侧顶弧圆面）及车端面（包括端面肩部）的洗刷工作。同时，借助于供水 / 排水系统，列车清洗机可进行淋雨试验，用于对新造车辆和架修或大修过的车辆进行密封性验证。

列车清洗库包括清洗主库和边跨。清洗主库布置有列车清洗线，该线为一条单向行驶直接实施洗车作业的专用线。边跨设有控制室、机泵间、水处理间等。

洗车时列车自行牵引，不降受电弓，由架空接触网供电，以“洗车模式”3 ~ 5 km/h 速度通过洗车主库。司机按信号指示操纵列车运行或停车。自动进行列车端部及两侧的刷洗和冲洗工作。列车采用“一走一停”清洗模式，行进中刷洗两侧面，停车时刷洗前、后车头端面。洗车主库喷淋或刷洗设备为贯通式设计，沿线按工艺流程布置。列车清洗机如图 1–18 所示。

图 1–18　列车清洗机

3. 架车设备

（1）地面式架车机

地面式架车机能同步提升多节不解钩的列车单元组，以便对列车车体下部的机械、电气部件进行维修、保养和更换，具有使用方便、操作灵活等特点。总操作控制台控制整套机组的升降，也能设定架车机组提升的组合数量。地面式架车机可分为固定式和移动式两种。移动式地面架车机又可分为有轨式和无轨式，无轨移动式地面架车机如图 1–19 所示，其特点是架车机组任意组合，同步提升误差小。架车机联动时，单台之间的误差范围为 ±4 mm，安全保护装置完整齐全。

（2）地下式架车机组

地下式架车机组由两个独立的车体架车机和转向架架车机组成一套架车系统（见图 1–20），能同步架起多节列车单元。设备复原时，架车机组最高平面与地面轨道处于同一水平面。检修作业中，车体架车机和转向架架车机配合使用，能提升列车，也能轻易落下车辆中任意一个转向架或轮对，并从车下轨道中推出，使用极为方便。

总操作控制台能设定架车机组提升的组合数量，4 台架车机（一节车）为一组，可分别选定 1 组（一节车）、2 组（二节车）、3 组（三节车）进行同步提升。

图 1–19　无轨移动式地面架车机

图 1–20　地下式架车机组

地下式架车机组能独立地对车体、转向架进行提升，两套提升机构高度随意控制，并且相互联锁保护，对列车车体下部的部件、零件修理或更换特别方便。配合铲车、液压升降台等工具设备，地下式架车机组能对列车车体下的所有部件进行维修，如转向架拆装（包括转向架的中心销、牵引插杆、横向减振器、抗侧滚扭杆等拆装）、牵引电动机拆装、齿轮箱拆装、换轮中的保险杆拆装，以及空气压缩机总成、电阻箱、垂直减振器、车钩、代机架及单个轮对拆装，是列车检修工作中不可缺少的重要设备。地下式架车机组的特点是：两套提升装置能单独进行转向架和车体的升降，配合使用时功能极强，落转向架极为方便；安装形式为地下式，设计巧妙、安全，复位时与地面同一标高，无障碍物，平时场地可用于其他检修用途；安全保护装置完整齐全。

4. 伸缩式悬臂吊

伸缩式悬臂吊（见图 1–21）是起吊、安装、拆卸、运输列车顶部空调总成和受电弓等部件的专用设备。吊车伸缩臂在使用时能深入供电接触网下（与接触网的垂直绝对距离不小于 200 mm）直接吊起车顶部件并送到地面。伸缩式悬臂吊电源与接触网供电之间有联锁。

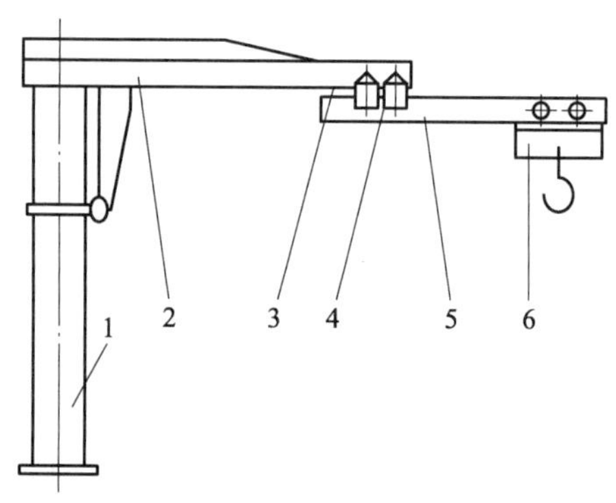

图 1–21　伸缩式悬臂吊

1—立柱　2—固定悬臂　3—支撑滚轮　4—伸缩臂驱动装置　5—伸缩臂　6—电动葫芦

伸缩式悬臂吊的特点如下：

（1）动臂能在车顶和接触网间伸缩，进行车顶部件的拆装起吊作业。

（2）悬臂吊电源与接触网供电隔离开关之间进行联锁，两者不得同时有电，确保悬臂吊使用时接触网无电。

（3）吊钩电动机和动臂电动机均为双速，起动平稳。

（4）悬臂吊工作时，有明显的声光报警装置，警示无关人员，确保人员和设备的安全。

（5）悬臂吊动力电源采用导线内藏式安全滑触线。

5. 移车台

移车台（见图 1–22）用于横向一次运送整节列车至检修轨道（台位）。设备纵向端头各有一块带导轨的活动连接板，通过液压系统与移车台两头的检修轨道（工作台位）相连，活动轨与固定轨呈水平，方便将需要移动的车辆牵引进 / 出移车台。移车台两头分设互锁驾驶室，可双向操作，受电采用滑触线。

图 1–22　移车台

移车台一般采用有轨式，车架为大跨距的整体桥架，需配牵引车牵引。移车台除有轨式外，还有无轨式。无轨式驱动行走轮有多种形式，有采用橡胶轮胎行走的移车台，也有采用压缩空气气垫行走的移车台。

移车台的特点如下：

（1）同步传动，确保大跨距车体移动时不扭曲，平移移动采用四台无级变速电动机同步传动。

（2）考虑到热胀冷缩效应，桥架下两侧的车轮被设计成不同的形式：一侧为法兰固定端，另一侧为无法兰自由端，保证桥架可在自由端伸缩。

（3）通过四台直流电动机带动制动器和液压系统控制四只制动盘，达到平稳制动的效果，定位精确，无晃动。

（4）显示故障码，快速找到故障点。

（5）双向驾驶室操作方便灵活。

（6）安全保护装置齐全，移动时闪光报警。

6. 轮对压装机

轮对压装机（见图 1–23）用于车轮和车轴在设定压力下装配成轮对（压轮）和将轮对分解成车轮和车轴（退轮）。压装形式可一次压（退）一个车轮或一次同时压（退）两端车轮。

图 1–23 轮对压装机

轮对压装机的特点如下：

（1）具备轮对的（包括制动盘、大齿轮）拆、装两种功能。

（2）轮对内侧距压装距离自动定位。

（3）显示压力 / 位移曲线合格范围标准曲线图，并与工作实际曲线相对应地自动显示在屏幕上，判定轮对压装是否合格。

（4）具有自动和手动两种控制方式。

（5）压装过程自动记录，能自动连续显示、记录压装过程。

（6）起重装置具有双速起吊功能，起吊和定位方便。

（7）配有各式止挡块，便于进行轮对的压装和拆卸。

（8）自动上料。

7. 转向架升降台

转向架升降台（见图 1–24）用于提升转向架至不同的高度，便于对其进行检修和更换附件。该设备采用变速箱带动提升丝杆机构，安全可靠。通常该设备安装于转向架检修线上，复原时，提升托架到与地面轨道同一水平面，转向架可方便地推入，提升托架定位并进行提升检修。

转向架升降台的特点如下：

（1）完全同步。两侧提升托架采用同一电动机双头机械连接方式，驱动时绝对同步。

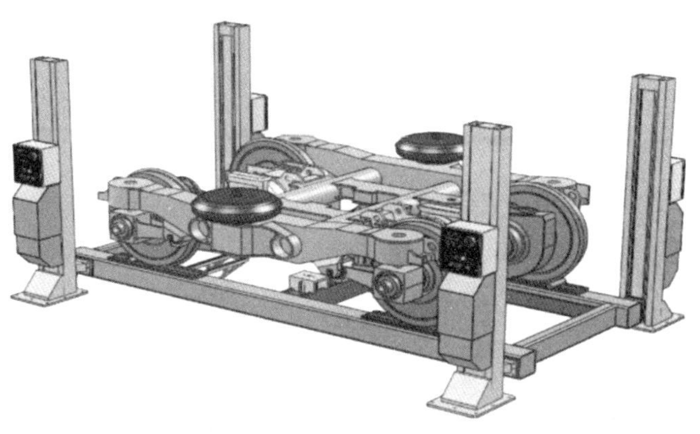

图 1–24　转向架升降台

（2）检修空间大。托架提升后，只有四根提升杆暴露，检修空间大，操作无障碍。

（3）安全可靠。机械螺杆传动式提升机构能自锁。托架提升后，原托架处有弹簧钢板填充，保证地面无间隙，不会危及人员安全。

（4）电气保护装置齐全。六组限位开关（工作限位开关、极限限位开关、螺母松动检测开关、螺母磨损检测开关等）形成位置保护，具有电动机过流保护和负载过流保护。

8. 转向架试验台

转向架试验台（见图 1–25）用于车辆转向架的静态变形测试。通过液压装置加载后，被测转向架的各种数据经传感器、放大器、A/D 转换输入计算机，算出转向架的静态自重、加载前后转向架的交叉度和平行度，完成对转向架的静态变形测试，以便对转向架质量进行检测和判别。对加载压力进行设定，可测出不同负载的变形。该设备有液压加载系统，并配备恒温恒湿设施。

图 1–25　转向架试验台

（1）转向架试验台的功能

转向架试验台能称出动车转向架或拖车转向架的静态自重，能测量加载前转向架的几何尺寸（平行度和交叉度），能测量加载后转向架的几何尺寸（平行度和交叉度），能称出每对轴的轮重，能自动记录、存储、打印、查看测量结果。

（2）转向架试验台的特点

仅需一人操作，操作简便，计算机界面直观；安全保护系统完善、可靠，防滑固定限位，液压驱动锁定，系统紧停、加载点动等安全防护措施齐全；测量精度高；自动交替加载；非机械式轴向定位。

9. 单元制动机试验台

单元制动机试验台可对城市轨道交通车辆单元制动机进行各项性能指标试验，由左右机架、压力传感器、位移传感器、压力表、控制台等组成，具有以下功能。

（1）强度试验：检验单元制动机的机械强度。

（2）压力试验。

（3）泄漏试验：检查闸缸规定时间内的泄漏程度。

（4）间隙调整试验：检查间隙调整器的容量和活塞最大行程。

（5）活塞杆推力试验：检验常用制动和弹簧制动是否达到规定压力值和行程。

（6）紧急缓解装置（辅助缓解装置）试验：检验紧急缓解功能。

（7）测试数据实时显示，能自动记录、保存、打印、检查各项测试数据。

（8）图形曲线实时显示加载压力、位移等数据。

对于不同车辆，单元制动机试验项目会有不同。

10. 自动车钩试验台

自动车钩试验台能对车辆的自动车钩进行车钩连挂、解钩及气密性测试。该设备由机架、滑动机架、液压装置、气源（压缩空气）和控制台组成。为便于搬动车钩，需配 250 kg 吊车。

自动车钩试验台的一般试验为车钩连挂和解钩试验及气密性试验。具体方法是将组装好的全自动或半自动车钩安装在试验台上，进行车钩自动连挂和解钩试验。连挂时要听其声音是否清脆，以判别机械钩头的安装质量，通过操纵手动解钩装置，检查手动解钩的性能是否正常。车钩处于连挂状态时，用肥皂水喷在所有阀和管路接头处，检查气路是否有泄漏。其具体功能如下：

（1）测试车钩机械钩头的连接性能。

（2）测试车钩气路的泄漏量。

（3）测试车钩电气头的前进、后退动作及按钮性能。

（4）测试车钩回复中心装置的性能。

（5）测试车钩横向摆动量。

（6）测试车钩高度。

11. 车辆复位救援设备

车辆复位救援设备是用于列车事故救援的必备配套设备。

车辆复位作业主要包括对脱轨车辆实施复轨作业、对车辆实施顶升作业、对倾覆车辆实施扶正作业、对车辆实施短距离牵引作业，以及对车辆结构实施局部破坏性扩张 / 剪切等救援作业。

此外，与其配套的还有用于应急发电及照明、轮对故障行走、救援运输、设备集成定置、警示、救援人员人身防护等的设备和工具。

车辆复位救援设备主要由汽油机液压泵及控制单元、手动液压泵、桥板式横移机构、分置式横移机构、液压顶升装置、扩张钳、剪切钳、救援液压撑杆、轻型液压泵、液压牵引装置、气垫顶升装置及空气压缩机、救援运输小车、车轮抱死救援小车、发电动机照明设备、扶正装置、车轴推进器、转向架捆绑工具等组成。

12. 其他设备

在检修制度的保证下，需要设计车辆维修信息管理系统，对维修计划、走行里程、备件管理、故障信息等建立数据库并进行信息管理。

根据实际情况可以配置一些专业化的检测设备进行定期诊断，为车辆检修提供可靠的检修信息。例如，可以配备车辆在线检测系统，对车辆轮对踏面情况、受电弓运行情况等进行动态检测，能对轴承、轮对踏面、传动齿轮和受电弓的早期故障进行在线监测和预警，避免走行部和受电弓带故障运行。

另外，还可建立计算机网络化的城市轨道交通列车诊断系统，设计的最小可诊断单元应是最小可更换单元。可以了解每个在线修可更换单元（LRU）、二级可更换单元或部件（SRU）的状态，便于查出故障部位。车载无线设备可实时传送车辆状态信息到地面，为车辆状态修提供依据。

技能训练 1　单车日检维护标准化检查作业

一、训练目的

1. 熟悉列车日检维护标准化检查作业内容及方法。
2. 掌握单车日检维护标准化检查作业内容及方法。

二、训练内容

本训练内容可参阅本教材附录内容，按以下模块实施：

1. 单车日检维护标准化检查作业的防护阶段训练。
2. 单车日检维护标准化检查作业的检查阶段训练。
3. 单车日检维护标准化检查作业的结束阶段训练。
4. 单车日检维护标准化检查作业综合训练。

三、训练用品

1. 设备

实物或仿真城市轨道交通 Tc 车 1 辆，可实施单车日检维护标准化检查作业。

2. 场地

车底下方设置检修地沟，车体两侧设置检修通道，地面安全线等地面标识清晰。

3. 工具

检车锤 1 把 / 人、手电筒 1 把 / 人、对讲机 1 部 / 人、司机室车门专用钥匙、检查作业记录本、记录笔、防护灯、“禁止动车”指示牌、“禁止升弓”指示牌等。

四、训练过程

前期采用模块化训练，后期采用综合训练。

1. 学习列车日检维护标准化检查作业内容及方法。
2. 编制单车日检维护标准化检查作业内容及方法。
3. 讨论确定单车日检维护标准化检查作业内容及方法。
4. 按确定的单车日检维护标准化检查作业内容及方法进行模块化训练。
5. 互换角色训练。
6. 综合训练。

五、注意事项

1. 作业前穿戴好劳动保护用品，做好安全防护。“禁止动车”指示牌和“禁止升弓”指示牌可提前置于车辆的规定位置。

2. 作业前后应做好工具、材料和防护用品的整理、清点和归位工作。

3. 检车锤用以敲打判断螺栓松紧和零部件（如车轮）有无裂纹等，作业时，严禁敲打车体，以及缸体类、箱体类、阀类、管类和电气类零部件。

4. 检查时，若设备条件不能满足，可以采用口述（口呼）方式完成。

六、考核评价

单车日检维护标准化检查作业考核评价见表 1–5。

表 1–5　　单车日检维护标准化检查作业考核评价表

类型	项目	项目与技术要求	配分	评定方法	得分
过程评价（40%）	1	实训纪律	10	考勤	
	2	平时训练表现	10	检查、观察	
	3	顺序、内容及要求	20	讨论、展示、抽检	
质量评价（60%）	1	顺序、内容及要求	30	提问、背诵、笔试	
	2	日检维护作业实操	30	测试、观察、记录	

说明：目前尚无统一标准，测试时应结合车型灵活掌握测试时间。

思考与练习

1. 什么是车辆的定期维修、视情维修和事后维修？
2. 简述车辆在各级修程中的主要作业内容。
3. 实现计划预防维修制度应具备哪些条件？
4. 修理车辆的生产过程通常包括哪些内容？
5. 现车修理与互换修理有什么不同？
6. 车辆检修工艺文件的主要形式有哪些？
7. 检测车辆零部件性能常用的方法有哪些？
8. 什么是疲劳断裂特征？
9. 正线故障根据影响程度不同，可分为哪几种？
10. 车辆段主要的检修设施有哪些？

第二章　车体及车门维护与检修

学习目标

- ◆ 了解车体及内部设施的结构、组成和作用。
- ◆ 掌握车体及内部设施的维护与检修方法。
- ◆ 了解车门的分类和作用。
- ◆ 掌握车门的维护与检修方法。
- ◆ 掌握车门的常见故障及处理方法。

车体与车门是城市轨道交通车辆的重要组成部分。车体是车辆结构的主体，是容纳乘客和司机驾驶（对于有驾驶室的车辆）的处所，同时又是安装和连接其他设备和部件的基础。车门是乘客及司机上下车辆的通道，是车身外形的重要组成部件，对车体强度及车辆整体形象影响甚大，且与运营安全有直接关系。本章主要介绍城市轨道交通车辆车体及车门的维护与检修方法。

第一节　车体维护与检修

车体在运用过程中会产生磨损，承受各种载荷及作用力，所以车体的强度、刚度要符合安全要求，同时，车体材料也要具备防腐、耐腐蚀能力。

一、车体的组成

城市轨道交通车辆车体一般包括底架、端墙、侧墙、车顶、车门、贯通道和车内设施等部分。车体的组成如图 2–1 所示。

二、车体的维护

车体可分为车体（车厢）外部和车体内部。

1. 车体（车厢）外部的维护

在日常检查中，主要按以下步骤对车体外部进行维护。

（1）目视前挡风玻璃、逃生门玻璃、司机室车窗玻璃和客室玻璃应无裂纹、破损，密封胶密封良好。

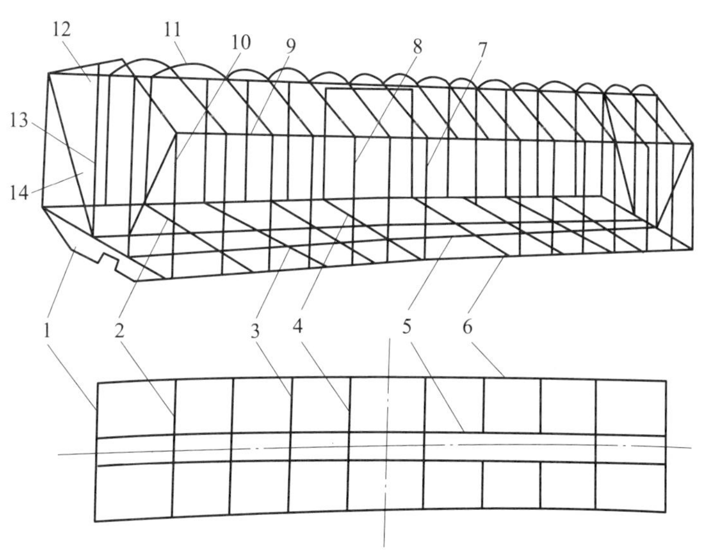

图 2–1　车体的组成

1—缓冲梁（端梁）　2—枕梁　3—小横梁　4—端梁　5—中梁　6—侧梁　7—门柱
8—侧立柱　9—上侧梁　10—脚柱　11—车顶弯梁　12—顶端弯梁　13—端立柱　14—端斜撑

（2）目视车体外观应无异常，无撞击破损。车体外表应无裂纹，油漆损坏面积应不超过 900 mm^2 或长度不超过 35 mm。

（3）目视车端前照灯、显示灯和车两侧指示灯外观应正常。

（4）目视雨刷、车标等外部部件应安装正常，无松动。

（5）目视外紧急解锁装置应无丢失，锁闭正常。

（6）目视确认车端电气连接器插头固定支架状态良好，连接器无裂纹，防松线清晰无错位。

2. 车体内部的维护

车体内部的维护包括司机室维护与客室维护。

（1）司机室维护

1）目视确认司机室灭火器在有效期内，压力正常（指针处于绿色区域），安放牢靠。

2）确认司机室座椅靠背前后、上下活动顺畅，功能正常；目视确认司机室座椅外观良好，手动翻转靠背作用良好。

3）检查确认司机室地板布无破损、开裂等现象。

4）目视检查确认控制柜、综合柜状态良好，柜体无破损，柜门锁闭到位。柜门转轴折页正常，清洁柜内表面积尘。

5）打开司机台下方右侧箱盖板，检查水箱水位，当水位低于刻线时，补水至刻线上。

6）检查确认防毒面具无缺失，放置稳固规范，封条无破损，并在有效期内。

7）检查确认司机室内标识（如逃生梯标识等）齐全，内容清晰，破损严重时进行更换。

8）检查确认司机室后电气控制柜内空气开关在正常位置。

9）检查确认司机室内可见螺栓紧固正常、无丢失，有防松线的螺栓需确认防松线无错位。

10）拉动前窗遮阳帘，确认动作功能正常，安装良好。

11）检查司机室座椅各螺栓紧固情况，确认防松线划线清晰无错位。

（2）客室维护

客室内部设置灯具、车门、空调、座椅、扶手、拉手等，如图 2–2 所示。

图 2–2　客室内部的设置

1—扶手　2—车门　3—灯具　4—空调　5—拉手　6—座椅

在日常检查中，主要参照表 2–1 对客室进行日常维护。

表 2–1　客室日常维护

序号	作业项目	作业步骤、内容及标准
1	客室照明	检查确认客室照明正常，无闪烁和不亮的情况
2	间隔门紧急扳手	检查确认紧急解锁手柄处于正常位置，铅封未损坏
3	安全设施	检查确认灭火器安装牢固，安全锤、乘客报警装置、客室车门内紧急解锁装置罩板外观状态良好，安全锤固定良好，无丢失
4	客室盖板、设备柜、电气柜	手动检查确认客室内所有盖板锁闭到位，所有柜门关上并锁闭
5	车门、车窗	司机室集控开关门时，作业人员停止作业，观察确认当节车的车门动作统一、流畅，开闭到位，车门内侧开关门指示灯显示状态正常，车门外观、车窗无破损

续表

序号	作业项目	作业步骤、内容及标准
6	车内乘客信息系统和车内监控系统	检查确认动态地图、本侧开门指示灯能够正确显示，LCD 液晶显示器显示正常、影音播放正常
7	车内空调系统	观察、耳听辐流风机，确认无异响，确认空调装置运转时无异响、异振，（夏季）制冷功能开启时客室温度必须明显低于外温，有制冷效果
8	电加热器	（冬季）观察确认座椅下电加热器罩板孔无异物堵塞
9	内装及内饰	检查确认车内所有装饰板、地板布、扶手、拉手、广告板、座椅、挡风玻璃、灯罩、通风格栅、刷屏机等状态良好，安装螺栓外饰扣无缺失
10	车内标识	检查车内标识，破损或卷边严重时进行更换

三、车体的检修

城市轨道交通车辆的车体是焊接结构的大型铝合金挤压型材车体，焊接加热过程会使车体的强度降低 40% ~ 60%，且较碳素钢结构容易产生变形。因此，车体的常见故障是车体变形。除此之外，车体故障还有车体腐蚀、底架下垂、车窗玻璃破碎、客室内扶手松动、车体表面及内装脱漆等。在此主要介绍车体变形的检修方法。

1. 车体（车厢）外部的检修

车体变形可以分为无碍车体外形或设备功能的车体永久变形和妨碍车体外形或设备功能的车体永久变形。

无碍车体外形的车体永久变形是指对车辆的动态限界没有影响的车体变形，无碍设备功能的车体永久变形是指对车辆的正常运营没有影响的车体变形。检修这两种变形时，只需对车体进行挖补、利用截换方法焊修，修后表面平整，外观恢复原状，并补涂同色油漆。

妨碍车体外形的车体永久变形是指对车辆的动态限界有影响的车体变形，妨碍设备功能的车体永久变形是指对车辆的正常运营有影响的车体变形。发现这种损坏时，应和车体供货商进行联系，由供货商或对车体进行矫正或请有冷压调整、热压调整、焊接等经验的厂商进行处理。

2. 车体内部的检修

（1）地板的检修

检查覆盖层与地板黏结是否牢固，有无鼓泡、破损和明显划痕。全车允许一处直径小于 150 mm 的鼓泡、破损，两处直径小于 80 mm 的鼓泡、破损，否则应整块揭掉后重新黏结。

（2）顶板的检修

1）清洁空调通风口和灯罩的格栅。

2）更换照明灯具。

3）检查客室顶板，应安装良好，无破损和严重变形。

4）检查弧形盖板及其锁的功能，应安装牢固、开闭作用良好，盖板锁应安装牢固、作用良好。

（3）客室侧墙、端墙的检修

检查客室各侧墙、顶板、装饰条的外观，应无破损和严重变形，油漆良好，安装牢固。

（4）客室车窗的检修

1）更换橡胶框。

2）检查玻璃，应无裂纹和严重划伤，玻璃夹层中无进气和进水现象。

3）检查窗户，应安装良好。

（5）司机室车窗的检修

1）检查确认挡风玻璃的状态和除霜功能正常。

2）更换雨刮器橡胶刮板。

3）检查雨刮器，确保安装良好、功能正常。

（6）司机室座椅的检修

1）检查司机室座椅的机械机构各零部件，应完好无损。

2）检查各螺栓连接处是否紧固良好。

3）调节座椅和靠背的升降和旋转机构，动作应灵活自如。

4）检查座椅、靠背软垫外表面，应无破损。

5）清洁外表面，并润滑司机室座椅活动部位。

（7）客室座椅的检修

1）检查座椅，应安装牢固，座椅壳与座椅框架间的隔垫应安装良好、无破损，橡胶止挡应安装良好、无破损，座椅外观及油漆应良好、清洁、无尘垢。

2）检查座椅下盖板及其锁的安装状态，开闭功能应良好。

（8）立柱、扶手的检修

1）检查立柱和扶手的安装，应牢固无松动。

2）检查立柱和扶手的表面，若划痕严重，应进行表面翻新。

（9）其他设施的检修

1）检查升弓脚踏泵，应功能良好。

2）检查灭火器，应安放到位、安装牢固，并在有效期内。

3）检查电笛安装和功能，电笛各部件应完好无损、安装牢固、鸣叫响亮。

第二节 车门维护与检修

车门系统作为城市轨道交通车辆的重要组成部分之一，在城市轨道交通运营服务方面发挥着极为重要的作用。车门能否正常稳定地工作，不但影响车辆正常运行，而且关乎乘客生命和财产的安全。城市轨道交通车辆车门因其数量多、操作频繁，在使用过程中故障率相对较高。目前，各城市轨道交通运营企业都非常重视客室车门在使用过程中的安全性和可靠性。

一、车门的组成

车门种类繁多，按用途不同，可以分为客室车门、司机室侧门、紧急疏散门、司机室间隔门，按开启方式不同，可以分为内藏嵌入式对开侧移门、外侧移门、塞拉门和外摆式车门，在此主要讲解客室电动塞拉门的基本结构。

电动塞拉门主要由接口部件、承载驱动机构、内部和外部解锁装置、隔离开关、平衡轮组件、门扇、运动导向装置和电子门控器组成，如图 2–3 所示。

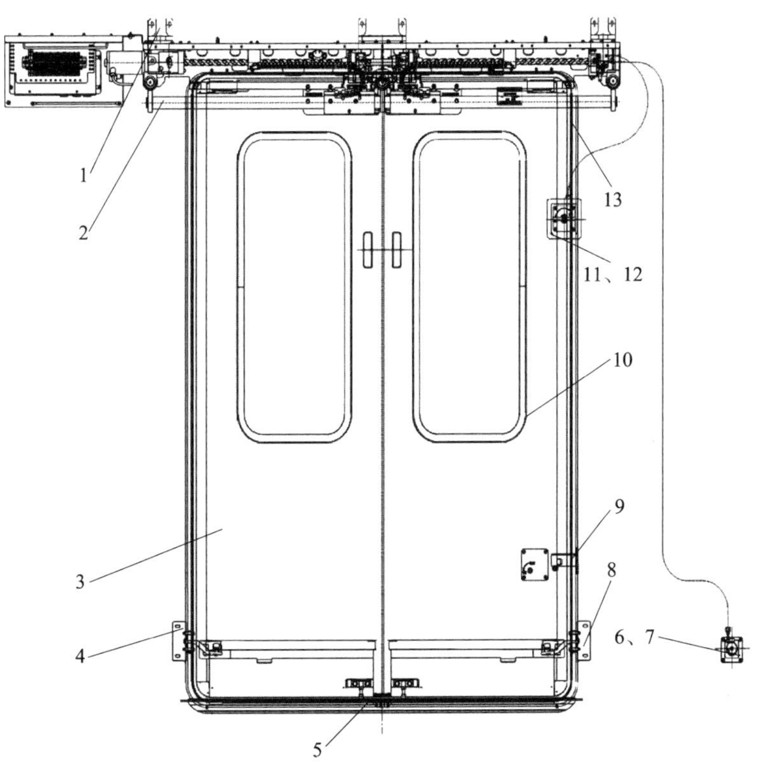

图 2–3 电动塞拉门的结构

1—中间吊架 + 侧吊架 2—承载驱动机构 3—左门扇 4—摆臂组件（左） 5—门槛组件 6—外操作装置 7—外操作钢丝绳组件 8—摆臂组件（右） 9—隔离开关组件 10—右门扇 11—内操作装置 12—内操作钢丝绳组件 13—密封压条

二、车门的维护

1. 客室车门的维护

每一种车门的维护与检修都各有特点，在此以某市城市轨道交通车辆采用的电动塞拉门为例，介绍客室车门的维护。

电客车客室车门日常检查维护主要包括外观检查、关键部件检查及功能测试。

（1）外观检查

外观检查主要检查确认门扇、门玻璃无异常损伤，门扇密封条无损坏，外部文字、标记、铭牌、指示灯等齐全、外观正常。

（2）关键部件检查

1）检查紧急出口 / 入口装置的功能。如果紧急出口 / 入口装置动作，那么“紧急解锁装置”限位开关一定要动作。

2）检查铰链板上的挡卡装配是否正确。

3）将门移到关闭位置。在右门扇上用一把方形钥匙将锁栓旋转至关闭位置，隔离开关应动作，同时门被机械锁紧，不能打开。

4）检查下摆臂三个滚轮是否丢失、断裂和松动。

5）检查平衡轮是否断裂、松动和移位。

6）检查传动螺母处锁紧螺母是否松动；检查锁到位、门到位撞板紧固螺钉是否松动。

7）检查开关组件滚轮与门到位、锁到位撞块接触点是否超越撞块红色刻度线。

8）检查左右丝杆螺母中的挡圈，不应从中脱出；检查各处螺钉，不应松动。

（3）功能测试

1）测试开关门是否正常和顺畅，观察开关门速度是否同步，有无异常声音。

2）检查司机室车辆显示屏上门的显示状态是否正常。

3）测试车门打开或关闭过程中黄色指示灯是否闪烁，门开到位后黄色指示灯是否亮，门关闭后黄色指示灯是否灭，关门过程中提示音是否正常。

2. 司机室侧门的维护

司机室的两侧都设有司机室侧门。司机室侧门通常采用单页门，手动开启和关闭，常用的形式有内藏门、塞拉门和折页门。此处以内藏门为例，介绍司机室侧门的日常维护，主要包括以下内容：

（1）手动开关门多次，开关过程中门功能正常，无卡滞无异响。活动窗外观良好，动作灵活，功能正常。

（2）检查确认司机室侧门门把手、旋转锁安装紧固，锁芯外观正常，无磨圆、裂纹等情况，防松线清晰无错位、安装卡簧无丢失断裂。检查确认司机室侧门门框胶条及门板胶条无松脱、破损，关闭后密封良好。

（3）检查司机室侧门立罩板内有无异物，如有则进行清理，检查下摆臂滚轮运动是否卡滞，滚轮卡簧安装是否良好，无防尘盖的需对滚轮表面进行清理。

（4）司机室侧门在关闭位置时，从司机室侧门外侧目视门扇与车体外壁应成一平面，门扇除有密封胶条一面外，其余三面与门框之间的间隙应在 15 ± 2 mm 范围内。

（5）进行司机室侧门开关门操作时，侧门在运动过程中应无明显抖动，开门到位时，侧门后部与车体外皮应无碰撞剐蹭。

（6）检查并清洁门扇导轨。门扇导轨的滑动面应光滑清洁，无异物；门扇导轨的外侧面与车体侧墙外侧面的间隙应为 48 ± 1 mm；门扇导轨应安装牢固，无松动。

（7）检查门锁，门锁钩板的复位弹簧应良好，并润滑其摩擦部位。

（8）检查并清洁门扇，外观应平整、油漆良好，毛刷应完好无损。

（9）检查并清洁门槛条，应完好无损、安装牢固、无污垢。

3. 紧急疏散门的维护

紧急疏散门设置在驾驶室的前端墙上。列车在隧道内运行时，一旦发生火灾或其他紧急突发事件，司机可打开紧急疏散门，引导乘客通过紧急疏散门走向路基中央，然后向两端的车站疏散。在驾驶室内或室外都可开启紧急疏散门，一旦门锁开启，车门能自动倒向路基。紧急疏散门的维护主要有以下方面的内容：

（1）检查确认紧急疏散门各部件安装紧固，螺栓无松动。手动推动紧急疏散门，确认锁闭良好。

（2）目视检查确认紧急疏散门的逃生梯状态正常，锁扣牢固，各部件安装紧固，螺栓无松动。检查确认逃生梯上各尼龙带位置正确，无异常打结缠绕现象，毛毡条粘贴牢固。检查确认逃生梯解锁手柄功能正常，插销完全进入销孔中。

（3）清洁逃生梯与紧急疏散门之间的区域，确保此区域无异物。

4. 司机室间隔门的维护

驾驶室后端墙中间设有一扇与客室相通的通道门，也叫间隔门，在客室一侧没有开门把手，正常情况下不允许乘客开启，当乘客发现危险事故等特殊情况时，可以使用间隔门上方的红色紧急拉手开启间隔门。

司机室间隔门通常进行以下日常维护：

（1）门打开时，在司机室内操作二级锁，二级锁动作后按压二级锁锁舌，锁舌应不能完全回收。

（2）在客室内及司机室内分别测试司机室间隔门一级锁和二级锁锁闭功能。

（3）检查司机室间隔门窗帘安装是否紧固。

（4）司机室间隔门开闭时应与地板无干涉、剐蹭现象，如有则对门扇进行调整。检查下方的碰接装置，应安装紧固无变形。

（5）检查门锁状态时，如果门锁出现过一次不能锁闭或不能解锁的故障，需要对门锁进行更换。

（6）检查确认司机室间隔门紧急解锁罩板及手柄安装牢固，且处于正常位置，铅封未损坏。

（7）检查确认整个锁体安装紧固。

三、车门系统常见故障分析及处理

车门系统是车辆系统中使用频繁的部分之一，在使用过程中，车门系统较容易出现故障，快速有效地查找车门故障并及时修理就显得尤为重要。下面以客室车门为例，说明车门系统常见故障及处理方法。

1. 故障基本检修流程

（1）检查车门机械外观

检查丝杆有无磨损，润滑是否到位；检查螺母副有无损坏，滑动是否顺畅；检查承载轮、防跳轮是否磨损、损坏，造成车门跳动或异响；检查门控电动机接线是否损坏，转动是否灵活；检查各限位开关是否紧固正常、无损坏，接线是否正常；检查中间解锁装置功能是否正常，铜套有无磨损及退出；检查门槛条是否有异物或变形。

（2）检查门扇各机械尺寸

检查门扇高度、S4 门关到位尺寸、V 形尺寸是否符合要求。

（3）检查门控器

检查软件版本号是否正确，测试门控器功能是否正常。

（4）接线端子

检查接线及插头有无松动，端子有无损坏。

2. 常见故障处理

车门常见故障主要包括机械故障和电气故障两类。

（1）机械故障处理

1）机械尺寸变化引起的故障。出现此类故障时应检查车门尺寸调整是否在规定范围内，如 V 形尺寸、车门对中尺寸等；同时还应检查车门各部件是否存在相互干涉等情况，如果有，按车门尺寸要求进行调整。

2）零部件损坏。零部件损坏通常可以通过更换新件解决，如果同一类零部件损坏率较高，应进行普查，分析是否存在系统设计或调整方面的问题。

（2）电气故障处理

1）关门位置检查开关故障。故障现象为按下关门按钮后，单个车门无法关闭，车辆显示屏显示该门故障。该故障的主要原因是门关到位行程开关（DCS）在车门打开过程中出现故障或误动作，在关门过程中，电子门控单元（EDCU）收不到“门关好”信号，向列车诊断系统发出“车门故障”信息。

解决方法：检查该行程开关是否有故障，若有故障，则将其更换；检查该行程开关安装是否过紧，并检查其调整是否满足要求，如果不符合要求，则重新调整。

2）电子门控单元故障。故障现象包括电子门控单元硬件故障、突然死机等。

解决方法：检查电子门控单元中软件是否为最新版本，若不是，则更新软件后重新进行开关门试验，并再次检查是否正常；检查电子门控单元的接线端子是否正常，若不正常，则重新安装接线端子；若电子门控单元本身故障，则更换电子门控单元。

3）车门电动机故障。故障现象有车门不动作、车门动作一段距离后停止运动等。

解决方法：检查车门电动机各接线是否有松动或断裂的情况，若松动，则重新紧固或更换断裂的部件；检查电动机的连接件（包括电动机皮带、联轴器等）是否正常，若皮带出现断裂则更换；以上故障都排除后仍然不能解决该故障，则可能是电动机本身故障，可考虑更换电动机。

四、客室车门常见尺寸调整

车门属于经常运动且动作频繁的部件，相关机械尺寸也会发生变化。因此，车门在运用一段时间后，应定期对其有关机械尺寸进行调整，确保车门正常开关，降低故障率。车门的主要尺寸调整包括 V 形调整、对中调整、平行度调整、行程开关调整等。

1. 门扇 V 形调整

使两个门扇处于直道中，松开携门架上的固定螺钉（不要完全松开），用扳手旋转偏心，相继调节两个门扇，V 形尺寸要求在携门架下部 10 mm、下轨道上 10 mm 处测量，保证上部比下部大 2 ~ 5 mm，然后重新旋紧固定螺钉。门扇 V 形调整如图 2-4 所示。

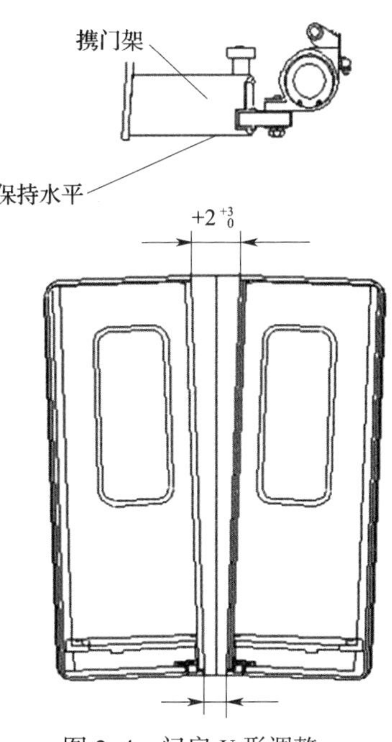

图 2-4　门扇 V 形调整

2. 门扇对中调整

（1）松开螺母组件上四个 M20 的大螺母，如图 2-5 所示。

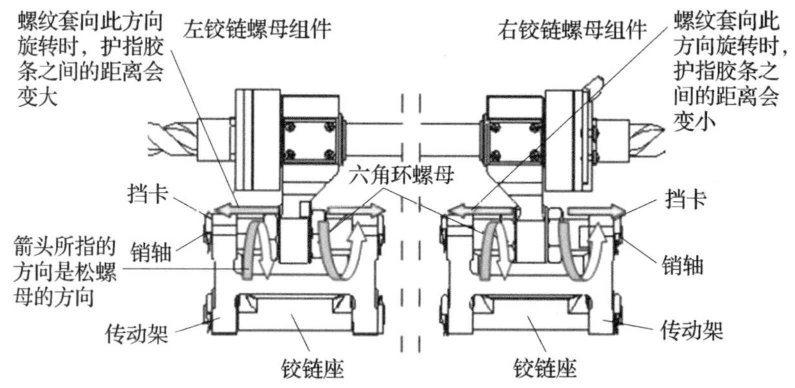

图 2-5　松开螺母组件上四个 M20 的大螺母

（2）要求门关上后，门扇与护指胶条的间距大于等于 44.3 mm，如图 2-6 所示。

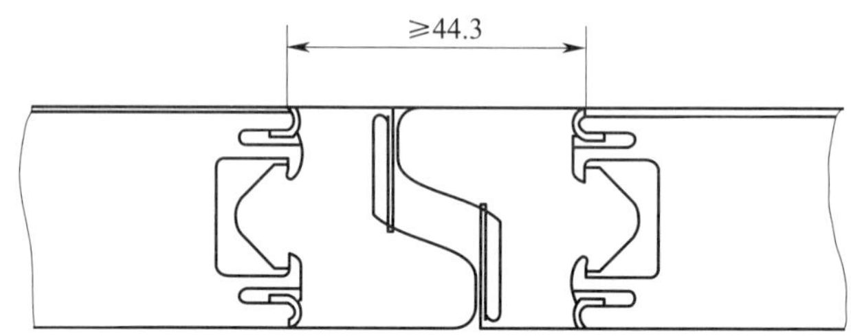

图 2-6　门扇与护指胶条的间距要求

（3）调整完后，使用 18 N· m 的力矩预紧防松螺母。

3. 门扇平行度调整

（1）将两扇门板置于直道的最前端（直道与弯道的交界处），用深度尺测量门扇外表面测量点 1 到上密封压条密封面的距离 x_1 和点 2（取门扇后端能测量到的最远点）到上密封压条密封面的距离 x_2，要求 $0 \leqslant |x_1-x_2| \leqslant 2$ mm，如图 2-7 所示。

（2）如果不满足 $0 \leqslant |x_1-x_2| \leqslant 2$ mm，松开滑筒和携门架上的紧固螺钉（螺钉应该处于预紧状态），将两扇门板置于直道的最前端，用扳手旋转滑筒上的偏心轮时要注意方向，如果发现方向反了，应立刻改变方向，直到满足尺寸要求，如图 2-8 所示。

（3）用扳手固定偏心轮，旋紧螺钉，在旋紧螺钉时偏心轮不能转动。之后再旋紧其他螺钉，要求打规定扭力和防松标记，不涂抹螺纹胶。

4. 门扇开度调整

（1）使门扇处于完全开到位状态，测量两根护指胶条最高点之间的距离，两扇门板之间的净开度为 1 300 mm，如图 2-9 所示。

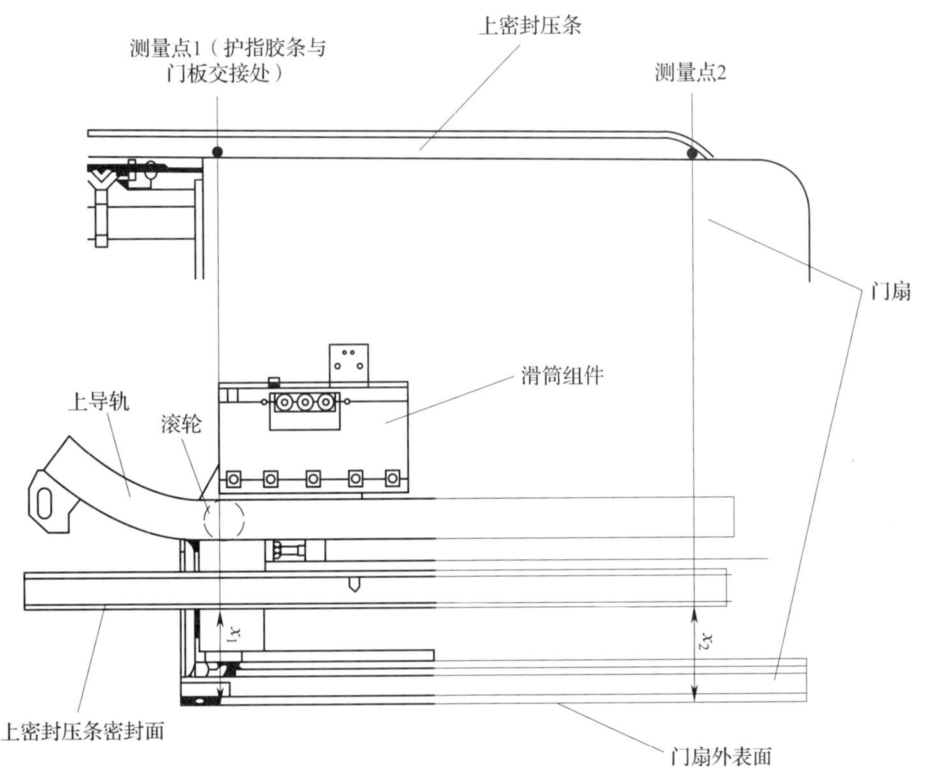

图 2-7　测量门扇外表面到上密封压条密封面距离

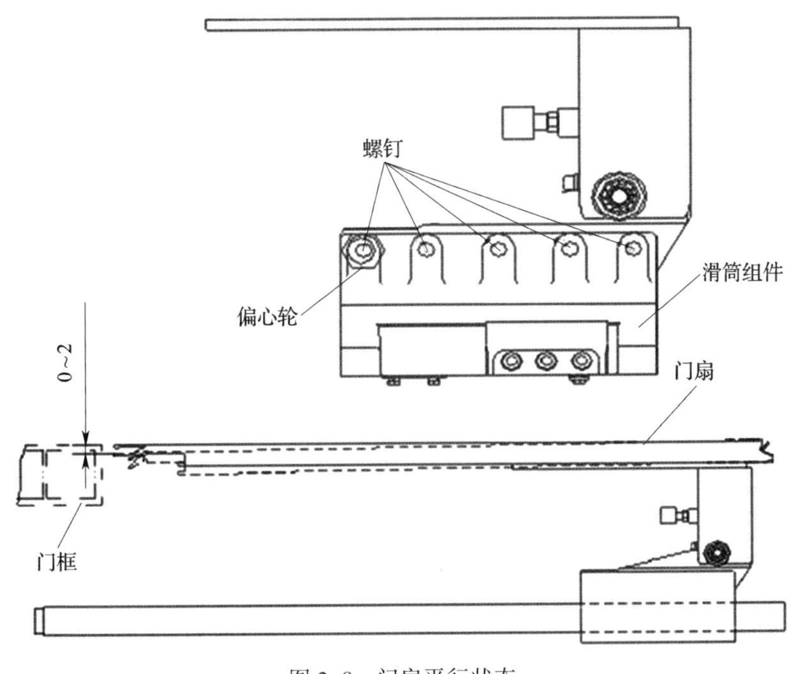

图 2-8　门扇平行状态

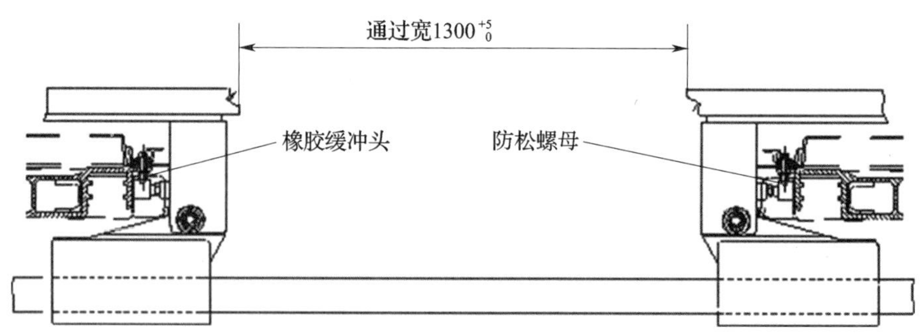

图 2-9　门扇开度测量

（2）如果净开度尺寸达不到 1 300$^{+5}_{0}$ mm，通过调整缓冲头达到净开度尺寸：松开缓冲头上的锁紧螺母；将其中一个缓冲头的位置按照图 2-10 中箭头方向旋到最低，通过另外一个缓冲头的进退位置调整进开度尺寸，达到尺寸后旋紧锁紧螺母；将被旋到最大位置的缓冲头调整到接触缓冲头撞板，手动开关门几次，消除缓冲头与撞板之间的间隙，在锁紧螺母上打防松标记。门扇开度调整如图 2-10 所示。

5. 门扇与密封面平行度调整

（1）上部平行度调整

1）将两扇门板置于直道的最前端（直道与弯道的交界处），用深度尺测量门扇外侧到上密封压条密封面的距离，要求为 73$^{+2}_{-4}$ mm，如图 2-11 所示。

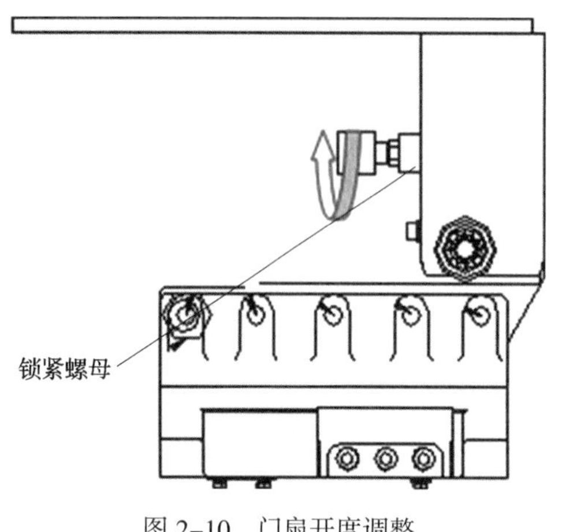

图 2-10　门扇开度调整

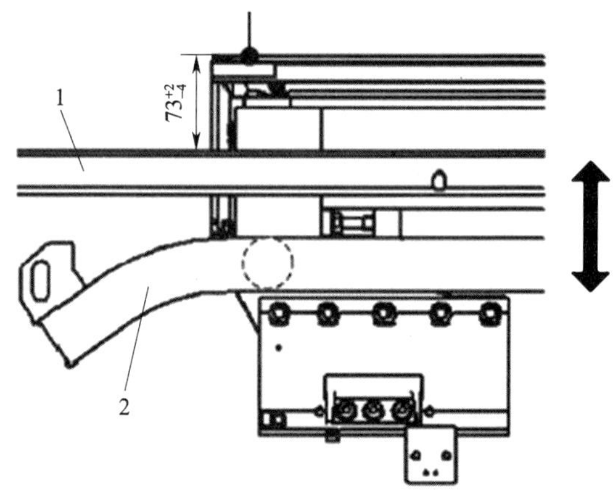

图 2-11　上部平行度调整

1—上密封压条　2—上导轨

2）如果测量值没有达到要求，松开滑道前面的固定螺钉，调整上滑道的前后相对位置，再使门扇处于滑道前端位置，测量门扇外表面与车体的尺寸，直到调整到要求尺寸为止。

3）把门扇置于完全开到位状态，用深度尺测量门扇外侧到上密封压条的距离，要求为73$^{+2}_{-4}$ mm。

4）如果测量值没有达到要求，此时把门扇置于滑道前端位置，松开滑道后面的固定螺

钉，调整上滑道的前后相对位置，再使门扇处于开到位位置，测量门扇外表面与上密封压条密封面的尺寸，直到调整到要求尺寸为止。

5）旋紧上滑道螺钉，并打规定扭力和防松标记。

（2）下部平行度调整

1）将两扇门板置于直道的最前端（直道与弯道的交界处），用深度尺测量门扇外侧到门槛密封面的距离，要求为 73_{-4}^{+2} mm，如图 2–12 所示。

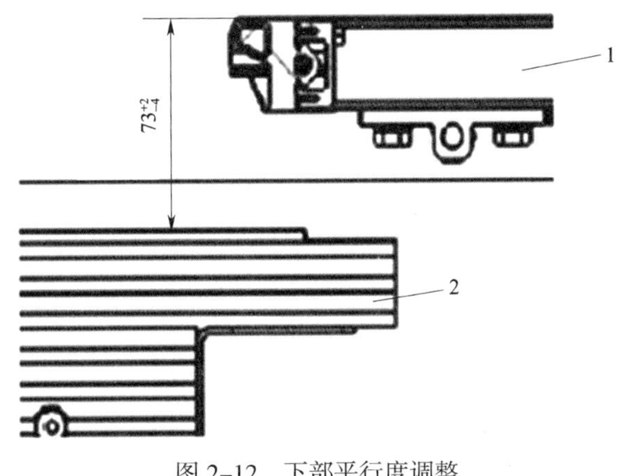

图 2–12　下部平行度调整

1—门扇　2—门槛

2）使门扇置于完全开到位状态，用深度尺测量门扇外侧到门槛密封面的距离，要求为 73_{-4}^{+2} mm。

3）如果没有达到要求值，则松开固定摆臂组件的螺钉，前后调整摆臂的位置，使其尺寸达到要求，如图 2–13 所示。

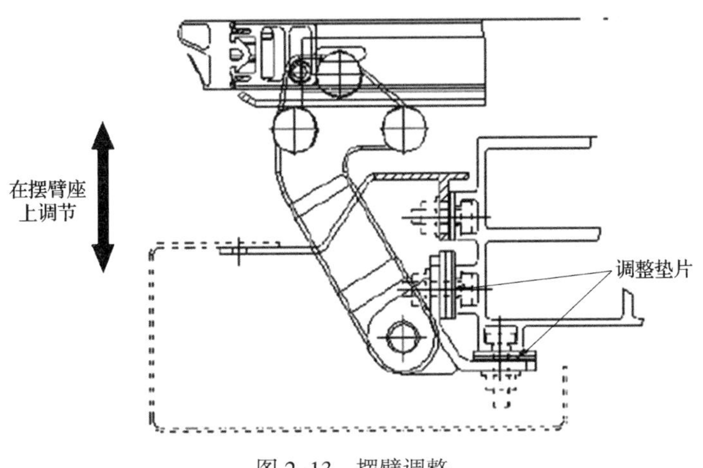

图 2–13　摆臂调整

6. 下摆臂调整

（1）松开 T 型螺栓上下移动摆臂，调整下摆臂滚轮嵌入滑道的尺寸。

（2）要求在开门状态（门扇开度 700 mm 左右）下摆臂上表面与上滑道底边的间隙为 10 ~ 13 mm，具体尺寸要求如图 2-14 所示。

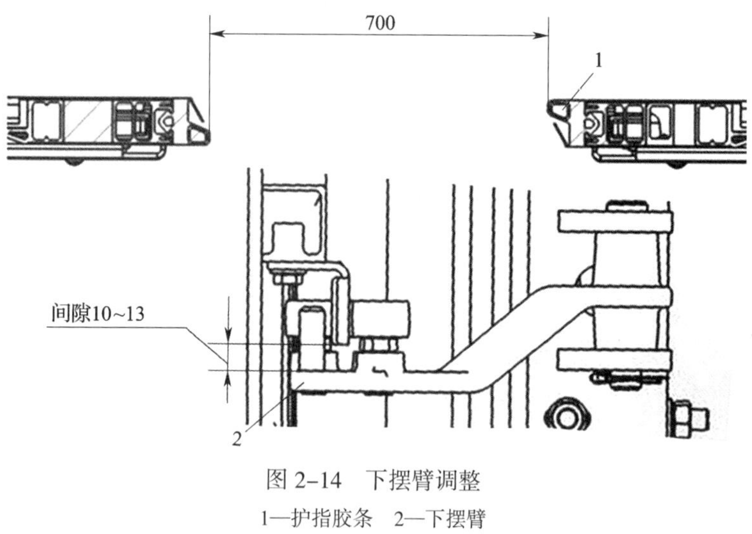

图 2-14　下摆臂调整

1—护指胶条　2—下摆臂

7. 压轮调整

（1）保证滚轮深度与门板加强点之间 1 ~ 2 mm 的间隙，通过增加或移去垫片进行调整。

（2）调整完成后，滚轮不得空转，门扇正常开、关门时不得有异响，防挤压功能应正常。压轮调整要求如图 2-15 所示。

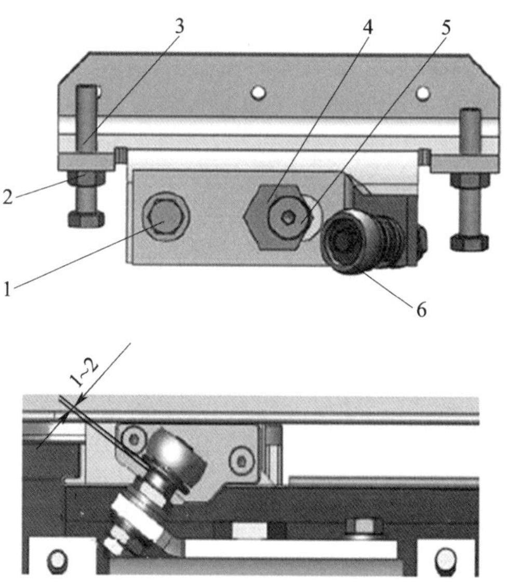

图 2-15　压轮调整要求

1—紧固螺钉　2—锁紧螺母　3—调整螺钉　4—偏心轮　5—埋头螺钉　6—压轮

8. 行程开关调整

（1）锁到位开关 S1 调整

1）使门处于关闭状态，然后切断电源。

2）用手转动 S1 上的开关滚轮，满足轻松转动（即此时摆臂未抵压开关滚轮），并且开关滚轮与摆臂间隙不得超过 1.5 mm，如图 2–16 所示。

3）主螺母沿丝杆作直线运动时，微动开关的滚轮不能和右撞板接触。调节前，松开锁到位开关组件底板和右撞板的紧固螺钉；调节后，拧紧锁到位开关底板和右撞板的紧固螺钉。

4）旋转紧急操作装置手柄或手动旋转螺母套至解锁位置（此时门扇可手动开关），右撞块离开滚轮，铰链臂在弹簧的作用下压住开关，开关闭合，如图 2–17 所示。

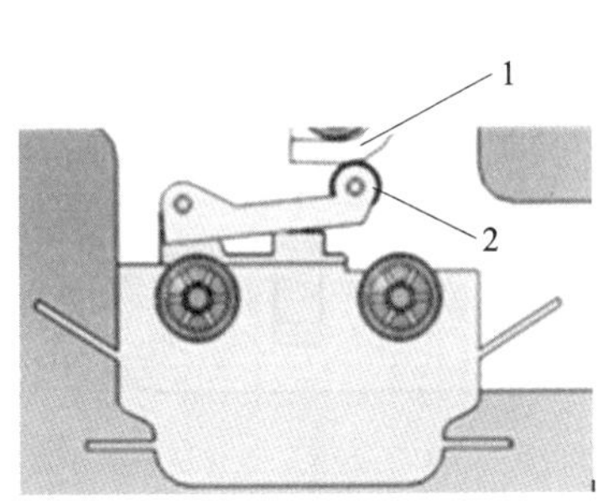

图 2–16　行程开关调整要求（1）

1—开关摆臂　2—开关滚轮

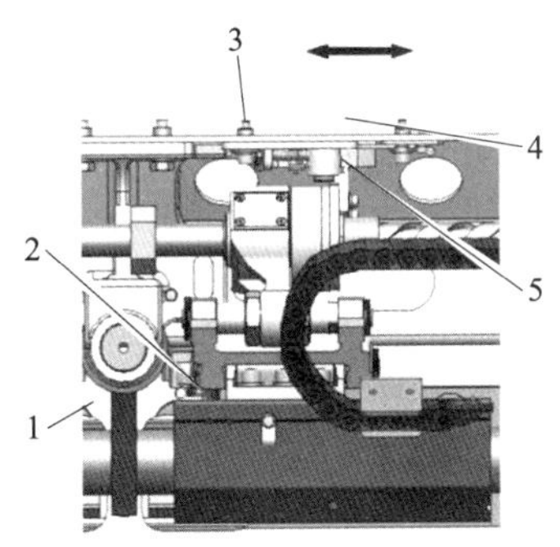

图 2–17　行程开关调整要求（2）

1—导柱　2—携门架　3—底板紧固螺钉　4—滚轮　5—右撞块

（2）门关到位开关 S4 调节

1）使门处于关闭状态，然后切断电源。

2）用手转动 S4 上的开关滚轮，满足轻松转动（即此时摆臂未抵压开关滚轮），并且开关滚轮与摆臂的间隙不得超过 1.5 mm，如图 2–18 所示。

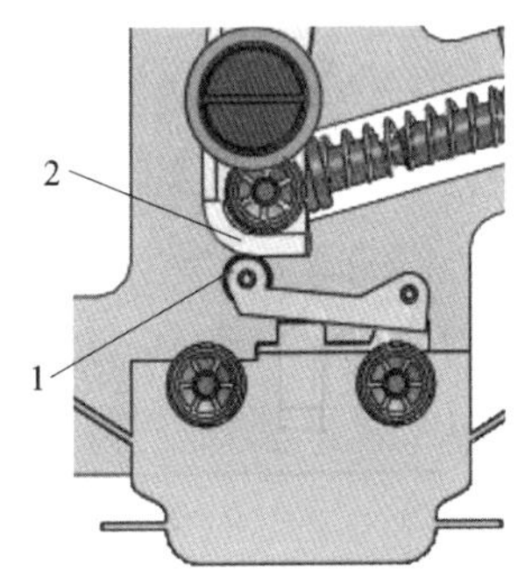

图 2–18　门关到位开关 S4 调节

1—开关滚轮　2—摆臂

五、车门的检修

1. 客室车门的检修

以塞拉门为例介绍客室车门的检修内容：

（1）检查确认上下导轨清洁，无异物、变形，丝杆螺母、导柱与轴承配合良好。

（2）检查确认门扇无变形、损伤，开门后门扇上下部摆出尺寸满足 52 ~ 58 mm（左右门扇摆出距离最大相差 2 mm），如图 2–19 所示。

（3）检查车门电路部分及地线接线，应无松动、无虚接，电线表面应无破损。

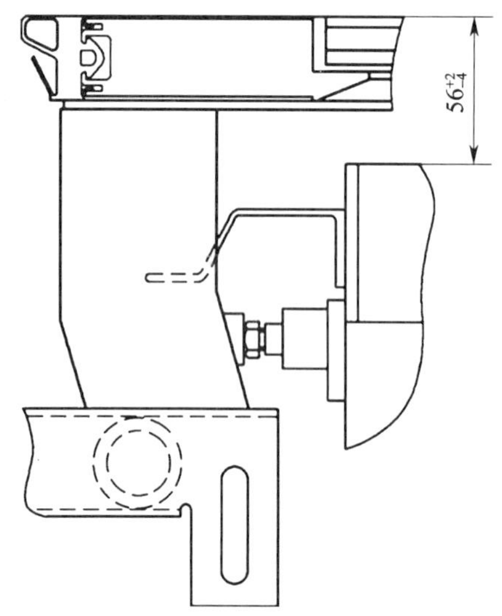

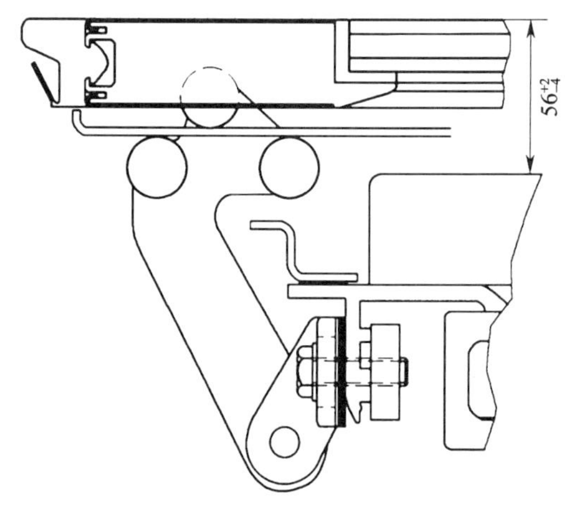

图 2-19　车门开门后的状态

（4）检查门控单元各插头是否安装到位，通信插头紧固螺栓是否松动，连接控制线是否紧固良好、无松动。

（5）使用手动润滑枪，用 3 号锂基脂润滑以下部位：对润滑导柱和两个携门架中的直线轴承进行润滑，每个直线轴承及导柱用 4-69 润滑油；对整个丝杆和短导柱进行润滑，将润滑油均匀涂抹在丝杆和短导柱表面，完成后手动开关门 2 ～ 3 次；对上滑道圆弧处、下滑道内侧、平衡压轮周边进行润滑。

（6）用甲基硅油对门周边胶条进行润滑，完成后用干净的布擦干胶条。在涂任何新润滑剂前，必须擦干净部件上原来的润滑剂和灰尘。

（7）检查紧急内开门装置的性能：打开制动单元侧的盖板和紧急内开门装置，检查 S3 限位开关（紧急装置），应有效工作；检查制动单元齿的间隙，最小应为 0.5 mm；操作紧急内开门装置若干次并检测制动装置的间隙（与缆索的设定有关）；重新设定紧急内开门装置；用铅封固定手柄；关闭并锁紧制动单元侧的盖板。

（8）检查紧急外开门装置的性能：打开制动单元侧的盖板，操作、扳动开门装置；测量齿间隙，至少为 0.5 mm；检查鼓形螺栓，应处于拉紧状态，并且其间隙大约为 3 mm；重新设定紧急外开门装置；关闭并锁紧制动单元侧的盖板。

2. 司机室侧门的检修

（1）车内用旋钮开锁，并用把手将门打开，车内手动将门关上，同时锁叉应处于二级啮合位置，动作正常。

（2）车外用保险锁钥匙打开保险，并用四方钥匙开锁，通过把手开门，车外手动将门关上，同时确认锁叉处于二级啮合位置，一切正常。

（3）打开手把的罩板：检查内部固定螺钉，应紧固良好。检查活动机构的磨耗情况，如果磨耗严重，影响正常开关门，应对磨耗件进行更换。将内锁体下端调整螺母拆下，涂上螺纹锁固胶。调整完毕后，紧固调整螺母，然后打上防松线。螺母调整位置能正常开关门即可。更换全部把手复位弹簧，检查把手应无开焊、裂纹。

（4）检查玻璃是否有划伤，检查门扇胶条、玻璃胶条是否有撕裂破损现象。

（5）检查上下滑道位置和安装固定情况是否正常，滑道应无变形，润滑情况应良好。

（6）检查平衡压轮与车门的压紧情况（滚轮接触压板且很难转动），如图 2–20 所示。压轮轴的台阶与门扇上压轮槽的台阶之间的间隙为 1 ~ 2 mm。检查平衡压轮的定位螺栓是否调整到位，调整后需将其紧固，并打上防松线。

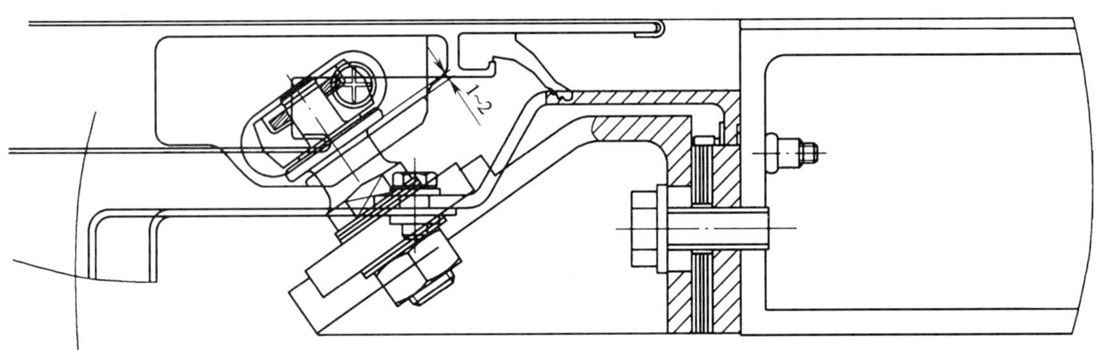

图 2–20　平衡压轮位置

（7）在门关闭且锁紧后，检查门板下部挡销与门槛位置：底部间隙为 2 ~ 3 mm，侧面间隙为 0.5 ~ 1 mm，并且在门开关过程中，挡销不应该与门槛上的挡块碰撞。检查挡块在门槛上的安装固定情况，紧固松动螺钉，最后分别给下挡销及挡销固定螺栓打上防松线。

（8）用 3 号锂基脂润滑驱动机构的长圆导柱、上滑道、下滑道内侧、锁叉与锁挡的啮合面、平衡压轮周边。

（9）检查门到位行程开关及撞块的固定螺栓，应紧固良好，如果出现松动，需将其紧固，并打上防松线。

（10）将驾驶室门下摆臂滚轮拆下，涂上乐泰胶后将其紧固，并打上防松线。

（11）检查驾驶室门锁挡、锁舌，应无裂纹、无卡滞，活动正常，安装良好；锁挡应无开焊、无松动、无异扣现象，关门时锁挡与锁舌应啮合良好，无卡滞，轻微或用力关门时，驾驶室门都应该能够正常锁闭。

（12）用 3 号锂基脂对驾驶室门锁挡、锁舌进行润滑。

（13）检查车门与门槛间的贴合紧密性是否良好。关门时，在门扇和门框密封胶条间夹入宽 70 mm、厚 0.3 mm 的纸条（可用两层报纸代替），应不易抽出。

（14）清洗所有车门胶条（清洗液的 pH 值为 5 ~ 9），并使用甲基硅油对胶条进行润滑。

（15）对驾驶室门进行淋雨试验，检查是否有漏雨现象。

3. 紧急疏散门的检修

（1）清洁紧急疏散门及门上各部件。

（2）检查门扇、气缸和门上其他各部件，必须完好无损、安装牢固。

（3）检查并确认行程开关功能正常。

（4）润滑扶手各转动支点、钢丝绳和弹簧锁。

4. 司机室通道门的检修

（1）检查通道门及其门锁的安装、功能和外观，必须完好无损、安装牢固并开闭作用良好，门下通风板应无破损。

（2）检查、清洁和润滑门铰链，门铰链应功能良好、安装牢固并适当润滑。

技能训练 2　电动客室塞拉门检修

一、训练目的

1. 熟悉电动客室塞拉门检测工具、检修工装设备的使用方法。
2. 掌握电动客室塞拉门的检修方法。
3. 能综合运用专业知识，通过专业书籍、多媒体课件、视频、图片资料等获得帮助信息。
4. 能根据实训任务确定实训方案，学会展示活动过程和成果。

二、训练内容

电动客室塞拉门的检修方法。

三、训练用品

1. 材料

清洁剂、4–69 润滑油、润滑剂、3 号锂基润滑脂、甲基硅油等。

2. 工具

手电筒、划线笔、钢卷尺、手动油脂枪、抹布、毛刷、主控钥匙、“禁止动车”指示牌、“禁止合闸”指示牌等。

四、训练过程

1. 训练前的准备

（1）确认列车停稳并处于制动状态后开始作业。

（2）客室车门无电检查时，需断开列车所有电源，确保作业安全。

（3）在客室车门无平台侧作业时应先系好安全带。

（4）列车两端挂“禁止动车”指示牌。

2. 操作训练

（1）对指定车门进行检修。

（2）将测试结果写在答题纸上。

（3）操作完毕后，将工具清场，确保无遗漏。

五、注意事项

1. 在检修过程中，一定要在车头安装“禁止动车”指示牌。
2. 操作人员按规定着装，遵守相应的安全规章，文明操作。
3. 在检查过程中，要保证做到清洁卫生，要突出一个“细”字，不可漏检任何部位。

六、考核评价

电动客室塞拉门检修考核评价见表 2–2。

表 2–2　　电动客室塞拉门检修考核评价表

类型	项目	项目与技术要求	配分	评定方法	得分
过程评价（40%）	1	遵守劳动（学习）纪律	10	考勤	
	2	认真听讲记笔记	10	观察	
	3	回答问题积极	20	检查、观察	
质量评价（60%）	1	回答问题正确	30	提问、检查、观察	
	2	操作熟练、规范、安全	30	测试、观察	

思考与练习

1. 车体由哪些部分组成？
2. 车体的故障形式有哪些？对变形如何处理？
3. 车体内部设施可能发生的故障有哪些？
4. 城市轨道交通车辆车门有哪几种类型？
5. 如何对电动客室塞拉门的门扇进行 V 形尺寸调整？
6. 电动客室塞拉门的主要故障是什么？是由哪些原因引起的？
7. 简述电动客室塞拉门的检修步骤。

第三章　转向架维护与检修

学习目标

- ◆ 了解轮对和轴箱的组成、作用。
- ◆ 掌握轮对和轴箱的常见故障和维护与检修方法。
- ◆ 了解构架和弹簧悬挂装置的组成及作用。
- ◆ 掌握构架和弹簧悬挂装置的维护与检修方法。
- ◆ 掌握中央牵引连接和驱动装置的维护与检修方法。

转向架是城市轨道交通车辆的重要组成部分之一。它位于车体底架与轨道之间，工作环境和条件恶劣、复杂，在运行过程中会发生一些损伤和故障。为保证转向架长期工作的安全性、可靠性和良好的运行品质，必须对它进行日常和定期的维护与检修。本章主要以转向架轮对和轴箱装置、构架和弹簧悬挂装置、中央牵引连接和驱动装置为例，介绍转向架的维护与检修。

第一节　轮对和轴箱装置维护与检修

轮对和轴箱装置分为动车轮对轴箱装置和拖车轮对轴箱装置，其主要区别在于动力轮对具有齿轮箱。轮对和轴箱的性能直接影响列车安全运行的程度。本节主要以动力轮对轴箱装置为例，说明轮对和轴箱装置的维护与检修。

一、轮对和轴箱装置的组成

轮对和轴箱装置主要由车轴、车轮、轴承、轴箱体、轴箱后盖等部分组成，如图 3–1 所示。

1. 轮对主要功能

轮对是车辆与轨道的接触部分，其主要功能包括引导车辆安全地沿轨道运行、承载车辆重量、传递轮轨之间的接触力（如垂向力、纵向力、横向力）。

2. 轴箱主要功能

轴箱是一系悬挂装置定位基础，其主要功能是将轮对的旋转运动转变为列车沿钢轨的平动，支撑构架及以上部件重量，传递垂向力、纵向力、横向力。

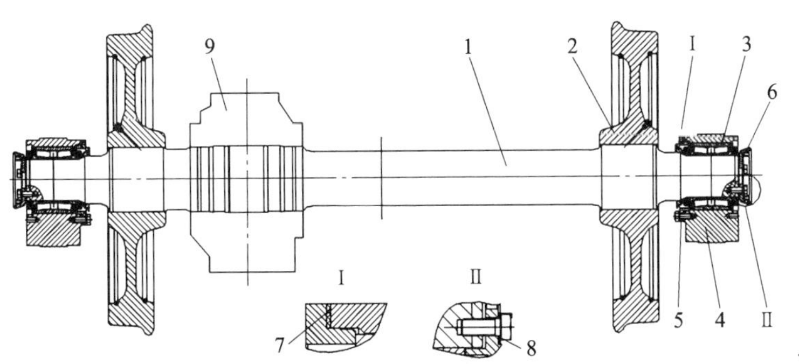

图 3–1　轮对和轴箱装置

1—车轴　2—车轮　3—轴承　4—轴箱体　5—轴箱后盖　6—轴端压盖　7—轴箱密封垫　8—防松片　9—齿轮箱

二、轮对和轴箱装置的维护

1. 轮对的维护

（1）车轴的维护

车轴轮座应比设计直径尺寸大 5 mm 的余量（标准直径为 193 ~ 198 mm），保证车轮从车轴退卸后可以再组装。所有车轴的轴颈直径均为 120 mm。

车轴表面应涂刷双组分的环氧防腐面漆进行防腐，不油漆的部分包括轮座、轴颈，车轴端部需做临时性保护，加装防护套。

车轴外观检查如图 3–2 所示，先检查车轴可见区域（A、B）的腐蚀、凹痕和刻痕，再检查车轴的各过渡圆弧（R）处。

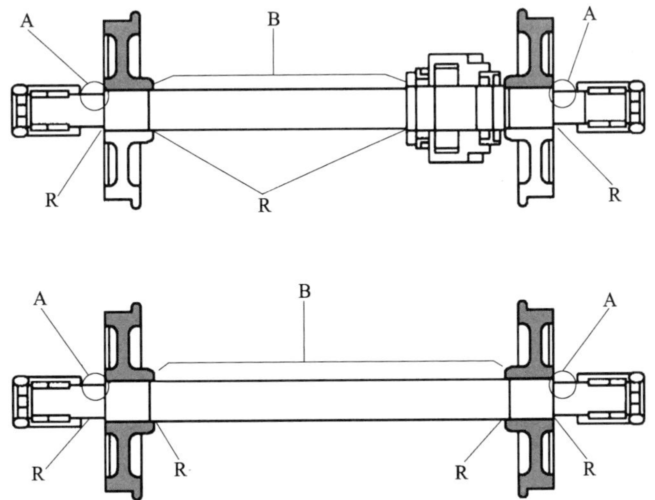

图 3–2　车轴外观检查

（2）车轮的维护

1）目视检查确认轮毂标记线清晰无错位，防松标记无异常，如图 3–3 所示。

图 3–3　轮毂标记线

2）目视检查确认降噪阻尼环外观无异常，降噪阻尼环连接器安装正常，无松动或丢失。

3）用手触摸车轮踏面形状应无异常，符合 LM–32 型踏面规定。用手指前部触摸轮对踏面，手指自轮缘位置往踏面外侧移动，如果感觉手指与踏面的接触位置有明显移动，应仔细检查踏面是否有异常磨耗。

4）目测轮对擦伤、剥离，确认是否超过限度及存在其他异常情况，必要时进行测量。如果轮对踏面缺陷达到一定标准，车轮应镟修。

2. 轴箱的维护

轴箱装置日常检查时，应检查轴箱、接地装置、轴端速度传感器电缆等，具体如下。

（1）检查确认轴箱无裂纹。

（2）检查确认轴箱外侧各固定螺栓齐全，防松线无错位，无油脂渗漏情况。

（3）检查确认接地装置、轴箱端盖紧固件齐全，防松线无错位。

（4）检查确认接地装置及轴端速度传感器电缆无破损，电缆与构架无干涉，线卡紧固。

（5）检查确认轴箱止挡正常，轴箱拉杆、端部螺栓及开口销无松动、丢失。

三、轮对和轴箱装置的故障

1. 轮对的故障

城市轨道交通车辆车轴有动力车轴和非动力车轴，此处主要介绍动力车轴。

（1）车轴的故障

车轴故障主要包括车轴裂纹、车轴磨伤和车轴弯曲等。这些故障可能造成车辆脱轨、颠覆事故或燃轴事故，因此必须认真检查处理。

1）车轴裂纹。车轴裂纹分为横裂纹和纵裂纹。其中，当裂纹与车轴中心线夹角大于 45° 时称为横裂纹，小于 45° 时称为纵裂纹。横裂纹会减小车轴的有效断面积，危害性极大。

车轴断裂的主要原因是疲劳断裂。大多数车轴的断裂是由于疲劳裂纹逐渐发展的结果。一般车轴使用十几年后，因为承受交变载荷，可能产生疲劳裂纹；有些车轴过早地产生疲劳裂纹，原因是车轴材质不好，或制造和使用过程中在车轴的表面造成伤痕，使疲劳极限下降所致。车轴裂纹从产生至折断要经过较长的时间，如果及时检查处理是可以防止车轴断裂的。

车轴裂纹发展的过程中，金属的组织结构发生变化，然后发展成裂纹，所以裂纹末端的金属虽未裂纹，但已受到影响。发现车轴裂纹时，应将裂纹镟去，经磁粉探伤检查确认无裂纹后，再镟去一定深度的影响层。如果剩余直径符合限度，可以继续使用；反之则不得继续使用。

车轴探伤主要分为电磁探伤和超声波探伤。车轮装在车轴上时，可采用便携式电磁探伤机或便携式超声波探伤机对车轴进行探伤；车轮退卸后，车轴应脱漆，用荧光磁粉探伤机进行全面探伤。

车轴的横向裂纹 95% 都发生在轮座上，少数发生在轴身、齿轮箱座和轴颈上；车轴的纵向裂纹一般发生在轴身上。车轴裂纹的具体位置如下：

①轮座部车轮轮毂外端面向轮孔内 5 ~ 50 mm、轮毂内端面向轮孔内 5 ~ 20 mm 范围内易产生裂纹。

②车轴的齿轮箱座、齿轮箱轴承座易产生裂纹。

③防尘板座与轮座交界处距防尘板座 50 ~ 100 mm 范围内的轴颈部位易产生横向裂纹。

④轴身易产生锻造纵向裂纹。

2）车轴磨伤。车轴磨伤一般包括以下情况：

①轴颈和防尘板座上的横向和纵向划痕、凹痕、擦伤、锈蚀、磨伤等。

②轴身的磨伤和磕碰伤。由于转向架上零部件安装不当，与车轴接触造成磨伤与磕碰伤。磨伤和磕碰伤处容易引起应力集中，造成车轴裂纹。

3）车轴弯曲。车轴受到剧烈冲击后会产生弯曲。车轴弯曲时，车辆运行振动会增大，造成轴箱发热、轮缘偏磨，甚至引起脱轨事故。

（2）车轮的故障

车轮的主要故障有裂纹、磨损、剥离、擦伤、凹陷等。

1）踏面圆周磨损。踏面圆周磨损是指车轮踏面在运行过程中直径减小，且改变踏面标准轮廓，如图 3-4 所示。

踏面磨损的产生原因：轮对在钢轨上滚动，同时在通过曲线和蛇形运动时还有相对滑动，因此轮对与钢轨之间是一种包括滚动和滑动的混合摩擦；此外，在车辆制动时，闸瓦与车轮踏面之间还发生干滑动摩擦。以上这些摩擦，必然引起车轮踏面的磨损。

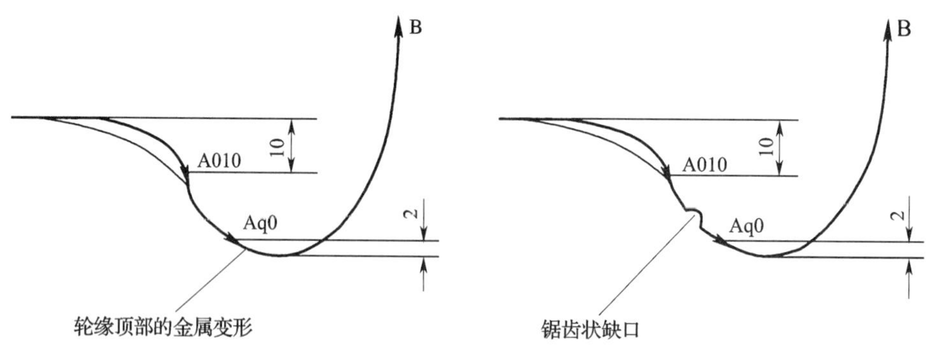

图 3–4　车轮踏面圆周磨损

踏面磨损的危害：踏面磨损破坏了踏面的标准外形，使踏面与钢轨经常接触部分的锥度变大；使轮对运动的波长减小、频率增高，影响车辆运行的平稳性；使轮缘增高，轮缘过高时，会压坏钢轨连接螺栓，引起脱轨。踏面磨损严重时，会使踏面外侧下垂，当通过道岔时，踏面外侧会陷入基本轨和尖轨之间，把基本轨推开，造成脱轨。踏面磨损还会增大运行阻力。

2）踏面剥离。踏面剥离是车轮踏面的表面金属成片状剥落而形成的小凹坑，如图 3–5 所示。

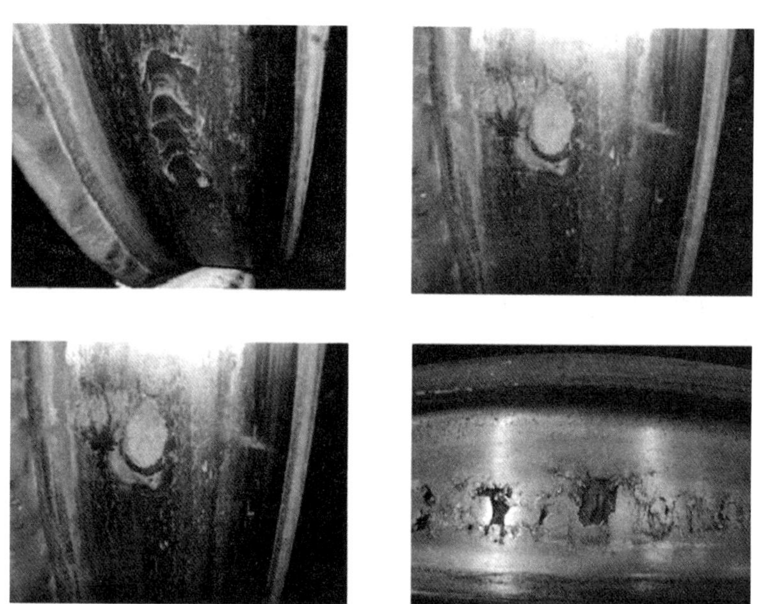
图 3–5　车轮踏面剥离

踏面剥离的产生原因主要是材质不良，有夹渣，在运行中经反复碾压，材质疲劳而出现鳞片状剥落（称为疲劳剥离）。另外，由于冬天时制动抱闸产生高温又急剧冷却，经常反复热胀冷缩，金属组织也不断地发生变化，在表面产生细小的裂纹，经碾压，使金属剥落下来，产生踏面剥离。

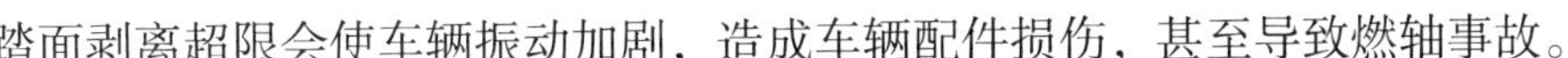

踏面剥离超限会使车辆振动加剧，造成车辆配件损伤，甚至导致燃轴事故。

滚动轴承踏面剥离处每处不得大于 30 mm，剥离两处者每处不得大于 20 mm。剥离深度不得大于 1 mm。

测量车轮踏面剥离长度时，沿车轮圆周方向测量其最长处的尺寸，即为踏面剥离长度。

3）踏面擦伤和局部凹下。踏面擦伤是由于车轮在钢轨上滑行，而把踏面磨成一块或数块平面，或擦伤后在滚动运行中又经磨耗形成局部凹陷的现象，如图 3-6 所示。

图 3-6　车轮踏面擦伤

停车瞬间，有时会因车辆制动力过大，轮轨制动黏着状态遭到破坏，车轮在钢轨上发生滑行而导致车轮踏面擦伤。局部凹下的主要原因是车轮材质不良，有局部缩孔、软点、硬度不足，经滚动磨耗后，会造成局部凹下。

踏面擦伤和局部凹下会使车轮滚动圆周失圆，加剧振动、冲击，造成车辆配件损伤，甚至会导致燃轴事故等。踏面擦伤深度越大，引起的振动越大，而且当擦伤处与钢轨接触时车轮转动的阻力增大，更容易引起车轮在钢轨上滑行，扩大擦伤。

4）轮辋外侧辗宽。这种故障是由于车轮材质过软引起的。轮辋外侧辗宽的危害与踏面磨耗的情况相似，过道岔时辗宽部分会挤压基本轨而造成车辆脱轨。

5）轮缘磨损。轮缘磨损也属于正常的自然磨损。一般情况下，轮缘磨损并不严重，但是在线路坡度大、弯道多、曲线半径小的情况下，会造成轮缘磨损加剧。轮缘磨损有三种结果，即轮缘厚度减小、轮缘垂直磨损和轮缘形成锋芒。

6）车轮裂纹。车轮裂纹多发生在使用时间过久、轮辋较薄的车轮上，裂纹的部位多在辐板与轮辋交界处、轮辋外侧踏面及轮缘根部。车轮如果出现裂纹，必须更换。

7）轮毂松缓。轮毂松缓是车轮相对车轴而言的，是由于组装时轮毂部分与车轴配合过盈量不足或车轴与轮毂加工不良造成的。

2. 轴箱装置的故障

车辆轴箱的故障主要集中于轴承，轴承是轴箱重要的组成部件之一，如果在运行过程中出现故障，会引发轴温报警，车辆会被迫紧急停车，给整条线路的运营带来影响，造成经济损失。严重的故障（如轴承架破裂）会使车辆失去稳定性，给车辆的运行安全带来不利的影响。引起车辆轴箱轴承故障的原因包括装配不当、缺乏润滑、水分侵入或异物干扰等，过度运转导致的负荷超标等也是损坏的主要原因。轴箱装置常见的故障类型有以下几种。

（1）疲劳剥落

疲劳剥落是较为典型的一种轴箱装置故障，产生机理是车辆轴箱轴承的内外滚道和滚动体表面在交变载荷作用下产生裂纹，继而导致表层发生剥落坑，随着应力的不断增加，最后导致轴承滚动体或内外滚道表面剥落。疲劳剥落属于比较严重的故障现象，脱落的轴承碎屑会对车辆设备的正常运转产生冲击，造成轴承运转过程中的异响和振动，严重时会导致滚动轴承失效。

（2）烧伤及磨损

轴承烧伤是机械设备的常见故障，是轴承的滚动体及保持架在旋转中急剧发热使保持架软化损坏，破坏轴承的表面组织结构，降低轴承工作表面硬度而导致轴承加剧磨损的一系列现象。由于车辆轴箱轴承的运转工况较为恶劣，如多粉尘、高温辐射等，在运行过程中受到粉尘、异物的入侵及高温辐射等，会使轴承滚道和滚动体间缺少润滑，或是润滑油变质导致表面磨损加剧或烧伤。随着磨损情况的加重，轴承的游隙增大，表面磨损范围明显扩大，使轴承在运转时产生明显的异响和振动，导致轴承寿命缩短，如果不及时排查和处理故障，就会导致轴承运转过程中温度过高而发生烧伤等。

（3）塑性变形

当车辆轴箱轴承受到较大的冲击载荷，或因受热不均等导致载荷变大时，就会使轴承及转子受到影响，继而在运转中受损，一旦出现压痕，就会引起冲击载荷，使附近表面剥落。

四、轮对和轴箱装置的检修

1. 轮对的检修

轮对检修时，无论是架修还是大修，其检修内容都是一样的，主要包括车轴检修和车轮检修。

（1）车轴检修

1）在车轴轴身上按纵向方向（沿着车轴中心线）打磨，小于 1 mm 深度的凹痕可以用粗砂纸（120 目或更高）打磨去除。打磨后用磁粉探伤检查，不得有裂纹。

2）如果发现车轴轴身上的磕碰印痕深度超过 1 mm，则更换轮对。

3）过渡圆弧处不允许出现磕碰或裂纹，否则更换轮对。

4）车轴内部的缺陷（如裂纹、气孔、夹渣等）可用超声波探伤仪进行探伤检查，如果有缺陷，则需更换轮对。

5）车轴轮座若有拉毛或损坏，应进行打磨。

6）如有必要，对其他轴身进行表面修复。

7）对车轴进行补漆、防锈处理，并标识。

8）记录有关数据信息。

（2）车轮检修

1）车轮踏面磨损、剥离、擦伤和凹陷的检修。

①踏面圆周磨损的检修。车轮标准直径为 840 mm，轮径限度为 770 mm。轮径差必须满足同轴不大于 1 mm，同一转向架不大于 3 mm，同一辆车不大于 6 mm。

轮缘的刃面（从 A010 到 Aq0 区域）如图 3–4 所示。如果在刃面发现金属出现凹口和撕开，则对破损深度进行评估：如果深度小于 1 mm，车轮可继续使用；如果深度大于 1 mm，必须对车轮进行镟修处理。轮缘的非刃面（从 Aq0 到 B 区域）如图 3–4 所示。如果在非刃面发现金属出现凹口和撕开，则对破损的深度进行评估：如果深度小于 2.5 mm，对尖锐部分进行修整后，车轮可继续使用；如果深度大于 2.5 mm，必须对车轮进行镟修处理。

②踏面剥离的检修。检修车轮踏面剥离时，若剥离达到以下限度，必须镟修或更换轮对，可以利用钢皮尺沿踏面圆周方向测量：剥离长度一处大于等于 30 mm 或两处（每处）大于等于 20 mm，剥离深度大于等于 1 mm，踏面磨耗深度（包括沟槽）大于等于 4 mm。

③踏面擦伤的检修。踏面擦伤长度有一处以上大于 75 mm，或者两处以上为 50 ~ 75 mm，或者四处以上为 25 ~ 50 mm，或者深度大于 0.8 mm 时，需要镟修加工或更换轮对，可以利用钢皮尺沿踏面圆周方向测量。

④踏面凹陷的检修。检查车轮轮缘踏面圆周边缘的尖锐卷边和凹槽，如果深度超过 2 mm，必须镟修或更换轮对。仔细检查制动闸瓦的状况，检查闸瓦与踏面之间的金属包含物或踏面金属残骸。检查踏面圆周的凹槽，如果深度超过 5 mm，必须镟修或更换轮对。

2）轮辋宽度超限的检修。使用合适的量规检查车轮轮辋宽度。如果量规的边缘与轮辋接触，则车轮需要镟修后使用，或者更换轮对。车轮轮辋最大宽度为 140 mm。

3）轮缘磨损的检修。使用专用测量尺检查轮缘厚度。检查量规的触头是否接触到车轮踏面，如果触头在轮缘公差之外（即接触到踏面），则需要镟修后使用，或者更换轮对。轮缘最小厚度为 22 mm。

4）车轮裂纹检查。用电磁探伤仪或超声波探伤仪对车轮、车轴进行全面检查。电磁探伤主要用于检查车轮、轴颈、轴身、防尘板座处；超声波探伤主要用于检查已组装好车轮的车轴镶入部分裂纹、接触状态。对于易出现裂纹处应进行反复检查，如轴颈、轮座、轴身中央。

5）轮毂松缓检查。用检点锤轻击车轮听其声响，如果发出哑音，检查轮毂与车轴有无

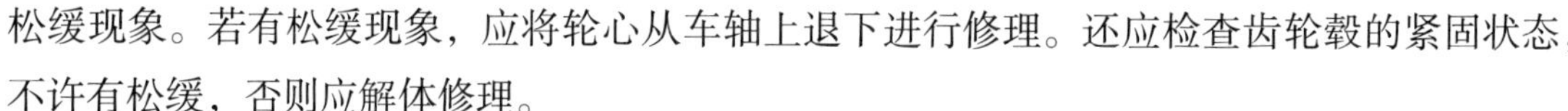

松缓现象。若有松缓现象，应将轮心从车轴上退下进行修理。还应检查齿轮毂的紧固状态，不许有松缓，否则应解体修理。

2. 轴箱装置检修

轴箱及附件检修时必须进行除垢除锈处理，并检查外观，按规定项目进行检测。架修、大修检查时，需要分解轴箱，对所有零部件进行清洗、检测。

（1）轴箱体的检修

轴箱体有破损、裂纹时应更换；轴箱体内表面擦伤、划痕如果不超过规定深度，磨除后允许继续使用。

金属迷宫密封沟槽上不得有凹陷、变形，有锈蚀、尖角及毛刺时必须磨除。密封沟槽局部轻微变形时，应对凸出部位进行磨除处理，经检测合格后使用，尺寸超限时应更换新品。

（2）其他零部件的检修

1）轴箱前盖。前盖不得有凹陷、变形，有锈蚀、尖角或毛刺时必须磨除，裂纹、腐蚀超过限度时应更换，所有橡胶件应更新。

2）防尘挡圈。防尘挡圈沟槽上不得有裂纹、凹陷、变形，锈蚀、尖角、毛刺必须磨除。

3）迷宫环、密封圈及层叠环。对密封件（结构件除外）进行架修、大修时，迷宫环、密封环和层叠环均要求更新。

4）各类传感器。轴箱内装有速度传感器、防滑传感器等，对传感器应按技术要求进行拆装检查。

第二节　构架和弹簧悬挂装置维护与检修

转向架构架是转向架的骨架，用以联系（安装）转向架各组成部分和传递各方向的力，并保持车轴在转向架内的位置。弹簧悬挂装置设在转向架轮对与构架或车体之间，主要作用是减少线路不平顺和轮对运动对车体各种动态的影响。本节主要以动车无摇枕转向架为例，介绍构架和弹簧悬挂装置的维护与检修。

一、构架和弹簧悬挂装置的组成

1. 构架的组成

车辆动力转向架构架和非动力转向架构架均采用相同结构，实现动力转向架构架和非动力转向架构架的互换。常用的车辆转向架构架形式如图 3-7 所示。构架的侧梁为箱形的焊接结构，板材选用低合金结构钢。横梁使用碳素钢管结构，在简化构架结构的同时，有效地提高了构架的可靠性，钢管的内部兼做空气弹簧的辅助气室。

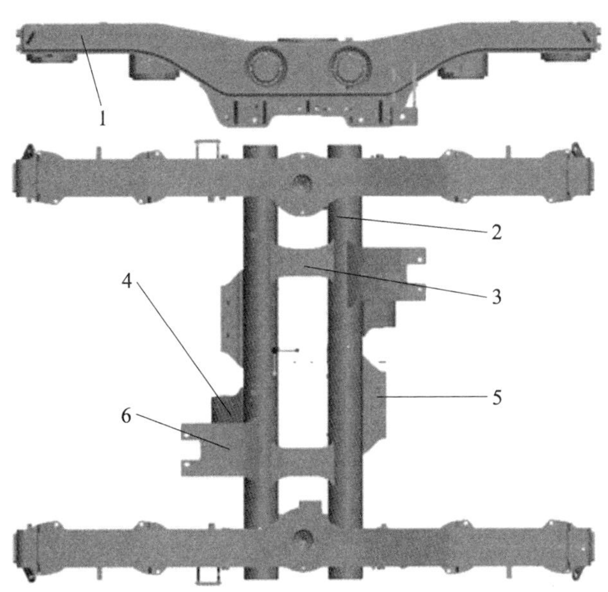

图 3-7　常用的车辆转向架构架形式

1—侧梁　2—横梁　3—纵梁　4—牵引拉杆座　5—电动机吊座　6—齿轮箱吊座

2. 弹簧悬挂装置的组成

弹簧悬挂装置主要包括一系悬挂和二系悬挂，即轴箱悬挂装置和中央悬挂装置。

（1）一系悬挂

轴箱和构架之间安装有一系悬挂装置。一系悬挂装置由圆锥形金属橡胶弹簧、调整垫和压板等组成，如图 3-8 所示。

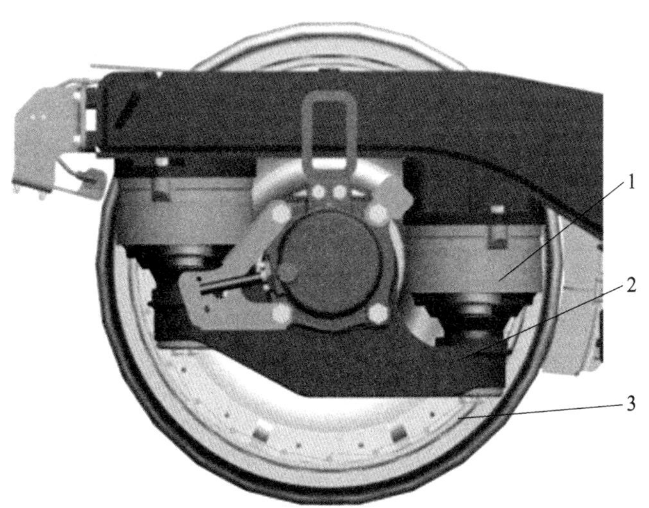

图 3-8　一系悬挂装置

1—圆锥形金属橡胶弹簧　2—轴箱组成　3—轮对组成

（2）二系悬挂

在转向架构架与车体之间设置二系悬挂装置。二系悬挂装置由空气弹簧、二系横向油压减振器、横向缓冲器、高度调整阀、水平杠杆、调整杆、压差阀、抗侧滚扭杆、调整垫等组成，如图 3-9 所示。

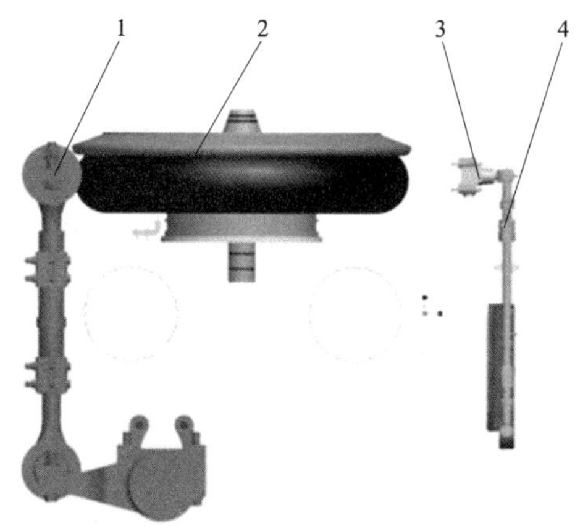

图 3-9　二系悬挂装置

1—抗侧滚扭杆　2—空气弹簧　3—高度调整阀　4—调整杆

空气弹簧主要由上盖组成、胶囊、橡胶堆、摩擦板、节流板和扣环等组成，如图 3-10 所示。空气弹簧一般与高度阀、差压阀等附件同时使用，保持车辆地板高度，并保证同一转向架两侧空气弹簧压差在规定范围内。

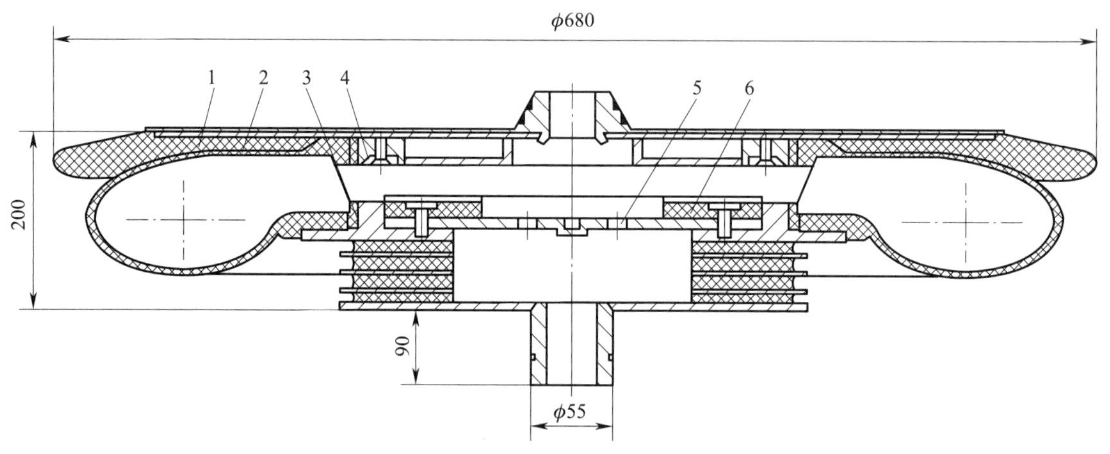

图 3-10　SYS540H 型空气弹簧的结构

1—上盖组成　2—胶囊　3—橡胶堆　4—扣环　5—节流板　6—摩擦板

二、构架和弹簧悬挂装置的维护

1. 构架的维护

在日常检修中，只需要目测检查构架两侧、构架底部有无刮痕，外观是否完好，检查构架两侧、构架底部、牵引电动机安装座、齿轮箱安装座、中心销安装座表面有无裂纹、锈蚀、腐蚀、变形等损伤。对已出现裂纹的部位，在日常检修中应重点检查。因为裂纹部位往往是由于结构设计时存在先天缺陷，经过长时间的冲击振动后形成的疲劳裂纹，出现时间相对集中且成批出现。

2. 弹簧悬挂装置的维护

（1）一系悬挂的维护

一系悬挂在日常检查时，主要检查橡胶件及弹簧座，应无明显裂纹、变形，且橡胶裂纹深度应不大于 3 mm，长度应不大于 10 mm；检查橡胶与金属无剥离，粘接裂纹深度应不大于 3 mm，裂纹长度应不大于 30 mm。当目测无法判断深度或长度时，用塞尺插入裂纹处，然后用钢直尺测量插入量。检查一系弹簧与转向架构架和轴箱各连接紧固件是否齐全（各 2 颗螺钉），防松标记是否错位。

（2）二系悬挂的维护

二系悬挂在日常检查时，主要检查空气弹簧及紧固件，要求无漏气、无松动，与空气弹簧接触的部件无锈蚀；检查高度阀及高度阀联动装置，要求完好，无松动、无损伤，高度阀调节杆应垂直，不得倾斜；检查二系悬挂空气弹簧，要求无漏气声，外表面无损坏、无变形、无裂纹，气囊的裂纹深度应不大于 1 mm，气囊的磨损深度应不大于 1 mm（帘布外露）。若局部表面有鼓包，用针扎破鼓包部位，如果没有空气漏泄，则可以继续使用。当目测无法判断深度时，用塞尺插入裂纹处，然后再用卷尺测量插入量。当目测无法判断长度时，用钢直尺测量。

3. 抗侧滚扭杆的维护

为了提高车辆运行的平稳性和抗侧滚能力，每个转向架都安装了一套抗侧滚扭杆装置。抗侧滚扭杆在日常检查时，主要检查其扭力杆连接件、紧固件是否齐全；检查松紧螺套紧固螺母，要求防松标记无错位；检查垂直连杆橡胶关节，目视检查裂纹深度应不大于 8 mm，长度应不大于 20 mm；检查抗侧滚扭杆安装座外观，应无裂纹，并且各紧固件齐全，防松线无错位。

三、构架和弹簧悬挂装置的检修

1. 构架的检修

（1）构架清洗

用抹布和清洁剂彻底清洗构架表面污渍，并晾干或烘干，便于对构架进行进一步检修。

（2）构架检查

1）转向架分解后首先进行目测检查，检查各悬挂点、焊接点和焊缝有无裂纹、变形，焊接是否良好。

2）采用内视镜聚光灯检查横梁是否腐蚀，有无裂纹。

3）堵塞器（孔塞）检查。目视检查所有转向架构架的开口是否堵塞；如果塞子损坏，在重新封堵之前，应排出所有残留水；安装时，如果怀疑塞子有任何问题，应更换塞子。

注意：由于设计和制造原因，转向架构架存在一些孔洞。为尽量减少水和灰尘的进入和腐蚀，应在孔洞处安装各种尺寸的堵塞器。

（3）构架探伤

对构架进行无损探伤，检查构架重点受力部位和关键焊接，对于构架的检修至关重要。在裂纹明显且不脱漆的情况下，常采用着色（渗透）探伤；在裂纹不明显的情况下，可采用磁粉探伤，但需要对工件进行脱漆；在裂纹不明显、不需要对工件进行脱漆的情况下，可采用涡流探伤。

（4）尺寸检查

1）检查构架中心线到两侧梁中心线的距离，以此判断两侧梁是否平衡。

2）检查构架对角线的距离，以此判断转向架是否出现平行四边形。

3）检查构架两侧一系弹簧安装座的距离，即每一侧的外侧与外侧一系弹簧安装座的距离和内侧与内侧一系弹簧安装座的距离，以此判断一系弹簧安装位置是否变形，保证转向架组装精度。

（5）修复

在车辆架修、大修期或车辆发生重大冲击、脱轨后，应对构架进行全面检查，并对损伤部位进行修复，对于细小的变形可以进行修正，对裂缝可以进行补焊。

（6）涂漆

对构架进行重新涂漆或对脱漆部位进行补漆，不能涂油漆的部位应涂符合要求的防锈漆。

（7）记录

构架检修好后，记录相关信息，包括检修内容、检查数据，一般有登记入档和做数据库两种方式。

（8）构架附件的检修

构架的附件视转向架的不同而有所区别，如轴箱拉杆、轴箱转臂、起吊装置、调整垫片、紧固件等。

检修构架附件时，主要受力部件检修内容与构架相同，轴箱拉杆、长套筒和垫圈用中性洗涤剂清洗后目测检查，并在拉杆上涂一层保护蜡后继续使用，紧固件全部更新。

2. 弹簧悬挂装置的检修

（1）一系悬挂的检修

一系悬挂月检时，测量轴箱与构架的距离。一系悬挂架修、大修时，清洗一系弹簧和调整垫片，检查金属板有无翘曲，橡胶有无裂纹，并按要求进行垂向载荷性能测试及选配。

转向架一系悬挂的类型与轴箱定位方式有关。第一类转向架采用人字橡胶弹簧，轴箱定位方式为层叠式橡胶弹簧定位；第二类转向架采用内、外圈螺旋钢弹簧，附加垂向减振器，轴箱定位方式为转臂式定位；第三类转向架采用锥形橡胶弹簧，轴箱定位方式为锥形橡胶套定位。

1）人字橡胶弹簧的检修。

①人字橡胶弹簧的损伤。人字橡胶弹簧容易出现的损伤主要有脱胶、变形及裂纹，可通过目测及尺寸测量的方式进行检查。

②人字橡胶弹簧的编号及检查。日常检查时要求橡胶与金属件之间无严重剥离。5 年架修时，应将分解下来的人字橡胶弹簧进行编号和检查，若无脱胶、变形、裂纹，或有裂纹但符合如下条件时，人字橡胶弹簧可继续使用：一条深度小于 16 mm 的裂纹，或多条深度小于 8 mm 的裂纹，或一条深度小于 8 mm 的整个周向裂纹。

③人字橡胶弹簧的刚度测试。由于动车与拖车本身自重不同，所以人字橡胶弹簧的刚度也不同。架修时应根据人字橡胶弹簧的性能进行抽检试验，试验前需要将人字橡胶弹簧放在恒定温度下一定时间。测量人字橡胶弹簧垂向刚度时一般成对进行，超出刚度范围的人字橡胶弹簧作废。

注意：测试前，先以 7 kN 载荷对人字橡胶弹簧进行预压，然后以 30 kN 载荷进行试验。

④人字橡胶弹簧的选配。架修时，应根据人字橡胶弹簧的性能逐个对人字橡胶弹簧的变形量进行试验测量。试验前也需将人字橡胶弹簧放置在恒定温度下一定时间，再对人字橡胶弹簧的变形量进行测量。测量变形量需逐件进行，并根据变形量进行分组、配对、标识。超出变形量范围的人字橡胶弹簧报废。

注意：人字橡胶弹簧的测试必须在人字橡胶弹簧试验台上由专人进行操作。

2）转臂式轴箱定位转向架钢弹簧的检修。螺旋钢弹簧容易出现的损伤为裂纹、折损、衰弱、腐蚀及磨耗，需要对其进行检查、探伤，以及变形量和压力试验。

①裂纹和折损。钢弹簧的裂纹和折损容易发生在弹簧两端 1.5 ~ 2 圈内，裂纹一般在簧条内侧开始。钢弹簧产生裂纹和磨损的主要原因有二：一是因为运用中经受大的冲击、超载或偏载过大，超出弹簧的负荷能力；二是由于在弹簧制造或维修时，未能达到工艺要求。检修时，目视检查弹簧是否有裂纹或折损，并进行电磁探伤检查。发现弹簧有裂纹或折损，则必须更换。

②衰弱。弹簧由于长期使用，承受负荷过大或弹簧腐蚀、磨耗后截面积减小，导致衰

弱。弹簧在维修调整螺距过程中，热处理后表面氧化脱碳而使强度下降，也会导致衰弱。在检查时要测量弹簧自由高度，对低于自由高度的弹簧进行热处理，恢复自由高度。

③腐蚀和磨耗。弹簧的腐蚀和磨耗主要表现为簧条直径减小。弹簧腐蚀和磨耗超过簧条直径 6% 时应更换。

3）锥形橡胶弹簧的检修。锥形橡胶弹簧检修与人字橡胶弹簧的检修基本相同，架修时，需对弹簧进行变形量测量及重新选配。

（2）二系悬挂的检修

二系悬挂在架修、大修时，需要分解并清洗，对橡胶囊、磨耗板、紧固螺栓、应急弹簧分别进行详细检查及试验。

1）空气弹簧的损伤。空气弹簧主要由橡胶囊、橡胶堆、底座等组成，橡胶囊由内橡胶层、外橡胶层、帘线层和成型钢丝圈组成。检修时应注意橡胶囊和橡胶堆的裂纹、橡胶囊的磨损及底座的锈蚀。

2）空气弹簧的检修。

①空气弹簧的检查与维护。检查空气弹簧紧固件，要求连接紧固、无松动。用清水清洗空气弹簧后，检查空气弹簧胶囊体内、外表面，要求无严重损伤、裂纹和刀痕，无金属丝暴露在外的现象。叠层弹簧表面不得有深度大于 2 mm 的疲劳裂纹。

注意：不能使用锐角的工具检查气囊，不能采用溶剂进行清洗。

②空气弹簧各零部件的更换判定标准。胶囊龟裂时，若露帘线则不得使用；胶囊磨损时，若深度超过 1 mm 则不得使用；胶囊有裂纹时，若深度超过 1 mm 则不得使用；胶囊鼓泡时，如果是局部表面的鼓泡，用针扎破鼓泡部位做 500 kPa 持续 20 min 的保压试验，若没有空气泄漏，则可以继续使用；底座锈蚀时，若锈蚀超过 2 mm 则不得使用。

3）应急弹簧与磨耗板的检修。检修时，对应急弹簧进行外观检查、尺寸检查及性能试验，要求：外观无脱胶、裂纹深度不超标、无老化破损，尺寸不超过范围，垂向、水平刚度不超出技术要求。如果满足以上要求，则应急弹簧可继续使用。若在两层之间出现任何黏着松动以及橡胶和金属之间分离、疲劳或变形，应更换应急弹簧。磨耗板要求无偏磨，尺寸符合要求，否则需更换。

4）空气弹簧结构件的检修。检修时，需对空气弹簧结构件进行清洗、检查、探伤、补漆。

5）气密性试验和刚度检查。

①对空气弹簧进行 −40 ℃低温气密性试验，在 0.5 MPa 压力下保压 10 min，如果空气弹簧压力下降量小于 3 kPa，则符合要求。

②测试组装后空气弹簧的水平、垂直刚度需符合要求。

6）空气弹簧系统附件的检修。

①检查高度阀，要求完好、无松动、无损伤。

②检查高度阀的连接装置，要求完好、无损伤。高度阀调节杆应垂直，不准倾斜。

③检查垂向及横向止挡、止挡间隙、螺栓、衬垫，应完好、无损伤。

3. 抗侧滚扭杆的检修

抗侧滚扭杆虽然形式多样，但是结构基本相同，一般由一根扭杆、两根扭臂、两根连杆和两个支撑座组成，其作用主要是抑制车体相对于转向架的侧滚，提高车辆的稳定性和舒适性。在对抗侧滚扭杆进行架修、大修检查时，需要分解并清洗所有零部件，按要求分别检查、测量组成部件，并进行探伤。

（1）抗侧滚扭杆的检修步骤

抗侧滚扭杆分解后，首先对其进行清洗，然后测量其变形，变形超标则报废。抗侧滚扭杆是重要的受力部件，最后需进行电磁探伤检查。

（2）支撑座的检修

支撑座包括座体、关节轴承、轴承盖、密封圈、紧固件等。检修时，对座体进行外观检查、内孔测量、补漆等，关节轴承在 10 年大修时更换；对轴承盖进行外观检查、补漆处理，密封圈在 5 年架修时更换。

（3）扭臂的检修

扭臂也是重要的受力部件，在清洗后需要进行探伤检查并油漆。

（4）连杆的检修

连杆主要由球铰和调节套筒组成。对球铰进行架修时，应彻底进行密封和性能检查，并对与调节套筒连接的螺纹部分进行检查，对调节套筒进行螺纹检查。

（5）组装与记录

对部件进行检修、预组装，并记录。

第三节　中央牵引连接和驱动装置维护与检修

中央牵引连接装置的作用是为车体和转向架之间提供合适的纵向刚度，传递纵向的驱动力和制动力，减少牵引中心销牵引和制动时的冲突，使列车平稳运行。

驱动装置是把动力转向架传动系统传来的能量最后有效地传给轮对或车轮的执行装置，主要是将牵引电动机的转矩有效地转化为转向架轮对转矩，驱动动力轮对在钢轨上运行。

本节主要以传统 Z 形拉杆结构的转向架中央牵引装置为例，介绍中央牵引连接和驱动装置的维护与检修。

一、中央牵引连接和驱动装置的组成

1. 中央牵引连接装置的组成

转向架中央牵引连接装置由中心销、中心销座、复合弹簧、下心盘座、牵引拉杆、橡胶套、横向止挡等组成，如图 3-11 所示。

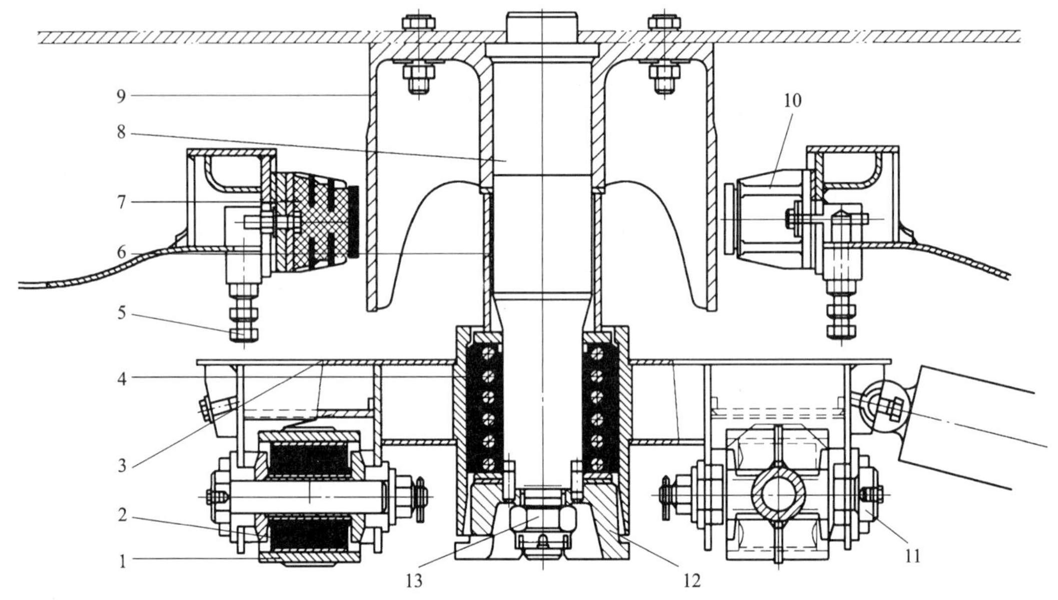

图 3-11　转向架中央牵引连接装置

1—牵引拉杆　2—橡胶套　3—下心盘座　4—复合弹簧　5—架车保护螺栓　6—定位套筒（中心销套筒）　7—横向止挡　8—中心销　9—中心销座　10—横向止挡座　11—牵引拉杆销　12—压板　13—紧固螺母

2. 驱动装置的组成

驱动装置主要由牵引电动机、联轴节、齿轮箱等组成，如图 3-12 所示。

二、中央牵引连接和驱动装置的维护

列车在运行过程中，转向架中央牵引连接装置中心销系统中的中心销、中心销座及下心盘座易出现裂纹、磨损、变形等损伤。

1. 中央牵引连接装置的维护

中央牵引连接装置在日常检查时，主要检查牵引拉杆及附件有无松动、损坏，下心盘座与中心销套筒之间的距离和架车保护螺栓与下心盘座上部的距离是否符合要求，横向止挡缓冲橡胶是否有裂纹。

2. 驱动装置的维护

驱动装置的日常检查以目测为主，主要检查联轴节有无损坏、漏油，螺栓有无松动。联轴节上不应有任何可见的机械破坏或外部损坏（如石块撞击），损坏的零部件必须更换。联

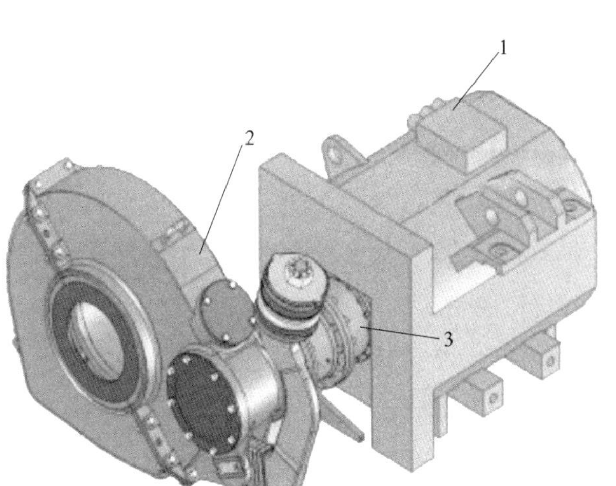

图 3-12 中央牵引装置

1—牵引电动机 2—齿轮箱 3—联轴节

轴节上的注、排油口螺栓，以及联轴节的连接紧固件不应松动或丢失，以防联轴节中的润滑油或润滑脂泄漏，造成内部轮齿磨损严重。

此外，还应检查齿轮箱外观及所有附件是否有明显漏油、松动，齿轮箱与悬挂装置连接螺栓的防松标记有无错位。

三、中央牵引连接装置与驱动装置的检修

1. 中央牵引连接装置的检修

中央牵引连接装置在架修或大修检查时，需要分解、清洗所有零部件并按要求进行检测。

（1）中心销系统的检修

中心销系统中的中心销、中心销座及下心盘座易出现裂纹、磨耗、变形等损伤。

1）中心销的检修。车辆在架修与大修时均要对中心销进行清洁、检查并探伤，确保中心销无变形、裂纹，螺纹无损伤。

2）中心销座的检修。应对中心销座进行清洁、检查和探伤。中心销座应无裂纹，与横向止挡的接触部位应无严重撞伤和变形。

3）复合弹簧的检修。架修时对复合弹簧进行清洁、外观检查，并测量尺寸和刚度。如果复合弹簧表面橡胶无损伤、无金属件外露，尺寸和刚度均符合规定的技术要求，可继续使用。大修时应对全部复合弹簧进行更换。

4）下心盘座的检修。车辆架修与大修时均要对下心盘座进行清洗、检查、探伤，对撞击部位的凹坑进行修补并补漆。

5）其他结构件的检修。应对其他结构件进行清洗、检查，对重要受力部件进行探伤。若无损伤，结构件可继续使用。

6）紧固件的检修。车辆架修与大修时紧固件要全部进行更换。

（2）牵引拉杆的检修

1）车辆架修时需对牵引拉杆进行清洗、检查，大修时还要对牵引拉杆进行探伤、油漆。

2）车辆架修时无须拆卸牵引拉杆橡胶套，只对牵引拉杆总成进行检查和刚度试验。车辆大修时更换全部牵引拉杆橡胶套。

3）紧固件在车辆架修、大修时全部更换。

4）对检修好的牵引拉杆及其部件的有关信息做好记录。

（3）横向缓冲装置的检修

横向缓冲装置是指横向橡胶止挡和横向止挡座。横向橡胶止挡的检修按照橡胶件的要求进行，并进行性能测试后对横向止挡座进行检查，一般可继续使用。

（4）预组装中央牵引装置

先组装牵引拉杆，并将牵引拉杆与下心盘组装在一起。

2. 驱动装置的检修

驱动系统中电动机的检修见相关章节，动力轮对中车轴、车轮的检修前文已经介绍，这里仅对相关部分进行说明。

（1）联轴节的检修

联轴节的作用是传递转矩，产生牵引力和制动力，同时还可以调整电动机与齿轮轴的同轴度。

联轴节有机械联轴节和橡胶联轴节两种，目前一般动力转向架都用机械联轴节。

1）机械联轴节在架修时应进行清洗、检查、更换油脂，在大修时应分解联轴节并对零部件进行彻底检查。

2）橡胶联轴节在列车运行时承受巨大的交变转矩，易发生疲劳损坏，所以在架修和大修时均应更换，而在其他低修程中要重点检查。

3）检查完后，要对两种联轴节进行预组装，并登记相关信息。

（2）齿轮箱及悬挂装置的检修

齿轮箱是一种安装在电动机与轮对之间的能传递牵引力和制动力的减速装置。齿轮箱及悬挂装置由齿轮箱体、大齿轮、小齿轮、轴承、密封件、紧固件等组成，也有个别有中齿轮。

1）架修检查。架修时，对齿轮箱进行检查、清洁，要求无裂纹、无漏油，对齿轮箱润滑油进行更换后组装调整。

2）大修检查。大修时需对齿轮箱进行分解，并按以下内容进行检修：

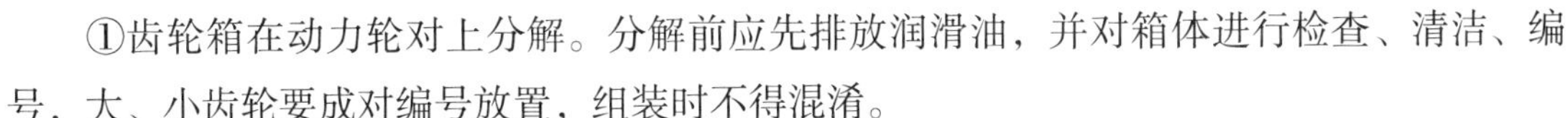

①齿轮箱在动力轮对上分解。分解前应先排放润滑油，并对箱体进行检查、清洁、编号，大、小齿轮要成对编号放置，组装时不得混淆。

②齿轮箱检修。清洗齿轮箱体，检查油塞、回油孔、透气装置、密封件等，并对密封件进行更换。检查齿轮箱紧急止挡及螺栓，要求紧急止挡无损伤、无裂纹，螺栓无松动。新装齿轮箱磨合 20 000 km 时应换油一次。

③大齿轮检修（在大修时进行）。清洁大齿轮上的油污，目测并用模板检查大齿轮各齿的磨损情况，对不符合技术要求的进行修复，并对大齿轮进行探伤。对大齿轮进行加热、退火，并严格控制加热时间及温度。检查大齿轮内孔尺寸及拉伤情况，对拉毛及擦伤部位进行修复，对大齿轮内孔部位进行探伤检查，将完好的大齿轮热套在车轴上，最后对大齿轮进行防锈处理。

④小齿轮检修。清洗、分解小齿轮和小齿轮轴整体、轴承、密封件等部位，检查小齿轮和小齿轮轴整体，更换密封件和紧固件。

⑤轴承检修（大修时进行）。按轴箱轴承检修要求对齿轮箱轴承进行检修。

⑥组装齿轮箱。检查、清洁经过检修的大齿轮箱各部件，并将小齿轮、轴承、密封件等部件组装在齿轮箱体上，在齿轮箱分合面上涂密封胶，将齿轮箱体组装在动轮对上，然后调整各部件，按要求加油，对加油孔、透气孔、检查孔等进行密封，最后对组装好的齿轮箱进行磨合试验，检查振动、异声情况。

⑦记录。记录齿轮箱检修信息。

（3）齿轮箱吊杆的检修

齿轮箱吊杆有多种类型，如可调式吊杆、固定吊杆、C 形支座等，它们都是由橡胶件和结构件组成的，作用是承受齿轮箱作用于构架的交变载荷，起缓冲作用，避免齿轮箱脱落，造成事故。

1）架修和大修时，可调式吊杆应全部更换。

2）固定吊杆架修时，需清洁、检查橡胶件，测试分解吊杆的刚度，符合技术要求者可继续使用；固定吊杆大修时，需分解吊杆，对结构件进行磁粉探伤，有裂纹者应更换，并更换橡胶件。

3）C 形支座的检修按固定吊杆的检修原则进行。

技能训练 3　二系悬挂检修

一、训练目的

1. 熟知检修弹簧悬挂装置中二系悬挂的检测设备、检测工具、检修工装设备的使用方法。

2. 掌握弹簧悬挂装置中二系悬挂的检修方法。

3. 能综合运用专业知识，通过专业书籍、多媒体课件、视频、图片资料等获得帮助信息。

4. 能根据实训任务确定实训方案，学会表达及展示活动过程和成果。

二、训练内容

弹簧悬挂装置中二系悬挂的检修方法。

三、训练用品

1. 材料

环氧防腐面漆、清洗剂、润滑脂、防锈漆等。

2. 工具

手电筒、划线笔、套筒扳手、力矩扳手、塞尺、钢直尺、毛刷、抹布、主控钥匙、“禁止动车”指示牌、“禁止合闸”指示牌等。

四、训练过程

1. 训练前的准备

（1）电动列车停放在具有地沟的股道上。

（2）列车施加停放制动。

（3）检修列车受电弓降弓。

（4）列车两端挂“禁止动车”指示牌。

2. 操作训练

（1）对指定车辆转向架的二系悬挂进行检修。

（2）将测试结果写在答题纸上。

（3）操作完毕后，将工具清场，确保无遗漏。

五、注意事项

1. 检修过程中，一定要在列车两端挂“禁止动车”指示牌。

2. 操作人员按规定着装，遵守相应的安全规章，文明操作。

3. 在检查过程中，要保证做到清洁卫生，要突出一个“细”字，不可漏掉检查任何部位。

六、考核评价

二系悬挂检修考核评价见表 3–1。

表 3–1　　二系悬挂检修考核评价表

类型	项目	项目与技术要求	配分	评定方法	得分
过程评价（40%）	1	遵守劳动（学习）纪律	10	考勤	
	2	认真听讲记笔记	10	观察	
	3	回答问题积极	20	检查、观察	
质量评价（60%）	1	回答问题正确	30	提问、检查、观察	
	2	熟练、规范、安全	30	测试、观察	

思考与练习

1. 车轴常见的故障有哪些?
2. 什么叫车轮踏面擦伤? 产生的原因及危害是什么?
3. 车轮踏面常见的故障有哪些?
4. 简述车轮踏面圆周磨损的检修方法。
5. 构架常见的故障有哪些? 如何检查?
6. 二系悬挂各零部件更换的判定标准是什么?
7. 简述中心销组成的检修内容。
8. 牵引拉杆的检修内容是什么?
9. 联轴节可以分为哪几种? 它们的检修内容是什么?

第四章　连接装置维护与检修

学习目标

- ◆ 了解城市轨道交通车辆连接装置的类型与组成结构。
- ◆ 掌握车钩缓冲装置维护的作业程序、内容及要求。
- ◆ 了解车钩缓冲装置的常见故障。
- ◆ 掌握车钩缓冲装置主要零部件的维护和检修内容及技术要求。
- ◆ 了解车钩缓冲装置维护常用的工具及使用方法。
- ◆ 掌握贯通道装置的基本组成、维护及操作。

城市轨道交通车辆连接装置通常是指车钩缓冲装置和贯通道装置。车钩缓冲装置用于列车车辆间机械、风路和电路的连接，传递牵引力和制动力，缓和纵向冲击。贯通道装置柔性连接于车厢间，方便乘客在车厢间走动，具有隔热、隔声、防雨、防风、防尘的作用。车辆连接装置不应妨碍列车顺利通过曲线。

车辆连接装置需要进行日常和定期的预防维护与检修，以保持其有效性和可靠性。本章主要介绍车钩缓冲装置和贯通道装置的维护与检修。

第一节　车钩缓冲装置维护与检修

车钩缓冲装置在运用过程中需要按列车运行里程和运行时间实施必要的检测、润滑、调整、维修、更换及试验等维护和检修工作。目前城市轨道交通车辆在用的车钩缓冲装置有多种形式，夏芬博格 330 型密接式车钩缓冲装置具有一定的代表性，根据功能、成本、检修便利程度和列车编组形式不同，该型号的系列车钩缓冲装置配套使用在列车的不同部位。本节主要以该型号半自动车钩为例，说明车钩缓冲装置的维护与检修。

一、车钩缓冲装置的组成和结构

半自动车钩缓冲装置有头车半自动车钩缓冲装置与中间车半自动车钩缓冲装置之分。头车半自动车钩缓冲装置在连挂和解钩时自动完成列车之间机械和风路的连接和解钩，缓冲系统多采用弹性胶泥缓冲器和压溃管。中间车半自动车钩缓冲装置用于列车中车组单元（列车单元）之间，其作用是保证车组单元之间的自动连接和手动解钩。半自动车钩缓冲装置可以在连挂时完成车组单元之间机械和风路的连接，并在分解时自动断开风路的连接，缓冲系统多采用弹性胶泥缓冲器。

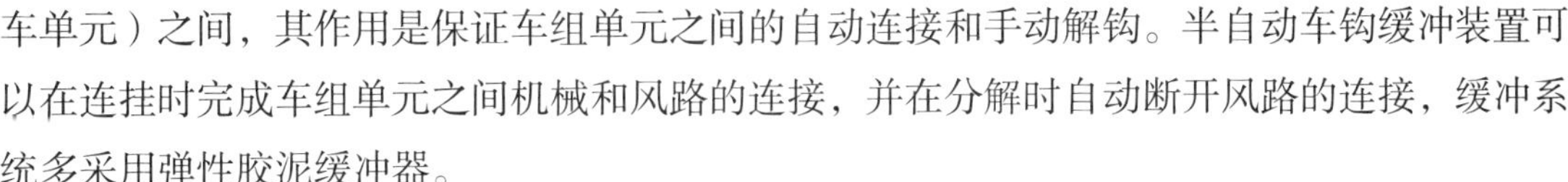

半自动车车钩缓冲装置由连挂系统、压溃管、紧凑式缓冲装置和过载保护装置几大部分组成。

1. 头车半自动车钩缓冲装置

头车半自动车钩缓冲装置主要由连挂系统、压溃管、紧凑式缓冲装置和过载保护装置组成，如图 4–1 所示。连挂系统中采用了 CG–5 型机械钩头，并集成了主风管连接器和列车管连接器；压溃管采用膨胀式压溃管，具有 700 kN 的稳态力；紧凑式缓冲装置的缓冲元件采用弹性胶泥芯子；过载螺栓采用 750 kN 的稳态力。

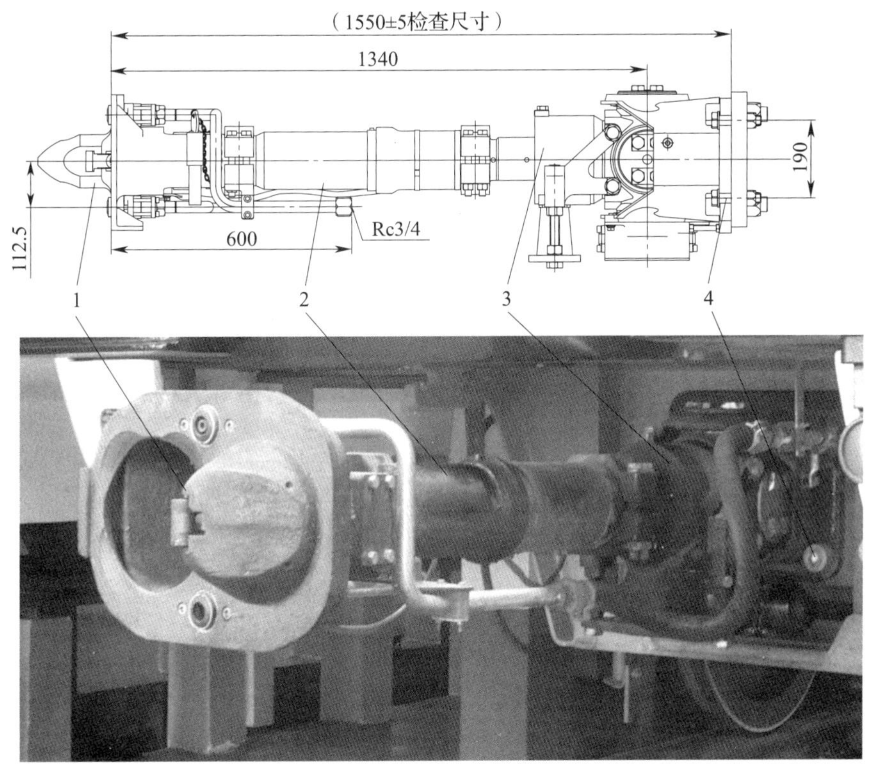

图 4–1　头车半自动车钩缓冲装置组成

1—连挂系统　2—压溃管　3—紧凑式缓冲装置　4—过载保护装置

头车半自动车钩缓冲装置的结构如图 4–2 所示。

（1）连挂系统

头车半自动车钩缓冲装置采用 CG–5 型机械钩头，其连挂原理如图 4–3 所示。该连挂系统采用密接钩头通用的凸锥、凹锥形式和半圆形钩舌结构。两车连挂时，凸锥插入对侧钩头凹锥内，凸锥内侧面压迫对方半圆钩舌沿逆时针方向转动。两钩头连接到位后，钩头端面相互接触，两钩头钩舌在复原弹簧作用下恢复原位，钩头进入闭锁状态。解钩时，操作人员扳动解钩手柄，推动钩舌逆时针方向转动至开锁位置，此时两钩头即可分解。该机械钩头与压溃装置的接口通过连接环实现连接。

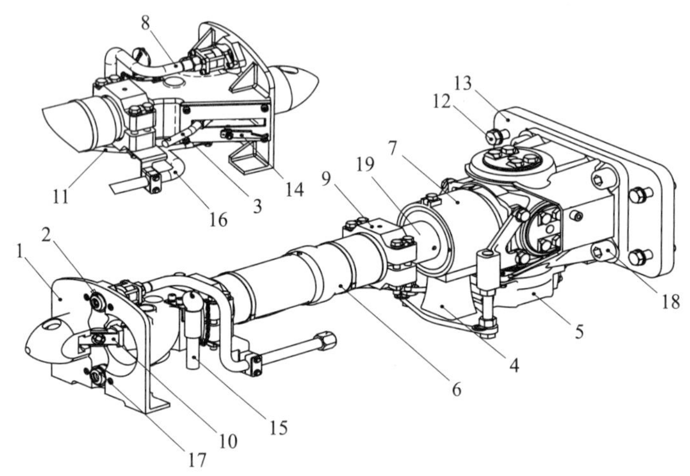

图 4-2 头车半自动车钩缓冲装置结构

1—机械钩头 2—MRP 阀 3—解钩手柄 4—水平支撑 5—对中装置 6—压溃管 7—缓冲装置 8—风管（MRP） 9—连接环 10—钩舌 11—接地线 12—过载保护装置 13—安装转接板（冲击板） 14—支杆 15—安全销 16—风管（BP） 17—BP 阀 18—安装螺栓 19—外拉杆

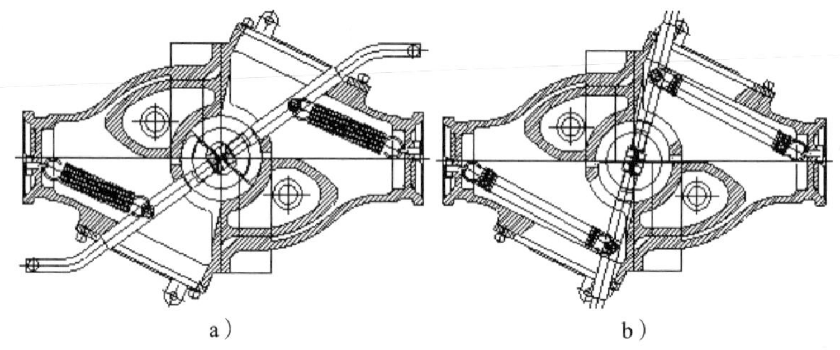

图 4-3 CG-5 型机械钩头的连挂状态和分解状态

a）连挂状态 b）分解状态

头车连挂系统钩头端面上装有总风管连接器（MRP 阀）和制动管连接器（BP 阀），可以在列车连挂时自动连接列车管路，在列车分解时自动切断管路。

（2）压溃管

头车半自动车钩缓冲装置采用了膨胀式压溃管。列车在运行或连挂过程中，车钩缓冲装置受到的纵向压载荷大于设定值时，压溃装置开始发生作用，吸收冲击能量，达到保护人身和车辆设备安全的目的。压溃管如图 4-4 所示。

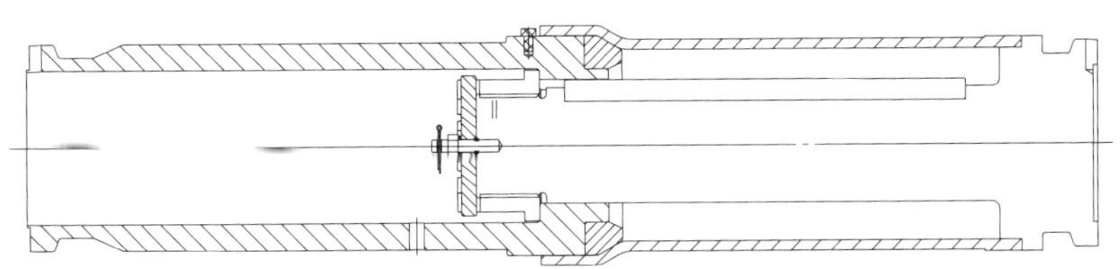

图 4–4　压溃管

车钩缓冲装置在牵引工况时，牵引载荷通过压溃管内部的刚性连接进行传递，变形元件不会受到影响。当车钩缓冲装置受到的压载荷超过压溃管触发力值时，压溃管膨胀元件按照设计的变形模式吸收冲击能量。

（3）紧凑式缓冲装置

紧凑式缓冲装置承担车钩缓冲装置的弹性缓冲、水平对中、垂直支撑和回转等功能。

紧凑式缓冲装置由安装座、缓冲装置、支撑装置、对中装置等几部分组成，具体结构如图 4–5 所示，核心元件是弹性胶泥缓冲器。弹性胶泥缓冲器在拉、压两个方向的能量吸收能力均为 24 kJ，通过内部结构实现拉压转换，达到能量吸收能力均衡。

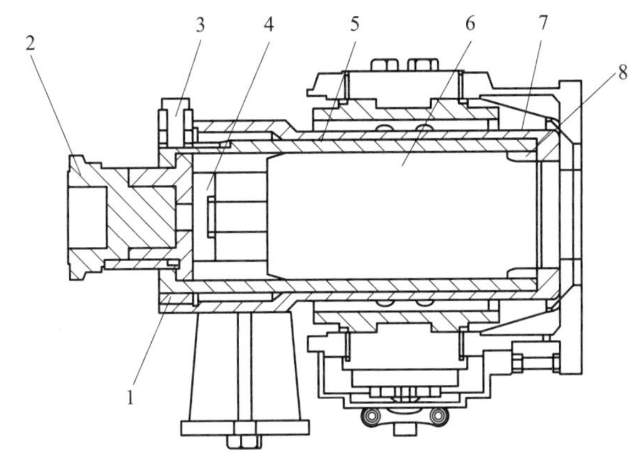

图 4–5　紧凑式缓冲装置

1—端盖　2—拉杆　3—止动螺栓　4—传力板　5—内筒　6—芯子　7—缓冲装置壳体　8—内筒端盖

其中，支撑装置的作用是在垂直平面内支撑车钩缓冲装置；安装座内部的回转体与缓冲装置外壳和安装座形成同时相互垂直的铰连接，给缓冲装置提供水平面和垂直面内的转动自由度；对中装置的作用是在水平面内推动车钩缓冲装置向自身纵向中心线回复，使其自动对中，如图 4–6 所示；安装座的四个安装孔用四个过载保护螺栓完成车钩缓冲装置与车体的连接，起着传递纵向载荷的作用。

（4）过载保护装置

过载保护装置用于列车在超速连挂或者受到强烈冲击时，使车钩缓冲装置脱离车体安装板向后回退，保证车体上的防爬器能够相互咬合，将纵向冲击力传向车辆底架，保护车体免于受损。

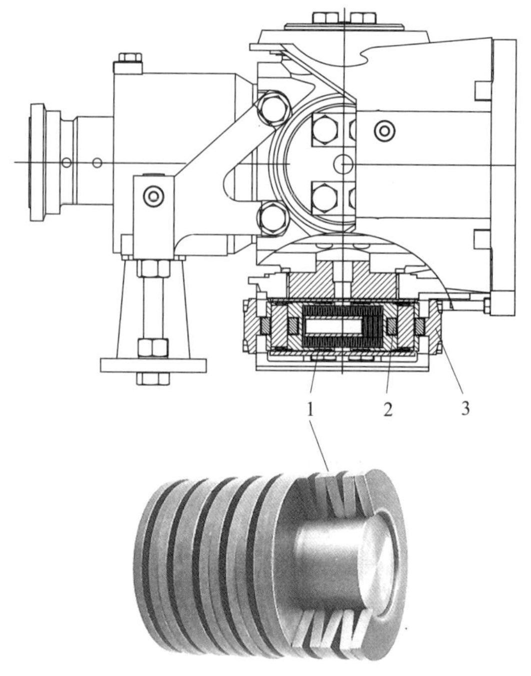

图 4–6　对中机构

1—碟簧　2—滚轮　3—滚轮堵

车钩缓冲装置安装座通过四个安装螺栓安装到冲击板（也称为安装转接板）上，然后冲击板再通过四个过载保护螺栓安装到车体上。过载保护螺栓是过载保护装置的核心元件，如图 4–7 所示。当车钩缓冲装置处于正常牵引状态时，冲击板顶靠在车体安装板的后部，将牵引力传递到车体，过载保护螺栓并不承受牵引力；当车钩缓冲装置处于正常顶推状态时，纵向压缩力传递到过载保护螺栓和冲击板，最终传递到车体。

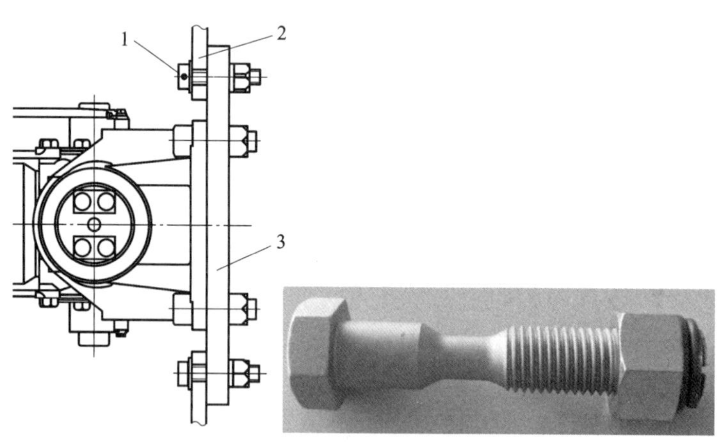

图 4–7　过载保护螺栓

1—过载保护螺栓　2—车体安装板　3—冲击板（安装转接板）

当车钩缓冲装置受到的压缩载荷达到过载保护装置额定触发力时，过载保护螺栓将发生断裂，外径小于安装孔，因此车钩冲击板的过载保护螺栓最终将滑出安装孔，冲击板与车体安装板脱离，车钩缓冲装置在压缩力的作用下可以向后运动。

2. 中间车半自动车钩缓冲装置

中间车半自动车钩缓冲装置（见图 4–8）主要由连挂系统、缓冲系统和安装吊挂系统组成，连挂系统中采用了 CG–5 型机械钩头，并集成了主风管连接器。

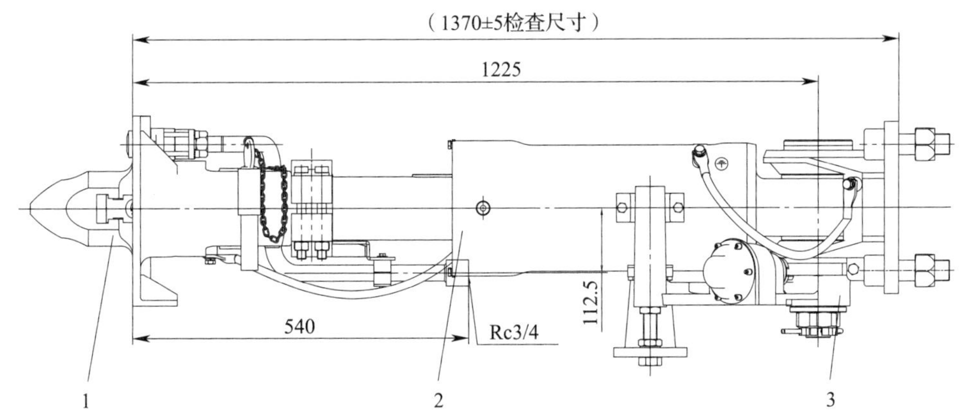

图 4–8 中间车半自动车钩缓冲装置组成

1—连挂系统 2—缓冲系统 3—安装吊挂系统

中间车半自动车钩缓冲装置结构如图 4–9 所示。

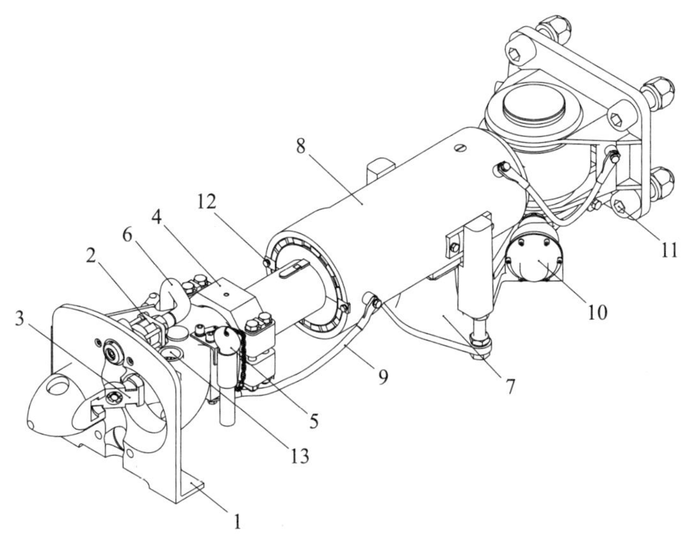

图 4–9 中间车半自动车钩缓冲装置结构

1—机械钩头 2—MRP 阀 3—钩舌 4—连接环 5—安全销 6—风管 7—橡胶支撑 8—缓冲装置 9—接地线 10—水平对中 11—安装螺栓 12—螺栓 13—安全销孔

（1）连挂系统

中间车半自动车钩缓冲装置中 CG-5 型机械钩头的连挂原理与头车半自动车钩缓冲装置相同，集成机械连挂和风路连通的功能，可自动连挂，人工进行解钩操作。

（2）安装吊挂系统

安装吊挂系统的核心是回转机构，如图 4-10 所示。其作用是保证车钩缓冲装置能够在水平面和垂直面一定范围内灵活转动，并具有水平对中功能和垂直支撑功能。

图 4-10　安装吊挂系统的回转机构

（3）缓冲系统

中间车半自动车钩缓冲装置以弹性胶泥缓冲器为例，如图 4-11 所示，主要由弹性体弹簧、胶泥芯子、内半筒总成、壳体和拉环等零部件组成。车钩缓冲装置受牵引力时，牵引力通过内半筒总成传递到弹性体弹簧和胶泥芯子上，胶泥芯子把力传递到缓冲器壳体上，最后通过回转机构把力传递到车体上；车钩缓冲装置受压时，压力传递的顺序依次为弹性体弹簧、胶泥芯子、内半筒总成、壳体。

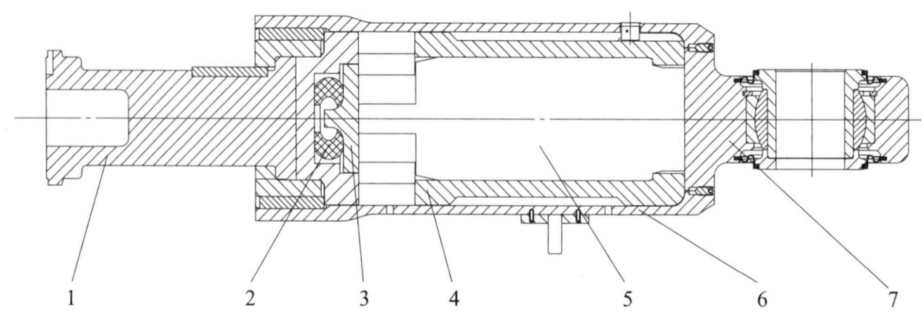

图 4-11　弹性胶泥缓冲器

1—牵引杆　2—弹性体弹簧　3—顶板　4—内半筒总成　5—胶泥芯子　6—壳体　7—拉环

二、车钩缓冲装置的维护

1. 头车半自动车钩缓冲装置的维护

结合头车半自动车钩缓冲装置结构，对车钩缓冲装置进行维护，必要时进行修补或更换。

（1）日检和月检

头车半自动车钩缓冲装置的日检维护可参考图 4–2 和表 4–1，月检维护可参考图 4–2 和表 4–2。表 4–1 所列是推荐的最低标准的车钩缓冲装置定期维护计划。如果环境或其他条件需要，应对车钩缓冲装置进行更为频繁的维护。

表 4–1　头车半自动车钩缓冲装置的日检维护

<table>
<tr><td colspan="2">项目名称：头车半自动车钩缓冲装置日检维护</td><td>作业周期：1 天（最长 1 周）400 ~ 500 km</td></tr>
<tr><td colspan="2">工具、量具</td><td>标准工具套装、手电筒、红色标记笔、干净的不含亚麻的布</td></tr>
<tr><td colspan="2">材料用品</td><td>前密封圈、压溃管、连接环、过载保护装置相关配件</td></tr>
<tr><td>序号</td><td>作业程序</td><td>作业内容及技术要求</td></tr>
<tr><td>1</td><td>对整个车钩缓冲装置进行目视检查</td><td>检查是否有损坏的迹象，紧固件是否松脱或遗失。生锈的零部件必须进行清洁后涂上底漆，以便保护</td></tr>
<tr><td>2</td><td>检查机械钩头</td><td>检查钩舌 10 和支杆 14 是否损坏，拉动解钩手柄 3，检查其能否拉至最大位置并正常复位</td></tr>
<tr><td>3</td><td>检查压溃管及压溃管触发判断装置</td><td>检查压溃管 6，如果有任何松弛，都应对其进行检修、更换。参照图 4–12 检查压溃管上的触发判断装置，若其被剪断或丢失，则代表压溃管可能遇到非正常纵向冲击造成触发，应更换新的压溃管</td></tr>
<tr><td>4</td><td>检查 MRP 阀、BP 阀</td><td>检查 MRP 阀 2、BP 阀 17 是否损坏，前密封圈是否损坏，零部件是否松脱，如有必要则应更换密封圈</td></tr>
<tr><td>5</td><td>检查连接环</td><td>检查连接环 9 紧固件是否损坏或遗失。如有可能，试着推一下接口处，检查是否有松弛，如果松弛，则应更换连接环组件</td></tr>
<tr><td>6</td><td>检查过载保护装置</td><td>检查过载保护装置 12 及安装螺栓 18 是否损坏，防松标记线是否错位移动，并且标上红色防松标记
错位移动显示过载保护装置发生移动，说明螺栓可能承受“过大负荷”。如果有这种情况发生，应当将车钩缓冲装置拆下，更换过载保护装置</td></tr>
</table>

表 4–2　头车半自动车钩缓冲装置的月检维护

<table>
<tr><td colspan="2">项目名称：头车半自动车钩缓冲装置月检维护</td><td>作业周期：30 天（最长 3 个月）12 000 ~ 16 000 km</td></tr>
<tr><td colspan="2">工具、量具</td><td>标准工具套装、手电筒、红色标记笔、干净的不含亚麻的布</td></tr>
<tr><td colspan="2">材料用品</td><td>甘油和酒精的混合物（混合比例为 1 : 1）、AUTOLTOP2000 润滑脂、二硫化钼（MoS_2）减磨剂、前密封圈、压溃管、连接环、过载保护装置相关配件</td></tr>
<tr><td>序号</td><td>作业程序</td><td>作业内容及技术要求</td></tr>
<tr><td>1</td><td>对整个车钩缓冲装置进行目视检查</td><td>进行日常维护所有内容，执行日检维护技术要求</td></tr>
</table>

续表

序号	作业程序	作业内容及技术要求
2	清洁机械钩头	用压缩空气彻底清洁机械钩头1的MRP阀2、BP阀17和钩舌10，用干净的不含亚麻的布把车钩缓冲装置擦干净。风管连接器前部的橡胶件上如果有不易清理的硬结，可以使用甘油和酒精的混合物进行清理
3	钩头润滑	参照图4–13，使用AUTOLTOP2000润滑脂对钩头凸凹锥进行润滑，凸凹锥的油脂涂抹厚度不得大于30 mm；使用二硫化钼（MoS_2）减磨剂对钩舌及钩舌腔表面进行润滑

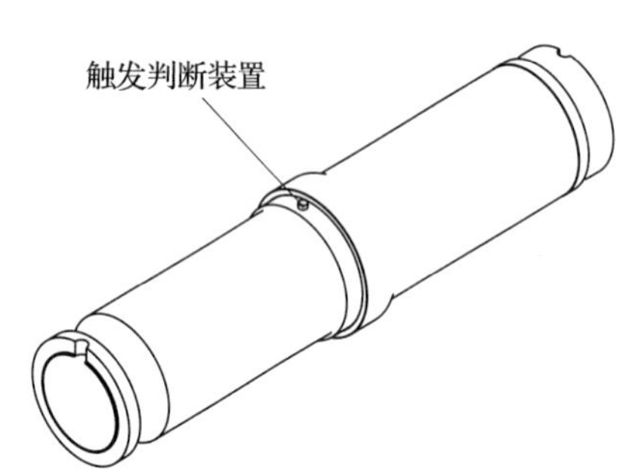

图4–12　压溃管触发判断装置

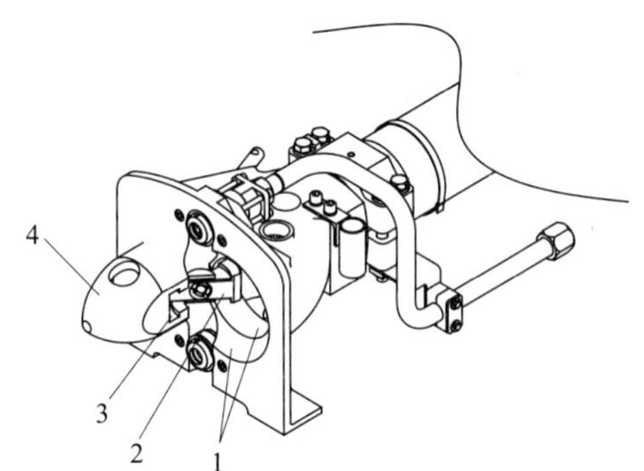

图4–13　钩头的润滑位置

1—凹锥　2—钩舌　3—钩舌腔　4—凸锥

（2）年检（Ⅰ级维护）

头车半自动车钩缓冲装置的年检维护可参考图4–2和表4–3。

表4–3　　头车半自动车钩缓冲装置的年检维护

项目名称：头车半自动车钩缓冲装置年检维护（Ⅰ级维护）		作业周期	1年150 000 km
工具、量具	标准工具套装、手电筒、红色标记笔、干净的不含亚麻的布		
材料用品	甘油和酒精的混合物（混合比例为1∶1）、89D润滑脂、MOLYKOTE1000润滑脂、AUTOLTOP2000润滑脂、二硫化钼（MoS_2）减磨剂、前密封圈、压溃管、连接环、过载保护装置相关配件		
序号	作业程序	作业内容及技术要求	
1	进行日常检修和月检所有内容	按日常维护和月检维护所有内容和技术要求执行	
2	检查接地线	检查接地线11是否处于良好状态，是否紧固良好	

续表

序号	作业程序	作业内容及技术要求
3	检查对中装置	检查对中装置 5 的紧固螺母和螺栓是否损坏，检查其状态
4	检验车钩缓冲装置位置	检验车钩缓冲装置是否对中，必要时调整车钩缓冲装置
5	检查解钩操作	检查解钩操作是否正常。拉动解钩手柄 3，从车钩的正面可以看到钩舌 10 的运动。检查解钩支杆的固定螺母是否牢靠。拉动解钩手柄 3 到最大位置，然后转动支杆 14，让解钩手柄 3 落入其上的凹槽内，确认撤除人力后，解钩手柄 3 能保持在锁定位置。如果上述检查均无异常，此时再次拉动解钩手柄 3，确认支杆 14 能迅速回复原位，撤除人力后解钩手柄 3 也能回复原位
6	螺栓润滑	使用 MOLYKOTE1000 或同等功效产品对车钩缓冲装置水平支撑 4 两侧的垂直高度调整螺栓的裸露螺纹面进行润滑

2. 中间车半自动车钩缓冲装置的维护

结合中间车半自动车钩缓冲装置的结构对车钩缓冲装置进行维护，必要时进行修补或更换。

（1）日检和月检

中间车半自动车钩缓冲装置的日检维护参考图 4–9 和表 4–4，月检维护参考图 4–9 和表 4–5。

表 4–4　　中间车半自动车钩缓冲装置的日检维护

项目名称：中间车半自动车钩缓冲装置日检维护		作业周期	1 天（最长 1 周）400 ~ 500 km
工具、量具	标准工具套装、手电筒、红色标记笔、干净的不含亚麻的布		
材料用品	专用底漆、前密封圈、压溃管、连接环、过载保护装置相关配件		
序号	作业程序	作业内容及技术要求	
1	检查安全销	在连挂状态时检查安全销 5 是否正确插入安全销孔中	
2	检查车钩缓冲装置	对整个车钩缓冲装置进行目视检查。检查是否有损坏的迹象，紧固件是否松脱或遗失。生锈的零部件必须进行清洁，然后涂上底漆，以便保护	
3	检查 MRP 阀	检查 MRP 阀 2 是否损坏，前密封圈是否损坏，零部件是否松脱。如有必要，应更换密封圈	
4	检查连接环	检查连接环 4 的紧固件是否损坏或遗失。如有可能，试着推一下接口处，检验是否有松弛。如果松弛，则应更换防松板并重新紧固螺栓螺母（力矩 160 N·m）；如果仍然松弛，则应更换连接环组件（含紧固件）	
5	检查安装螺栓	检查安装螺栓 11 是否松动，防松标记线是否错位移动。如果存在错位移动，说明安装螺栓 11 已松动。检查车钩缓冲装置零部件是否有损坏，更换损坏件，使用 1 400 N·m 转矩重新拧紧，并且标上红色防松标记	
6	检查缓冲装置	检查缓冲装置 8 端部的螺栓 12 是否松动或损坏	

表 4–5　　中间车半自动车钩缓冲装置的月检维护

项目名称：中间车半自动车钩缓冲装置月检维护		作业周期	30 天（最长 3 个月）12 000 ～ 16 000 km
工具、量具	标准工具套装、手电筒、红色标记笔、干净的不含亚麻的布		
材料用品	AUTOLTOP2000 润滑脂、专用底漆、前密封圈、压溃管、连接环、过载保护装置相关配件		
序号	作业程序	作业内容及技术要求	
1	进行日常维护所有内容	进行日常维护所有内容	
2	目测橡胶支撑	参考图 4–9 目测橡胶支撑 7 外观状态	
3	清洁凸轮板、滚轮和活塞裸露部分	如图 4–14 所示，用压缩空气彻底清洁凸轮板、滚轮和活塞的裸露部分，然后用干净的不含亚麻的布擦干净。清洁完毕后使用 AUTOLTOP2000 润滑脂对以上零部件裸露部位进行重新润滑	

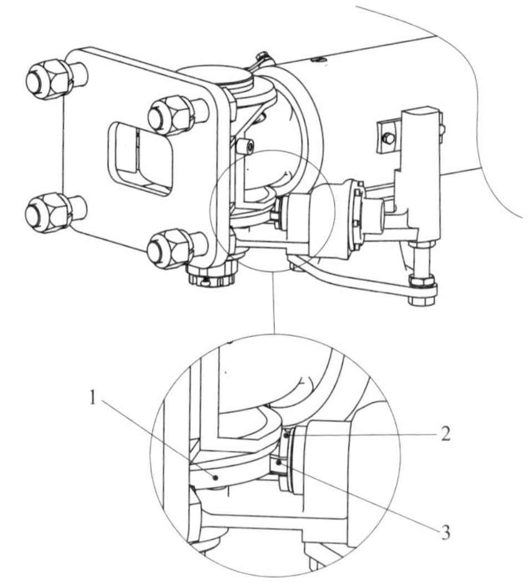

图 4–14　对中机构润滑位置

1—凸轮板　2—活塞　3—滚轮

（2）年检（Ⅰ级维护）

中间车半自动车钩缓冲装置的年检维护参考图 4–9 和表 4–6。

表 4–6　　中间车半自动车钩缓冲装置的年检维护

项目名称：中间车半自动车钩缓冲装置年检维护（Ⅰ级维护）		作业周期	1 年 150 000 km
工具、量具	标准工具套装、手电筒、红色标记笔、干净的不含亚麻的布		
材料用品	MOLYKOTE1000 润滑脂、AUTOLTOP2000 润滑脂、专用底漆和油漆、前密封圈、压溃管、连接环、过载保护装置相关配件		
序号	作业程序	作业内容及技术要求	
1	进行日检维护和月检维护所有内容	按日检维护和月检维护内容和技术要求执行	

续表

序号	作业程序	作业内容及技术要求
2	检查接地线	检查接地线 9 是否处于良好状态，是否固定住
3	检查缓冲装置	检查缓冲装置 8 端部螺栓是否松动
4	检查水平对中	检查水平对中 10 的紧固螺母和螺栓是否损坏，检查其大概状况
5	检验车钩位置	检验车钩缓冲装置是否对中，必要时调整车钩缓冲装置
6	检查解钩操作	参照头车半自动车钩缓冲装置的年检维护执行
7	螺栓润滑	参照头车半自动车钩缓冲装置的年检维护执行

（3）半自动车钩缓冲装置的架修与大修维护

半自动车钩缓冲装置的架修与大修维护分别在架修与大修时进行。

1）架修维护（Ⅱ级维护）。为保证车钩缓冲装置正常运行使用，运用一段时间后需要进行架修维护，周期为不超过 4 年或 600 000 km，以保持其有效性和可靠性。架修维护的主要内容包括：进行第Ⅰ级维护的所有内容；更换车钩缓冲装置气路组件的橡胶密封件，更换橡胶支撑（含螺栓、螺母）、M24 过载保护螺栓、平垫圈、M24 螺母、压簧橡胶柱、阀杆密封圈、O 形密封圈、前密封圈等零部件；检查车钩缓冲装置与车体的安装情况，检查安装螺栓和过载保护装置是否需要更换或重新拧紧；对油漆破损后生锈的零部件进行清洁并重新喷涂油漆；对需要润滑的部位进行清洁并重新润滑；更换部件时，拆卸的部件需要清洁补漆。

2）大修维护（Ⅲ级维护）车钩缓冲装置经过架修维护并运行规定时间后，为保证正常使用，需进行大修维护，周期为不超过 8 年或 1 200 000 km。大修维护的主要内容包括：彻底分解车钩缓冲装置，并执行架修维护所有内容；更换车钩缓冲装置上的全部橡胶件、固定轧带、卡管组成，以及螺栓（螺钉）、垫圈、弹簧、衬垫、塞套、防松板、开口销、定位柱等；检查和更换其他损坏部件；对油漆破损后生锈的零部件进行清洁并重新喷涂油漆；对需要润滑的部位进行清洁并重新润滑；更换部件时，拆卸的部件需要清洁补漆。

三、车钩缓冲装置的常见故障

车钩缓冲装置在列车正常运行、非正常运行和调车作业过程中，经常受到变化的纵向、横向和垂向作用力的影响，致使各部分零部件产生磨耗、变形、裂损等故障，导致车钩缓冲装置作用不良，影响其正常使用。半自动车钩缓冲装置的常见故障及处理方法见表 4–7。

表 4–7　　半自动车钩缓冲装置的常见故障及处理方法

序号	故障现象	可能的原因	处理方法
1	车钩缓冲装置连挂时不能正确导向对中	车钩缓冲装置没有进行正确调整对中	对车钩缓冲装置进行必要的对中调整，使其能够正确导向，顺利进行连挂
		车钩缓冲装置处于自动对中范围之外	推动车钩缓冲装置，使其回复到自动对中范围之内
		对中装置内部件损坏，对中失效	检修、更换损坏件
2	机械钩头不能连挂	连挂机构内部部件损坏	检修、更换损坏部件
		连挂机构内部部件锈蚀	检修、清洁并润滑锈蚀部件
		连挂机构内部部件磨损	使用校准量规检查、更换磨损部件
		连挂机构内部有异物	去除异物
3	机械钩头不能解钩	车钩缓冲装置受到牵引力	推顶两车体，消除牵引力
		解钩装置损坏	检修、更换解钩装置
4	车钩缓冲装置纵向非正常冲动	压溃装置受到非正常冲击并触发	更换压溃装置
		缓冲器纵向非正常磨损	更换缓冲器
5	MRP 阀不能连通	阀内有异物堵塞	去除异物
		阀内部件损坏	检修、更换损坏部件
6	MRP 阀解钩后不能自动关闭	阀内有异物	去除异物
		顶杆密封圈损坏	更换顶杆密封圈
		顶杆弹簧断裂	更换顶杆弹簧
7	MRP 阀漏风	橡胶密封件损坏	检修、更换橡胶密封件
8	车钩缓冲装置高度调整量用尽，无法垂向对中	橡胶支撑损坏	更换橡胶支撑

四、车钩缓冲装置的检修

车钩缓冲装置的检修主要包括检查、润滑、测量、拆装、调整、试验和组件更换等内容，这里主要介绍车钩缓冲装置主要组件的拆装、调整、更换。

1. 车钩缓冲装置的拆装

（1）拆卸

车钩缓冲装置的整体拆卸工艺参见表 4–8。

表 4-8　　车钩缓冲装置的整体拆卸工艺

项目名称	车钩缓冲装置的整体拆卸		
工具、量具	合适的提举装置、标准工具套装	材料用品	MOLYKOTE1000（润滑油）
作业名称	作业内容及技术要求		
拆卸车钩缓冲装置 （见图 4-15）	1. 拆卸所有连接车钩缓冲装置和车体的空气软管 2. 拆卸连接到车体的接地电缆 3. 正确支撑车钩缓冲装置，确保螺栓卸下后车钩缓冲装置不会倾倒 4. 将四只螺栓 1 和螺母 3 卸下，将车钩缓冲装置举起，与车体分离。螺母 3 一经拆下，建议更换新件使用		
拆卸安装转接板 （见图 4-16）	1. 正确支撑安装转接板 3 2. 松开螺母（M24）4，取下过载保护螺栓（M24）1 和平垫圈 2 3. 将安装转接板 3 与车体分离。过载保护装置螺母松动时，不得再次拧紧，需更换新件使用		
拆卸压溃管 （见图 4-17）	1. 正确支撑车钩缓冲装置，确保车钩缓冲装置拆卸后不会倾倒 2. 拆除车钩缓冲装置上的接地线 3. 撬起防松垫圈 8，松开螺母 9，取出螺栓 4 和止动块 5 4. 分解管卡组成 11、带销连接卡环 6、连接卡环 7 和风管支架 10 5. 分离机械钩头 2、压溃管 1 和缓冲器 3		

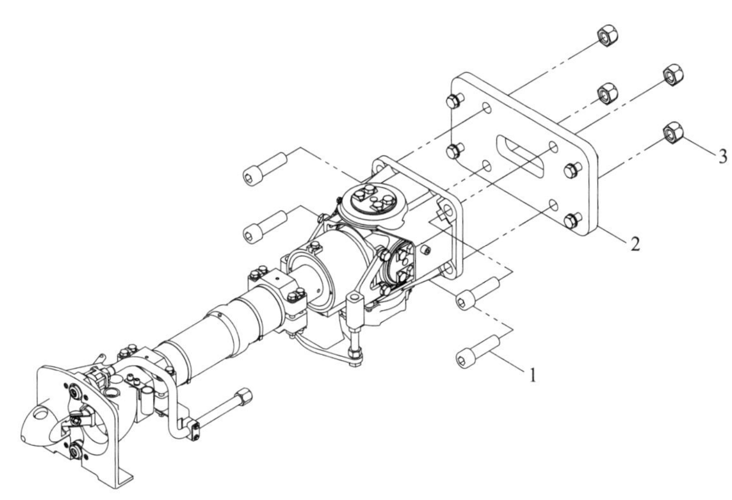

图 4-15　拆卸车钩缓冲装置

1—螺栓　2—安装转接板　3—螺母

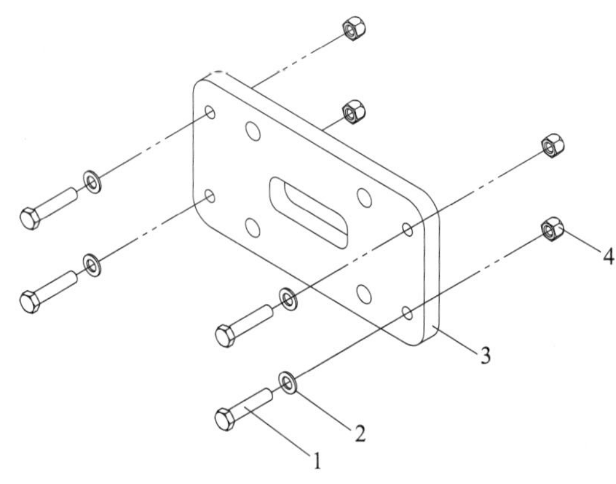

图 4-16　拆卸安装转接板

1—过载保护螺栓（M24）　2—平垫圈　3—安装转接板　4—螺母（M24）

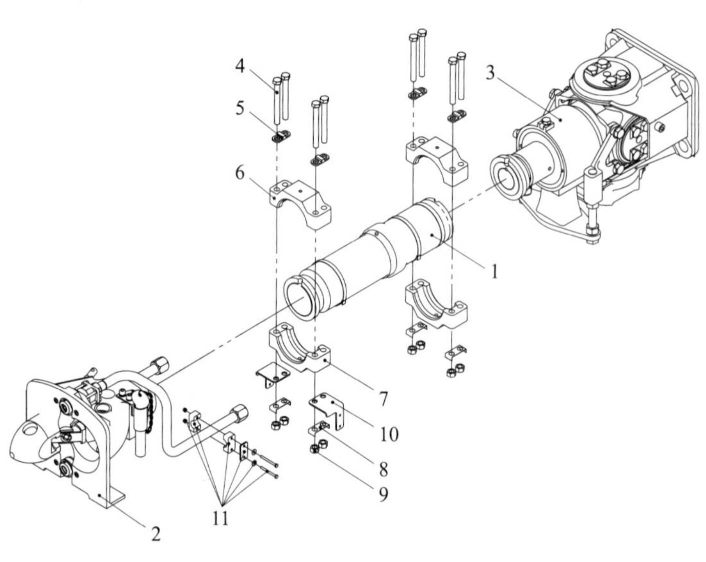

图 4-17　拆卸压溃管

1—压溃管　2—机械钩头　3—缓冲器　4—螺栓　5—止动块　6—带销连接卡环　7—连接卡环　8—防松垫圈　9—螺母　10—风管支架　11—管卡组成

（2）安装

车钩缓冲装置的整体安装工艺见表 4-9。

表 4-9 车钩缓冲装置的整体安装工艺

<table>
<tr><td>项目名称</td><td colspan="3">车钩缓冲装置的整体安装</td></tr>
<tr><td>工具、量具</td><td>专用工具套装、红色标记笔、干净的不含亚麻的布</td><td>材料用品</td><td>MOLYKOTE1000 润滑脂、AUTOLTOP2000 润滑脂、专用底漆和油漆、相关螺栓螺母及垫圈</td></tr>
<tr><td>作业名称</td><td colspan="3">作业内容及技术要求</td></tr>
<tr><td>安装压溃管（见图 4-17）</td><td colspan="3">1. 清洗检查所有零部件，油漆破损需要补漆
2. 用 MOLYKOTE1000 润滑脂润滑螺栓 4 的螺纹部分
3. 在带销连接卡环 6、连接卡环 7 内表面涂抹一层薄的 89D 润滑脂
4. 用连接卡环组装机械钩头 2、压溃管 1 和缓冲器 3
5. 安装螺栓 4、止动块 5、风管支架 10、防松垫圈 8 和螺母 9
6. 检验两连接卡环是否平行，确保两侧开口距离相等
7. 安装管卡组成 11
8. 拧紧螺母 9，拧紧力矩为 160 N·m
9. 撬起防松垫圈 8，使其弯向螺母 9，以防螺母松动
10. 标上表示转矩的防松标记，以便能够目视到螺母和螺栓连接正确，没有松动
11. 见图 4-18，使用 AUTOLTOP2000 润滑脂填充连接卡环之间的缝隙
12. 安装接地线</td></tr>
<tr><td>将安装转接板装至车体（见图 4-16）</td><td colspan="3">图中螺母（M24）4 重复使用前需目测检查螺母端部弹簧圈及内部螺纹，确认无明显磨损，防松效果良好。如果过载保护装置不需要更换，请按照以下说明安装车钩缓冲装置
1. 将安装转接板 3 提升至车体底架安装位置
2. 使用 MOLYKOTE1000 润滑脂润滑过载保护螺栓（M24）1 的螺纹面
3. 安装四只过载保护螺栓（M24）1、平垫圈 2 和螺母（M24）4
4. 使用对角线交叉拧紧的方式将螺母（M24）4 拧紧至 400 kN，用红色标记笔标上表示拧紧力矩的线条</td></tr>
<tr><td>将车钩缓冲装置安装至安装转接板（见图 4-15）</td><td colspan="3">已经拧紧过的螺母和螺栓不应当继续使用，应当将其丢弃。为了减轻螺纹的磨损并控制这种磨损的范围，螺栓 1 的螺纹上应涂上一层 MOLYKOTE1000 润滑脂或是同等功效产品
1. 检查车钩缓冲装置的油漆是否有破损，如果油漆损坏，需要补漆
2. 使用 MOLYKOTE1000 润滑脂润滑螺栓 1 的螺纹面
3. 用合适的起重设备将车钩缓冲装置提升至车体底架安装处
4. 使用四个螺母 3 和四个螺栓 1 固定车钩缓冲装置，以交叉拧紧方式将四个螺母扭紧至 1 400 N·m
5. 用红色标记笔标上防松标记
6. 连接半自动车钩缓冲装置（M10）和车体之间的接地电缆
7. 连接半自动车钩缓冲装置（Rc3/4）和车体之间的空气软管
8. 对车钩缓冲装置进行功能测试</td></tr>
</table>

2. 车钩缓冲装置的调整

为保证正常运行使用，车钩缓冲装置运用一段时间后，到达第Ⅰ级维护周期（不超过 1 年或 150 000 km）时，需要进行相应的检修工作，包括垂直对中和水平调整。

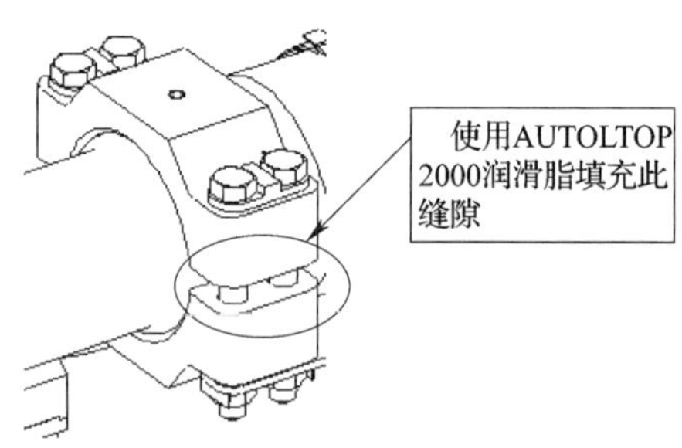

图 4–18　连接卡环缝隙涂抹润滑脂

（1）垂直对中

参照图 4–19 中的检查位置测量车钩缓冲装置垂向高度，其高度是指车钩缓冲装置中心线至轨面的距离，为方便测量，通常测量从钩头底部至轨面的距离。如果尺寸超出允许范围，则按下述方法调节，直至达到图中要求为止。

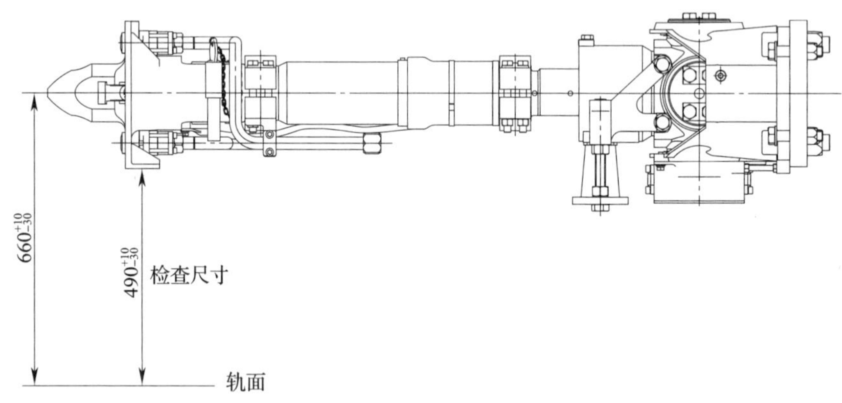

图 4–19　车钩缓冲装置垂向高度测量

1）如果车钩缓冲装置钩头下垂，松开螺母 1 和 2，顺时针（在车钩缓冲装置下方向上看）方向拧紧螺栓 3 相同的圈数，直至车钩缓冲装置达到垂直对中要求，重新拧紧螺母 1 和 2。

2）如果车钩缓冲装置钩头上翘，松开螺母 1 和 2，逆时针（在车钩缓冲装置下方向上看）方向松动螺栓 3 相同的圈数，直至车钩缓冲装置达到垂直对中要求，以 350 N· m 的力矩重新拧紧螺母 1 和 2。

3）用红色标记笔标上防松标记。具体调整部位如图 4–20 和图 4–21 所示。

（2）水平对中

1）头车车钩缓冲装置水平对中。对头车车钩缓冲装置尾部局部仰视，如图 4–22 所示。测量车钩缓冲装置中心线水平方向偏转角，如果车钩缓冲装置自然对中情况下中心线偏移车体中心线大于 ±15°，则需按下述方法调节对中，直至达到要求为止。

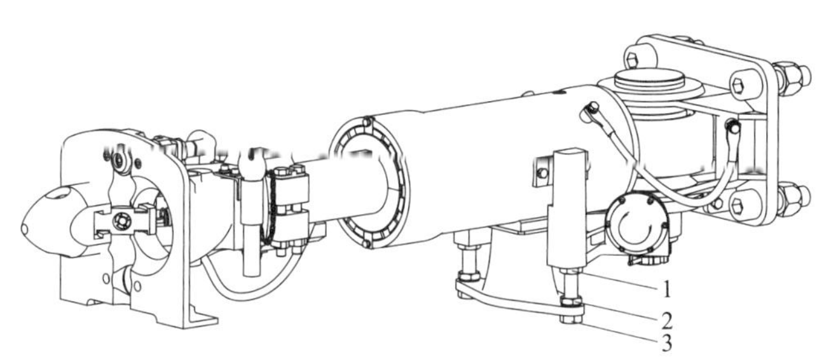

图 4-20 垂直对中调整（1）

1、2—螺母 3—螺栓

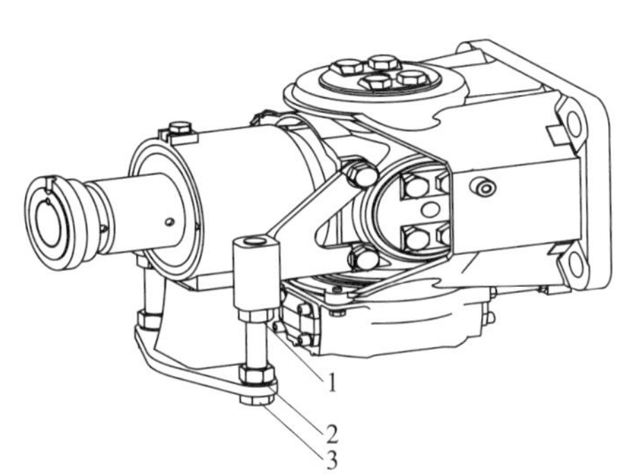

图 4-21 垂直对中调整（2）

1、2—螺母 3—螺栓

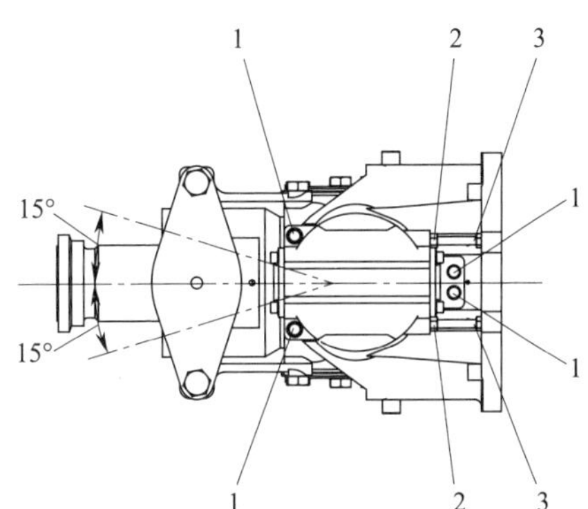

图 4-22 头车车钩缓冲装置水平对中调整

1、2—螺母 3—螺栓

①先松开螺母 1，然后松开螺母 2。

②转动螺栓 3，调整车钩缓冲装置水平对中，使车钩缓冲装置与车体中心线保持一致。

③调整对中后，先拧紧螺母 1，然后拧紧螺母 2。

④用红色标记笔标上防松标记。

2）中间车车钩缓冲装置水平对中。对中间车车钩缓冲装置尾部局部仰视，如图 4-23 所示。测量车钩缓冲装置中心线水平方向偏转角，如果车钩缓冲装置自然对中情况下中心线偏移车体中心线大于 ±15°，则需按下述方法调节对中，直至达到要求为止。

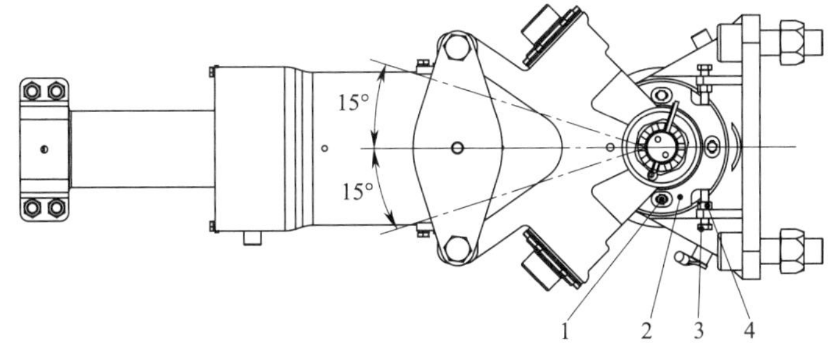

图 4-23 中间车车钩缓冲装置水平对中调整

1、3—螺栓 2—凸轮板 4—螺母

①先松开螺栓 1，然后松开螺母 3。

②转动螺栓 4，调整车钩缓冲装置水平对中，使车钩缓冲装置与车体中心线保持一致。

③拧紧螺母 3 和螺栓 1。

④用红色标记笔标上防松标记。

3. 车钩缓冲装置组件的更换

（1）过载保护装置、橡胶支撑及螺栓的更换

过载保护装置、橡胶支撑及螺栓的更换见表 4–10。

表 4–10　　过载保护装置、橡胶支撑及螺栓的更换

项目名称	更换过载保护装置、橡胶支撑及螺栓		
工具、量具	标准工具套装、合适的提升工具	材料用品	MOLYKATE1000 润滑脂、红色标记笔、专用底漆和油漆，以及相关螺栓、螺母和垫圈
更换内容	拆卸方法		检修安装及技术要求
安装用螺栓组成的更换（见图 4–15）	1. 拆卸所有连接车钩缓冲装置和车体的空气软管 2. 拆卸连接到车体的接地电缆 3. 正确地支撑车钩缓冲装置，确保螺栓卸下后车钩不会倾倒 4. 将四个螺栓 1 和螺母 3 卸下，将车钩缓冲装置举起，与车体分离。螺母 3 一经拆下，建议更换新件使用		已经拧紧过的螺母和螺栓不应当继续使用，应当将其丢弃。为了减轻螺纹的磨损并将这种磨损的范围控制住，螺栓 1 的螺纹上应涂一层 MOLYKATE1000 润滑脂或是同等功效产品 1. 检查车钩缓冲装置的油漆是否有破损，如果油漆损坏，需要补漆 2. 使用 MOLYKATE1000 润滑脂润滑安装螺栓 1 的螺纹面 3. 用合适的起重设备将车钩缓冲装置提升至车体底架安装处 4. 使用四个螺母 3 和四个螺栓 1 固定车钩缓冲装置，以对角线交叉拧紧方式将四个螺母扭紧至 1 400 N·m 5. 用红色标记笔标上防松标记 6. 连接半自动车钩缓冲装置（M10）和车体之间的接地电缆 7. 连接半自动车钩缓冲装置和车体之间的空气软管 8. 对车钩缓冲装置进行功能测试
过载保护装置的更换（见图 4–16）	1. 正确支撑安装转接板 3 2. 松开螺母（M24）4，取下过载保护螺栓（M24）1 和平垫圈 2 3. 将安装转接板 3 与车体分离。如果过载保护装置螺母松动，不得再次拧紧，需更换新件使用		图 4–16 中螺母（M24）4 重复使用前，需目测检查螺母端部弹簧圈及内部螺纹，确认无明显磨损、防松效果良好。如果过载保护装置不需要更换，请按照以下说明安装车钩缓冲装置 1. 将安装转接板 3 提升至车体底架安装位置 2. 使用 MOLYKATE1000 润滑脂润滑螺栓（M24）1 螺纹面 3. 安装四个过载保护螺栓（M24）1、平垫圈 2 和螺母（M24）4 4. 使用对角线交叉拧紧的方式将螺母（M24）4 拧紧至 400 N·m，用红色标记笔标上防松标记
橡胶支撑的更换（见图 4–24）	将车钩缓冲装置支撑住，这样把橡胶支撑卸下时车钩缓冲装置不会倾倒。松开螺母 3 和螺栓 1，卸下橡胶支撑 4，确认防转圆柱销 5 安装在橡胶支撑 4 内		1. 用 MOLYKATE 1000 润滑脂润滑四个螺栓 1 2. 确认防转圆柱销 5 安装在橡胶支撑 4 内，旋转圆柱销，保证其头部能够插入缓冲器内部 3. 将橡胶支撑 4 用螺栓 1、螺母 3 和垫圈 2 安装到车钩缓冲装置上 4. 按之前的方法调整垂直对中 5. 以 350 N·m 的力矩拧紧螺母 3 6. 用红色标记笔标上防松标记

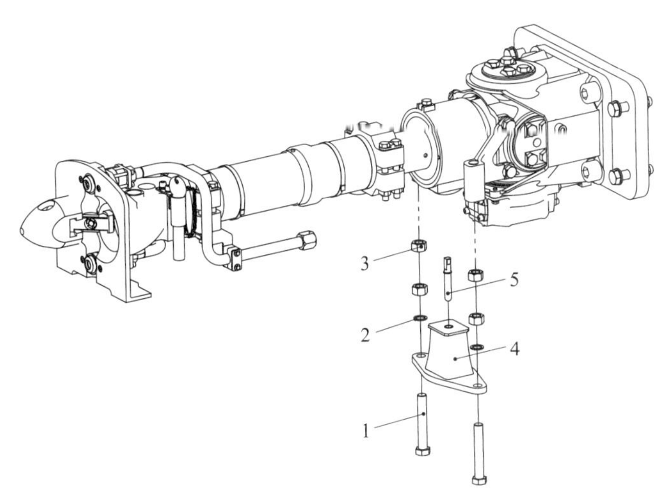

图 4-24　橡胶支撑的更换

1—螺栓　2—垫圈　3—螺母　4—橡胶支撑　5—防转圆柱销

（2）气路部件的更换

气路部件的更换见表 4-11。

表 4-11　　**气路部件的更换**

项目名称	更换气路部件		
工具、量具	标准工具套装	材料用品	MOLYKATE1000 润滑脂、89D 润滑脂、MRP 管 O 形密封圈、BP 管 O 形密封圈、相关螺栓螺母及垫圈、前密封圈、阀杆密封圈
更换内容	拆卸方法		检修安装及技术要求
气路连接管的更换（见图 4-25）	1. 拆卸与车体相接的软管气路接头 2. 松开防松螺母 10，取下螺栓 4，拆解管卡 7、8 及盖板 9 3. 松开风管螺母 2，取下风管（MRP）11 4. 从风管（MRP）11 上拆下 O 形密封圈 3 5. 参照上述步骤拆下风管（BP）13 内的 O 形密封圈 3		如果可行的话更换紧固件 1. 将新的 O 形密封圈 3 安装到风管（MRP）11 上 2. 用 MOLYKATE1000 润滑脂润滑螺栓 4 和 MRP 阀 1 的螺纹部位 3. 将风管（MRP）11 摆好位置后用风管螺母 2 固定到 MRP 阀 1 4. 安装管卡 7、8，用螺栓 4 将风管（MRP）11 和管卡 7、8 及盖板 9 固定到支架 6 上 5. 用红色标记笔标上防松标记 6. 参照上述步骤更换风管（BP）13 内的 O 形密封圈 3，然后将其安装至车钩缓冲装置 7. 连接与车体的气路软管 8. 测试风管是否泄漏，确保连接正确
MRP 阀的更换（见图 4-27）	第一步：将 MRP 阀从机械钩头上拆卸，拆下风管（MRP），卸下螺栓 2 和垫圈 3，将 MRP 阀 1 从后面取出		如果可行的话更换所有的紧固件 第一步：组装 MRP 阀，如图 4-26 所示 1. 清洗检修所有零部件

续表

更换内容	拆卸方法	检修安装及技术要求
MRP 阀的更换（见图 4–27）	第二步：拆卸 MRP 阀。如图 4–26 所示，拆卸止动片簧 6，拧松螺栓 15，分解 MRP 阀，从压簧外套中取出前盖 2，从前盖 2 中取出前密封圈 1，从阀杆 10 上拆下阀杆密封圈 9，从后安装座 13 中拆下 O 形密封圈 12	2. 用 MOLYKATE1000 润滑脂润滑螺栓螺纹部位 3. 将前密封圈 1 安装到前盖 2 中 4. 在前盖 2 外表面涂抹一层 89D 润滑脂 5. 安装橡胶套座 3、前端压簧 4、前盖 2 到压簧外套 7 中 6. 安装止动片簧 6 到压簧外套 7 中 7. 安装阀杆密封圈 9 到阀杆 10 8. 安装阀体 8、阀杆 10、阀杆弹簧 11、O 形密封圈 12、后安装座 13，用垫圈 14 和螺栓 15 固定 第二步：安装 MRP 阀到机械钩头上，如图 4–27 所示 1. 安装 MRP 阀 1，用螺栓 2 及垫圈 3 固定 2. 安装风管 3. 测试风管是否泄漏，确保连接正确
BP 阀的更换	第一步：参照 MRP 阀的拆卸方法将 BP 阀从机械钩头上拆下 第二步：拆卸 BP 阀（见图 4–28） 1. 拆卸止动片簧 6 2. 拧松螺栓 12，分解 BP 阀 3. 从压簧外套中取出前盖 2 4. 从前盖 2 中取出前密封圈 1 5. 从后安装座 10 中拆下 O 形密封圈 9	如果可行的话更换所有的紧固件 第一步：组装 BP 阀，如图 4–28 所示，清洗检修所有零部件 1. 用 MOLYKATE1000 润滑脂润滑螺栓螺纹部位 2. 将前密封圈 1 安装到前盖 2 中 3. 在前盖 2 外表面涂抹一层 89D 润滑脂 4. 安装橡胶套座 3、前端压簧 4、前盖 2 到压簧外套 7 中 5. 安装止动片簧 6 到压簧外套 7 中 6. 安装阀体 8、O 形密封圈 9、后安装座 10，用垫圈 11 和螺栓 12 固定 第二步：将 BP 阀安装到钩体上，可参照 MRP 阀的安装方法

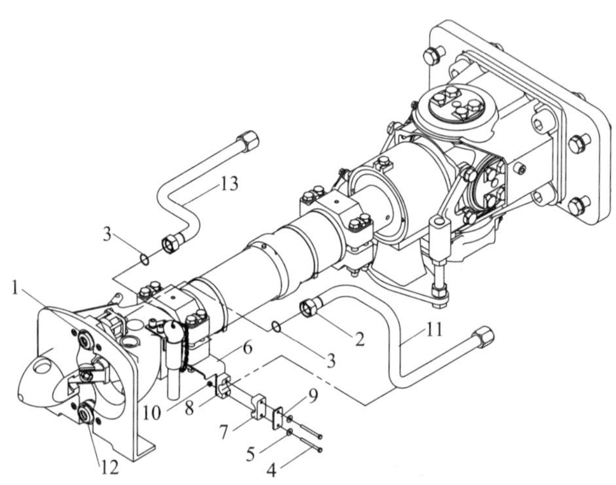

图 4–25 气路连接管的更换

1—MRP 阀 2—风管螺母 3—O 形密封圈 4—螺栓 5—垫圈 6—支架 7、8—管卡 9—盖板 10—防松螺母 11—风管（MRP） 12—BP 阀 13—风管（BP）

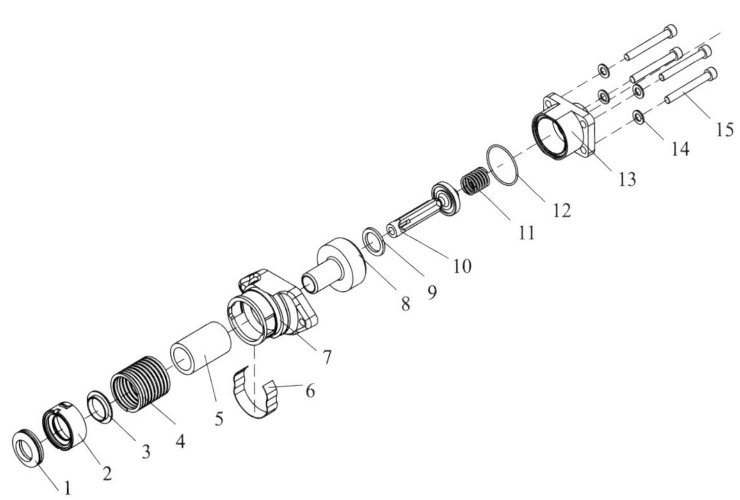

图 4-26　MRP 阀的拆装

1—前密封圈　2—前盖　3—橡胶套座　4—前端压簧　5—压簧橡胶套　6—止动片簧　7—压簧外套　8—阀体　9—阀杆密封圈　10—阀杆　11—阀杆弹簧　12—O 形密封圈　13—后安装座　14—垫圈　15—螺栓

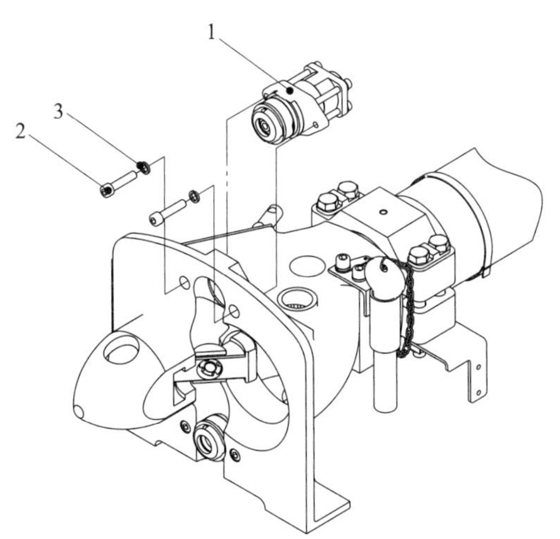

图 4-27　MRP 阀的更换

1—MRP 阀　2—螺栓　3—垫圈

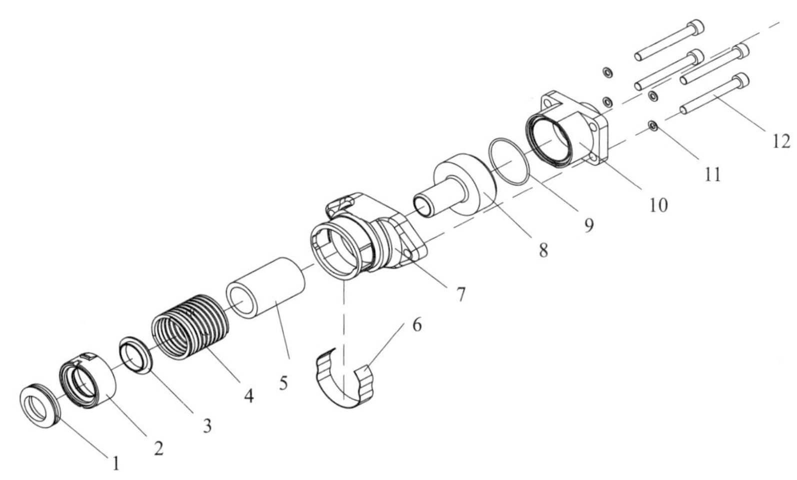

图 4-28　BP 阀的拆装

1—前密封圈　2—前盖　3—橡胶套座　4—前端压簧　5—压簧橡胶套　6—止动片簧　7—压簧外套
8—阀体　9—O 形密封圈　10—后安装座　11—垫圈　12—螺栓

（3）接地线、安全销、连接卡环的更换

接地线、安全销、连接卡环的更换见表 4-12。

表 4-12　　接地线、安全销、连接卡环的更换

项目名称	接地线、安全销、连接卡环的更换		
工具、量具	标准工具套装	材料用品	MOLYKOTE1000 润滑脂、89D 润滑脂、红色标记笔、相关螺栓螺母及垫圈
更换内容	拆卸方法		检修安装及技术要求
接地线的更换（见图 4-29）	1. 卸下螺栓（M10×20）1、螺栓（M10×25）7、止动垫圈 2 和垫圈 3 2. 拆开固定扎带 5，拆下接地线 4、6		1. 清洗并检修接地线 4 2. 用 MOLYKOTE1000 润滑脂润滑螺栓（M10×20）1 和螺栓（M10×25）7 的螺纹部位 3. 安装接地线 4 和 6，用螺栓（M10×20）1、螺栓（M10×25）7、止动垫圈 2 和垫圈 3 固定 4. 用红色标记笔标上防松标记 5. 用固定扎带 5 固定接地线，确保接地线 4 与缓冲器连接端有足够长度，便于缓冲器伸出
安全销及附件的更换（见图 4-30）	松开螺栓 1，取下垫圈 2、安全销座 3、安全销 4		1. 清洗并检查所有零部件，被损件需更换，油漆处破损，则需要补漆 2. 用 MOLYKOTE1000 润滑脂润滑所有螺栓的螺纹部分 3. 安装安全销 4 及安全销座 3，用螺栓 1 和垫圈 2 固定 4. 用红色标记笔标上防松标记 5. 将安全销 4 插入安全销座 3 内

续表

更换内容	拆卸方法	检修安装及技术要求
连接卡环的更换（见图 4-31）	1. 正确支撑车钩缓冲装置，确保车钩缓冲装置拆卸后不会倾倒 2. 撬起防松垫圈 2，松开螺母 3，取出螺栓 8 3. 分解防松垫圈 2、带孔连接环 1 和风管支架 5 4. 分离机械钩头 6、压溃管 4 和缓冲器 9	1. 清洗并检查所有零部件，如果油漆处破损，则需要补漆 2. 用 MOLYKOTE1000 润滑脂润滑螺栓 8 的螺纹部分 3. 在带孔连接环 1、带销连接环 10 内表面涂抹一层薄的 89D 润滑脂 4. 用带孔连接环 1、带销连接环 10 组装机械钩头 6、压溃管 4 和缓冲器 9 5. 安装螺栓 8、止动块 7、风管支架 5、防松垫圈 2 和螺母 3 6. 检验两带孔连接环 1 是否平行，确保两侧开口距离相等 7. 拧紧螺母 3，拧紧螺母力矩为 160 N·m 8. 撬起防松垫圈 2，使其弯向螺母 3，以防螺母松动 9. 用红色标记笔标上防松标记

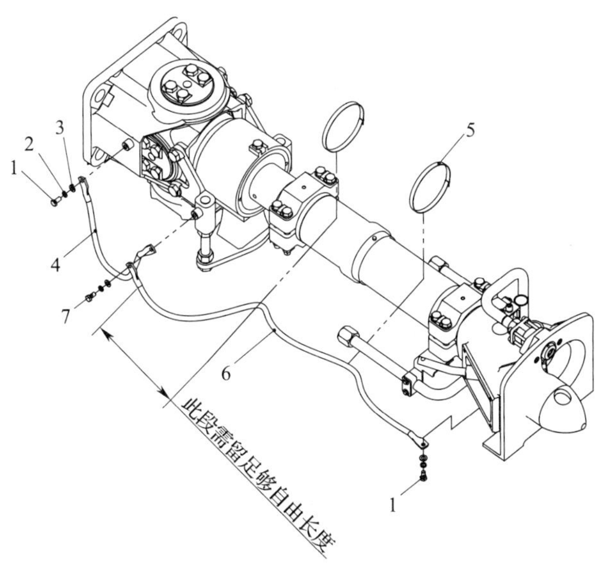

图 4-29　接地线的更换

1—螺栓（M10×20）　2—止动垫圈　3—垫圈　4、6—接地线　5—固定扎带　7—螺栓（M10×25）

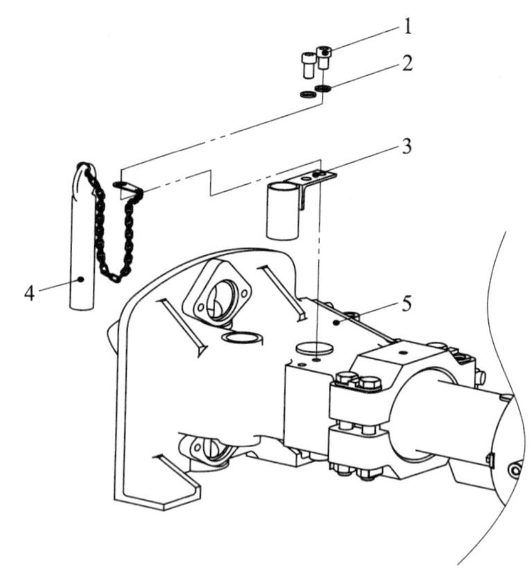

图 4-30　安全销及附件的更换

1—螺栓　2—垫圈　3—安全销座　4—安全销　5—机械钩头

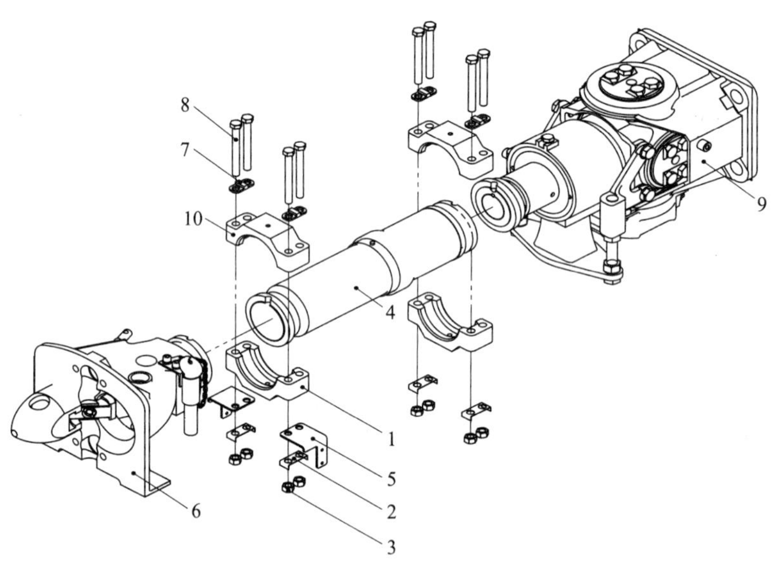

图 4-31　连接卡环的更换

1—带孔连接环　2—防松垫圈　3—螺母　4—压溃管　5—风管支架　6—机械钩头　7—止动块　8—螺栓　9—缓冲器　10—带销连接环

（4）解钩辅助装置和连挂机构的更换

解钩辅助装置和连挂机构的更换见表 4-13。

表 4–13　　解钩辅助装置和连挂机构的更换

项目名称	解钩辅助装置和连挂机构的更换		
工具、量具	标准工具套装	材料用品	MOLYKOTE1000 润滑脂、89D 润滑脂、AUTOLTOP2000 润滑脂、二硫化钼（MoS_2）减磨剂、专用底漆和油漆、相关螺栓螺母及防松垫圈、拉簧
更换内容	拆卸方法		检修安装及技术要求
解钩辅助装置的更换（见图 4–32）	1. 松开螺栓 1、防松垫圈 2，将盖板 3 从连挂机构上取下 2. 松开螺母 4、8，将支杆 5、支杆回复弹簧 6 和双头螺柱 7 从盖板 3 上取下		1. 清洗并检查所有零部件，如果油漆处破损，则需要补漆 2. 用 MOLYKOTE1000 润滑脂润滑双头螺柱 7 的螺纹部分。使用 89D 润滑脂涂抹支杆 5 的安装孔内表面 3. 组装双头螺柱 7、支杆回复弹簧 6 和支杆 5，将弹簧两端扭臂分别插入盖板 3 和支杆 5 的小孔内（注意区分盖板安装方向），两端使用螺母 4、8 拧紧 4. 使用螺栓 1 和防松垫圈 2 将组装好的盖板 3 安装至连挂机构 5. 用红色标记笔标上防松标记
连挂机构的更换（见图 4–33）	将拉簧 1 从拉簧座 2、3 上取下		1. 清洗并检查所有零部件，如果油漆处破损，则需要补漆 2. 将更换后的拉簧 1 安装至拉簧座 2、3 3. 使用 AUTOLTOP2000 润滑脂对机械钩头凸凹锥进行润滑，凸凹锥的油脂涂抹厚度不得大于 30 mm；使用二硫化钼（MoS_2）减磨剂对钩舌及钩舌腔表面进行润滑 4. 拉动曲柄 4，确认其运动自由并能够完全复位

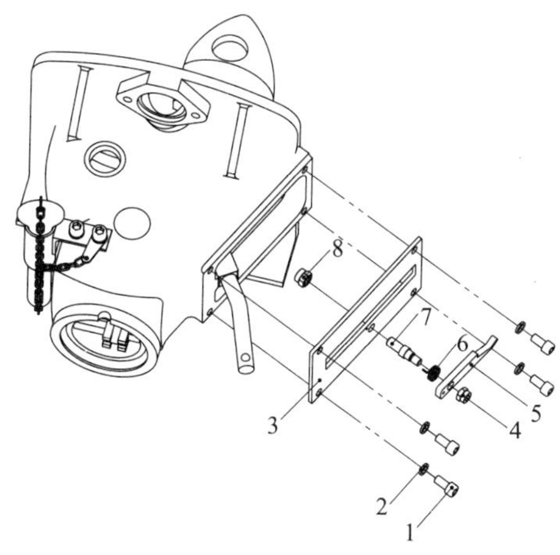

图 4–32　解钩辅助装置的更换

1—螺栓　2—防松垫圈　3—盖板　4、8—螺母　5—支杆　6—支杆回复弹簧　7—双头螺柱

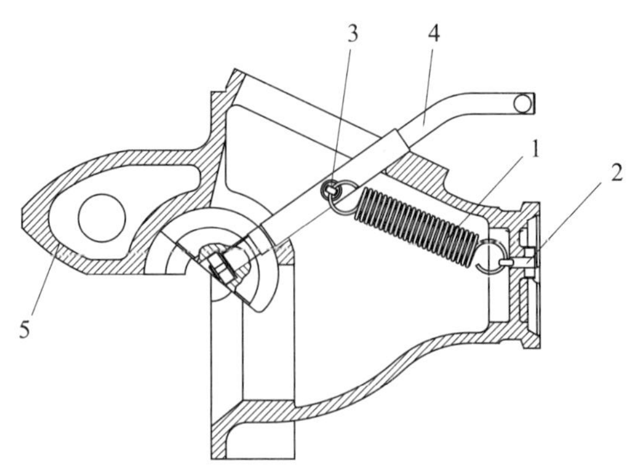

图 4–33　连挂机构的更换

1—拉簧　2、3—拉簧座　4—曲柄　5—钩体

（5）橡胶支撑及支架、对中装置的更换

橡胶支撑及支架、对中装置的更换见表 4–14。

表 4–14　　橡胶支撑及支架、对中装置的更换

项目名称	橡胶支撑及支架、对中装置的更换		
工具、量具	标准工具套装	材料用品	MOLYKOTE1000 润滑脂、89D 润滑脂、专用底漆和油漆、相关螺栓螺母和防松垫圈
更换内容	拆卸方法		检修安装及技术要求
橡胶支撑及支架的更换（见图 4–34）	1. 松开螺母 4、垫圈 5 和螺栓 7，取下橡胶支撑 6，确认防转圆柱销 9 插在橡胶支撑 6 圆孔内 2. 撬起防松垫圈 2，松开螺栓 1，然后取下支架 3 3. 将螺纹保护塞 8 从支架 3 上取下		1. 清洗并检查所有零部件，如果油漆处破损，则需要补漆 2. 用 MOLYKOTE1000 润滑脂润滑所有螺栓的螺纹部分 3. 将支架 3 通过螺栓 1 和防松垫圈 2 安装到缓冲器组成上，拧紧之后将防松垫圈 2 折弯，贴住螺栓头和支架 4. 确认防转圆柱销 9 安装在橡胶支撑 6 内，旋转圆柱销，保证其头部能够插入缓冲器内部，用螺栓 7、垫圈 5 和螺母 4 安装橡胶支撑 6 5. 将螺纹保护塞 8 安装到支架 3 上 6. 调整车钩缓冲装置垂直对中 7. 以 350 N·m 的力矩拧紧螺母 4 8. 用红色标记笔标上防松标记
对中装置的更换（见图 4–35）	1. 在拆卸对中装置时支撑住车钩缓冲装置，防止车钩缓冲装置移动 2. 松开两端的八个螺栓 1、平垫圈 2，拆下两个滚轮堵 3		1. 清洗并检修所有零部件，对破损油漆面进行补漆 2. 用 89D 润滑脂给对中套内表面、对中体内孔，以及内部安装的碟簧、活塞、滚轮等零部件进行充分润滑 3. 用 MOLYKOTE1000 润滑脂润滑所有螺栓的螺纹部位

续表

更换内容	拆卸方法	检修安装及技术要求
对中装置的更换（见图 4–35）	3. 从对中套 9 内取出活塞 13 及其内部的碟簧 17 等零部件。然后取下套在活塞 13 上的活塞磨耗套 16，并拆下滚轮轴 15，使滚轮 14 和套筒 19 与活塞分离 4. 拆下螺栓 7 及螺母 8，然后再拆下螺栓 4、弹簧垫圈 5 和平垫圈 6，将对中套拆下 5. 松开螺栓 10，取下防松板 11 和对中体 12	4. 使用螺栓 10 及防松板 11 将对中体 12 安装至车钩缓冲装置安装座。注意确认对中体上的台阶完全落入上方对中旋转轴的凹槽中，然后使用 300 ± 20 N · m 的力矩拧紧螺栓 10，并撬起防松板 11，防止螺栓松动 5. 使用螺栓 4、弹簧垫圈 5 和平垫圈 6 将对中套 9 紧固至安装座。必要时旋转缓冲器，使对中体的圆柱形空腔对准对中套的安装孔 6. 将套筒 19 装入滚轮 14 的圆孔中。使用滚轮轴 15 将滚轮与活塞 13 固定。按照图 4–35 所示的顺序（对合安装碟簧 15 对，两端单只碟簧扣装）将 32 只碟簧 17 装入两个刚组装好的活塞中，并在碟簧中装入导向杆 18 7. 将 4 个活塞磨耗套 16 安装在活塞 13 外表面的环形凹槽中，参照图 4–35 将上述组装好的活塞及碟簧装入对中体空腔内。确认装入后润滑良好，活动自由 8. 使用螺栓 1、平垫圈 2 将 2 个滚轮堵 3 装至对中套两端（由于碟簧未压缩，两侧螺栓需要交叉拧紧） 9. 将螺栓 7 和螺母 8 装至对中套，使螺栓头顶紧安装座 10. 调节车钩缓冲装置的水平对中 11. 所有螺栓拧紧后，使用红色标记笔标上防松标记

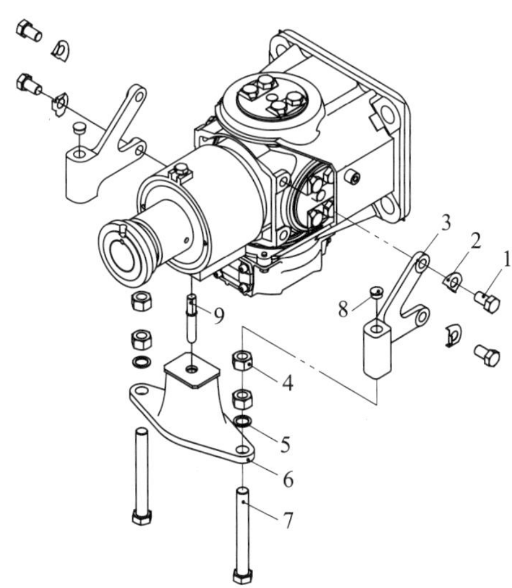

图 4–34 橡胶支撑及支架的更换

1、7—螺栓 2—防松垫圈 3—支架 4—螺母 5—垫圈 6—橡胶支撑 8—螺纹保护塞 9—防转圆柱销

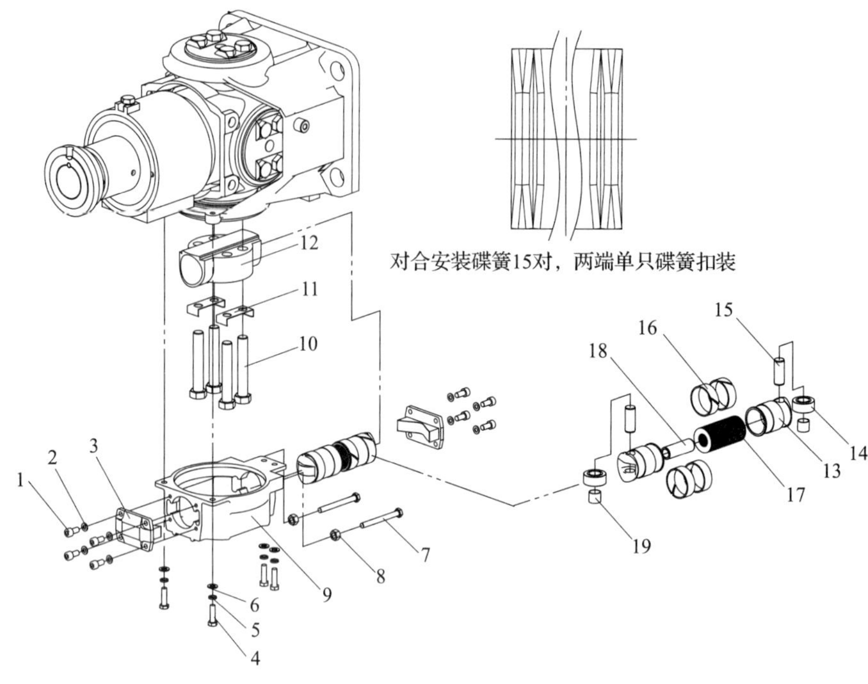

图 4-35　对中装置的更换

1、4、7、10—螺栓　2、6—平垫圈　3—滚轮堵　5—弹簧垫圈　8—螺母　9—对中套　11—防松板　12—对中体　13—活塞　14—滚轮　15—滚轮轴　16—活塞磨耗套　17—碟簧　18—导向杆　19—套筒

（6）缓冲器及芯子的更换

缓冲器及芯子的更换见表 4-15。

表 4-15　　缓冲器及芯子的更换

项目名称	缓冲器及芯子的更换		
工具、量具	标准工具套装、压力机（输出压力大于 150 kN）	材料用品	MOLYKOTE1000 润滑脂、89D 润滑脂、防水胶、专用底漆和油漆、相关螺栓螺母和防松垫圈
更换内容	拆卸方法		检修安装及技术要求
缓冲器的更换	缓冲器第一部分拆卸（见图 4-36）： 1. 卸下螺栓 1 和防松垫圈 2，然后卸下旋转轴 3、旋转轴套 4 2. 分离安装座 7 3. 拆下衬垫 5 缓冲器第二部分拆卸（见图 4-37）： 1. 卸下螺栓 1 和防松垫圈 2，然后卸下旋转轴 3、旋转轴套 4		如果可行的话更换所有紧固件 第二部分安装（见图 4-37）： 1. 清洗并检修所有零部件，对破损油漆面进行补漆 2. 用 89D 润滑脂给对旋转轴 3 和回转体 7 运动配合面润滑 3. 用 MOLYKOTE1000 润滑脂润滑所有螺栓螺纹部位 4. 将衬垫 5 安装到缓冲器 6 上 5. 将回转体 7 安装在缓冲器 6 上 6. 安装旋转轴套 4 和旋转轴 3

续表

更换内容	拆卸方法	检修安装及技术要求
缓冲器的更换	2. 分离回转体 7 3. 拆下衬垫 5	7. 用螺栓 1 和防松垫圈 2 固定旋转轴 3 8. 用红色标记笔标上防松标记 第一部分安装（见图 4–36）： 1. 清洗并检修所有零部件，对破损油漆面进行补漆 2. 用 89D 润滑脂给对旋转轴 3、对中旋转轴 6 和安装座 7 运动配合面润滑 3. 用 MOLYKOTE1000 润滑脂润滑所有螺栓螺纹部位 4. 将衬垫 5 安装到回转体 8 上 5. 将安装座 7 安装在回转体 8 上 6. 安装旋转轴套 4 和旋转轴 3、对中旋转轴 6 7. 用螺栓 1 和防松垫圈 2 固定旋转轴 3，对中旋转轴 6 的固定参考对中装置更换方法 8. 用红色标记笔标上防松标记
缓冲器芯子的更换（见图 4–38）	1. 撬起止动垫圈 12，松开定位螺钉 4 2. 使用压力机向下压外拉杆 2，使缓冲器压缩 10 ~ 20 mm 3. 旋出外端盖 3，然后缓慢释放缓冲器上的压力 4. 从壳体 7 中整体取出内筒 6 和缓冲器芯子 9 5. 使用压力机从缓冲器芯子 9 后端压缩，使缓冲器芯子 9 与内端盖 8 脱开，旋出内端盖 8 与内筒 6 上的紧定螺钉 11，旋出内端盖 8 6. 缓慢释放缓冲器芯子 9 上的压力，从内筒 6 后端取出缓冲器芯子 9 7. 取出中间板 5 8. 旋出外拉杆 2 和内拉杆 1 之间的紧定螺钉 11，拧下外拉杆 2，从内筒 6 中取出内拉杆 1 注意：将缓冲器芯子送回原厂进行检修	注意：重新安装部件必须和原拆卸部件是同一部件，否则无法保证正确安装定位 1. 清洗并检修所有零部件，对破损油漆面进行补漆 2. 用 89D 润滑脂润滑所有零部件有相对运动的表面 3. 用 MOLYKOTE1000 润滑脂润滑所有螺纹部位 4. 将内拉杆 1 放入内筒 6，将外拉杆 2 和内拉杆 1 拧紧，拧紧转矩为 800 N · m，拧上紧定螺钉 11 进行防松 5. 将中间板 5 放入内筒 6 中，将缓冲器芯子 9 从后端装入 6. 使用压力机压缩缓冲器芯子 9 后端，旋上内端盖 8，注意使内端盖 8 与内筒 6 端面齐平，拧上紧定螺钉 11 进行防松。缓冲释放缓冲器芯子 9 的压力 7. 将内筒 6 放入壳体 7 中，使内筒 6 上的长条型槽对准壳体 7 上的 U 形槽，用压力机压缩外拉杆 2 向下 10 ~ 20 mm。拧上外端盖 3，使外端盖 3 端面与内筒 6 齐平，同时外端盖 3 上的孔刚好与壳体 7 上的定位螺钉孔对齐（注意，使用压力机时，预先将外端盖 3 套在外拉杆 2 上） 8. 安装止动垫圈 12 和定位螺钉 4。撬起止动垫圈 12，使其紧贴壳体 7 和定位螺钉 4 9. 在外拉杆 2 和内拉杆 1 之间接缝处涂抹防水胶

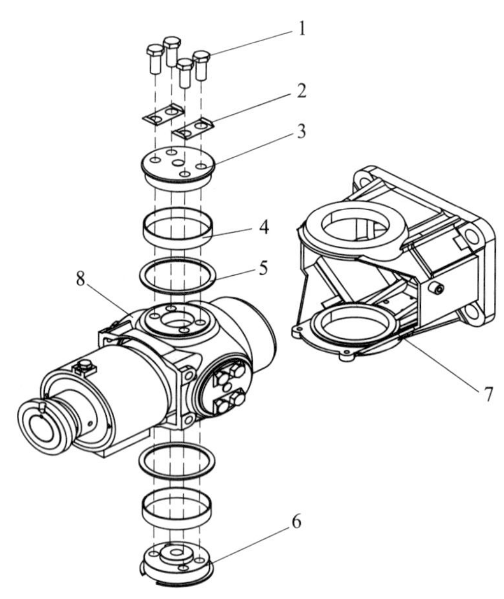

图 4-36　缓冲器第一部分的拆装

1—螺栓　2—防松垫圈　3—旋转轴　4—旋转轴套　5—衬垫　6—对中旋转轴　7—安装座　8—回转体

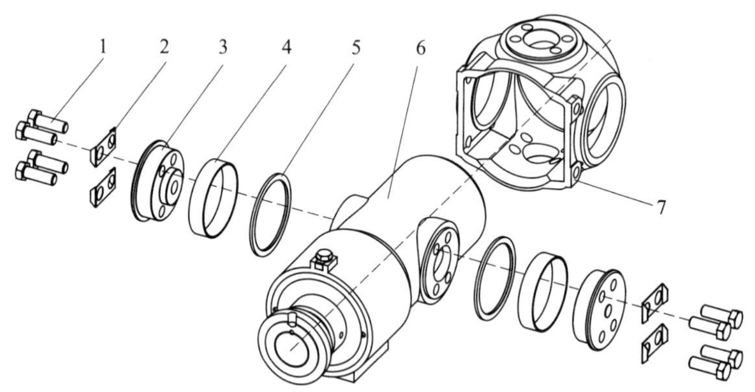

图 4-37　缓冲器第二部分的拆装

1—螺栓　2—防松垫圈　3—旋转轴　4—旋转轴套　5—衬垫　6—缓冲器　7—回转体

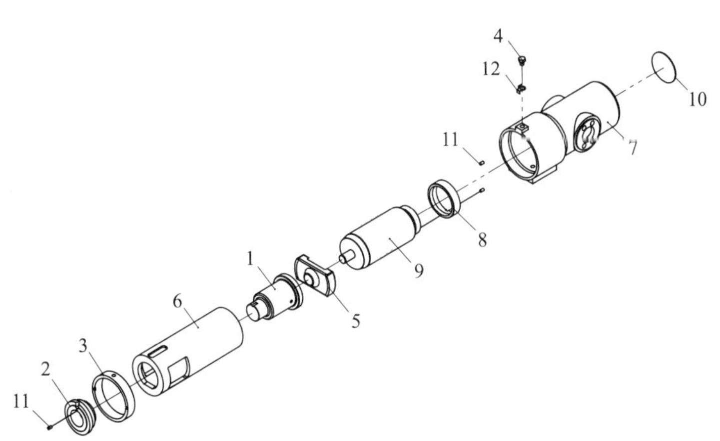

图 4–38　缓冲器芯子的更换

1—内拉杆　2—外拉杆　3—外端盖　4—定位螺钉　5—中间板　6—内筒　7—壳体　8—内端盖　9—缓冲器芯子　10—盖板　11—紧定螺钉　12—止动垫圈

五、机械车钩专用工具

1. 钩舌螺母专用套筒

该套筒用于安装、拆卸头车半自动车钩缓冲装置钩舌螺母，如图 4–39 所示，将套筒上的齿插入钩舌螺母的凹槽内，逆时针旋转套筒即可拆卸钩舌螺母，顺时针旋转套筒即可安装该螺母。

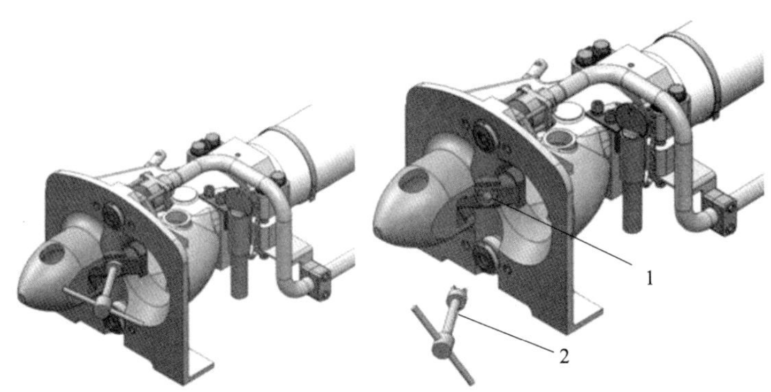

图 4–39　钩舌螺母专用套筒的使用

1—钩舌螺母　2—钩舌螺母专用套筒

2. 紧凑型缓冲器外拉杆装卸专用工装

紧凑型缓冲器外拉杆装卸专用工装用于安装、拆卸头车半自动车钩缓冲装置紧凑型缓冲器上的外拉杆。将该工装的四个凸起圆柱分别置于外拉杆的四个孔中，再用普通力矩杆插入该工装的方孔中进行转动，即可安装、拆卸外拉杆。紧凑型缓冲器外拉杆装卸专用工装的使用如图 4–40 所示，外形如图 4–41 所示。

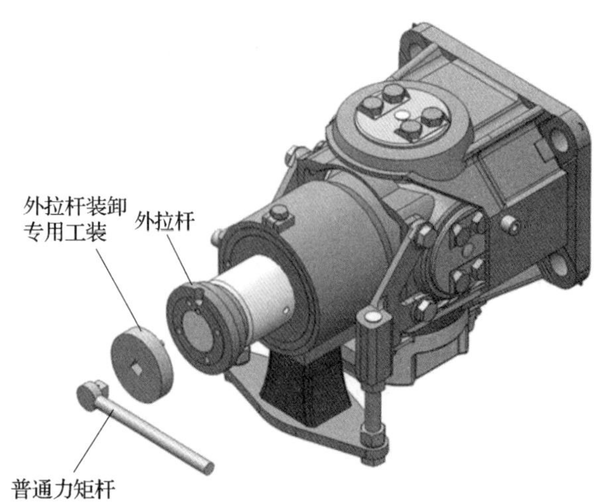

图 4-40　紧凑型缓冲器外拉杆装卸专用工装的使用

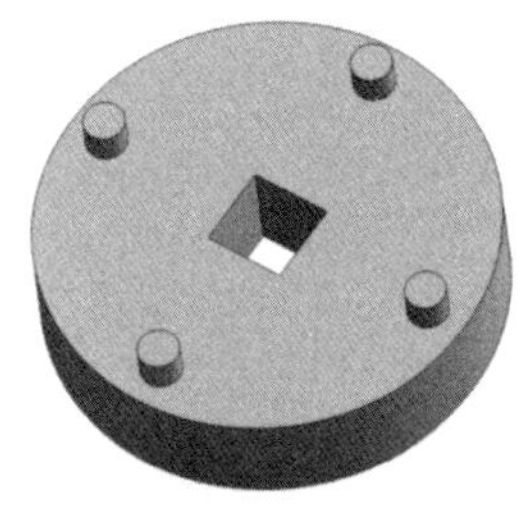

图 4-41　紧凑型缓冲器外拉杆装卸专用工装

3. 紧凑型缓冲器端盖专用扳手

紧凑型缓冲器端盖专用扳手用于头车半自动车钩缓冲装置中，用来安装、拆卸紧凑型缓冲器端盖。将该扳手的两个凸起圆柱置于端盖的孔中，转动扳手即可安装、拆卸该端盖，从而拆卸紧凑型缓冲器。紧凑型缓冲器端盖专用扳手的使用如图 4-42 所示，外形如图 4-43 所示。

图 4-42　紧凑型缓冲器端盖专用扳手的使用

4—43　紧凑型缓冲器端盖专用扳手

4. 钩尾销专用扳手

钩尾销专用扳手用于中间车半永久车钩缓冲装置的检修。当车钩缓冲装置钩尾销需要安装、拆卸时，将该专用扳手的两个凸起圆柱置于钩尾销的凹槽内固定钩尾销，再用普通扳手拧动钩尾销螺母即可安装、拆卸钩尾销。钩尾销专用扳手的使用如图 4-44 所示，外形如图 4-45 所示。

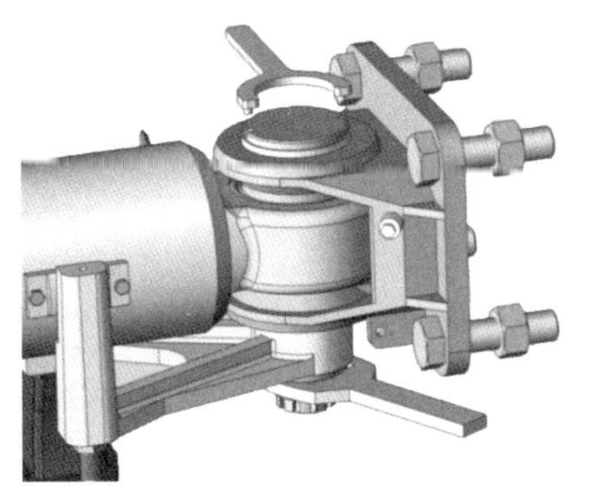

图 4–44　钩尾销专用扳手的使用

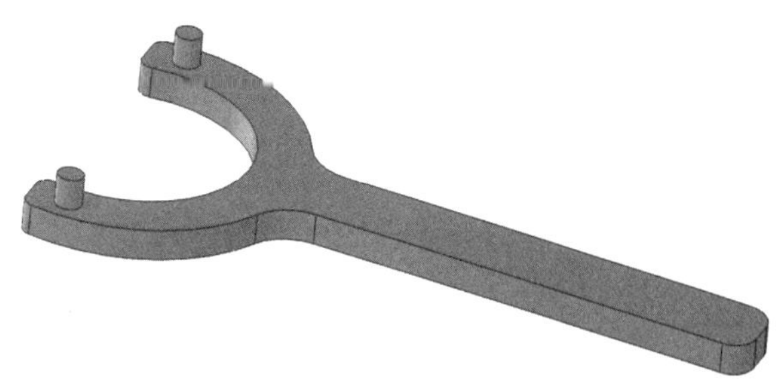

图 4–45　钩尾销专用扳手

5. 圆柱头螺钉检查样板

该样板用于缓冲器壳体与缓冲器芯子组装时，检验内半筒紧固螺钉是否妨碍装配。当缓冲器芯子组装完成后，将样板按图 4–46 所示紧贴内半筒并沿箭头方向扫过，螺钉头部不妨碍样板，方能进行下一步组装。

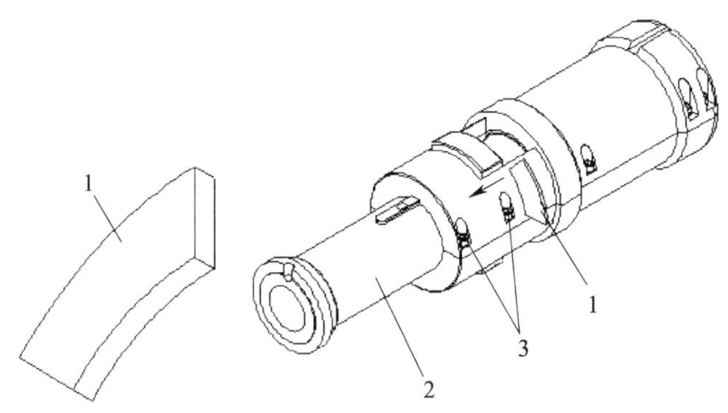

图 4–46　圆柱头螺钉检查样板

1—圆柱头螺钉检查样板　2—缓冲器芯子　3—螺钉

第二节　贯通道装置维护与检修

贯通道装置通常也称为风挡装置，位于两节车辆车体端部的连接处，具有防风、防雨、防尘、隔声、隔热和方便乘客安全穿行于车体（车厢）之间的功能。同时，它适应列车处于任何行驶工况下车体间产生的相对移动，并能使列车顺利通过最小半径曲线线路。贯通道装置在使用过程中，折棚、踏板、渡板、顶板及侧护板几乎不需要维护保养，对零部件的维护与检修通常以检查和更换为主。贯通道装置形式多样，下面以国内某城市轨道交通地铁线路 B 型车辆所使用的分体式贯通道装置为例，说明其维护与检修。

一、贯通道装置组成结构

贯通道装置主要由车体框组成、折棚组成、顶护板组成、侧护板组成、踏板组成和渡板组成等部分组成，如图 4–47 所示。

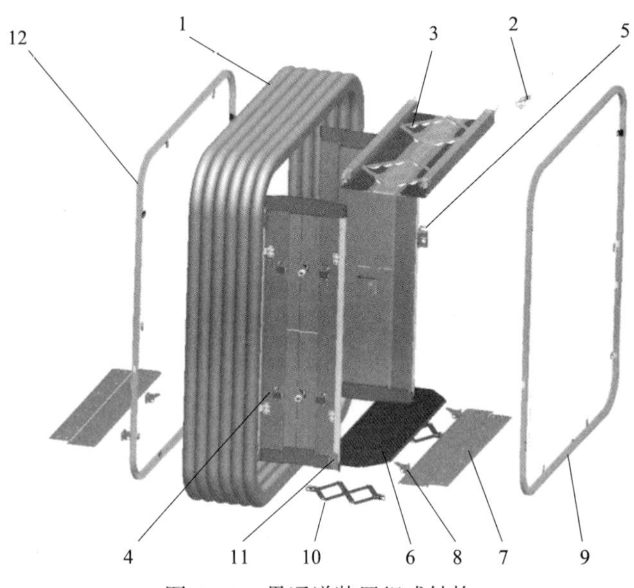

图 4–47　贯通道装置组成结构

1—折棚组成　2—顶板安装座　3—顶护板组成　4—侧护板组成　5—上护板安装座组成　6—渡板组成　7—踏板组成　8—踏板支撑　9—车体框组成　10—渡板连杆组成（连杆机构）　11—下护板安装座组成　12—连接框组成

1. 折棚组成

折棚组成包括棚布组成（端部设有连接框）、连接框组成和面料框。每个折棚组成由环状折棚构成，折棚布由海普龙材料制成，具有防火、高强度、防老化等特性。折棚布缝制边缘用铝型材制成的中间框压夹，折棚端部与连接框（对接框）相连。

2. 车体框组成

车体框组成主要包括车体框焊接组成和锁舌组成。车体框固定在车体两端，用于固定折棚组成，通过旋转锁舌方向实现快速连挂解锁功能。车体框通过螺钉安装在车体上，如图 4–48 所示，中间采用密封胶条进行密封。折棚组成与车体框之间也采用胶条进行密封，车体框上的锁闭装置可以实现折棚与车体框的快速连挂和解编。

3. 渡板组成和踏板组成

两个踏板、两个渡板、四个渡板连杆机构（连杆组成）及四个踏板支撑座组成了贯通道下部的行走通道。踏板为不锈钢板，一侧安装在车体地板上，并将踏板页平放在踏板支撑座上，如图 4–49 所示。踏板支撑座通过螺钉固定在车端。渡板连杆机构通过踏板支撑座固

定在两车端上，渡板置于其上，连杆机构上设有渡板对中装置，确保车辆运行时渡板不会偏移。渡板组成由渡板体、折页及磨耗条等组成，渡板体由扁豆花纹不锈钢板制成，有防滑性能。渡板承载能力不低于 9 人 /m^2。渡板通过中间销孔固定在渡板连接杆上，并与渡板连接杆保持运动关系，通过锁闭机构实现快速连挂解锁功能。

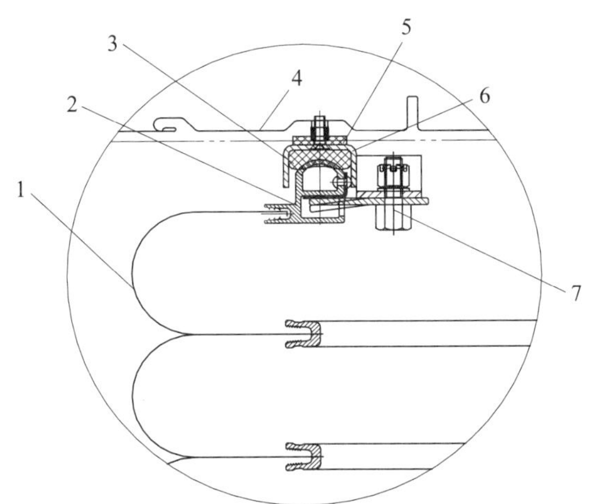

图 4–48　车体框与车体的连接

1—折棚　2—对接框　3—对接框密封胶条　4—车体　5—车体框密封胶条　6—车体框　7—折棚锁闭装置

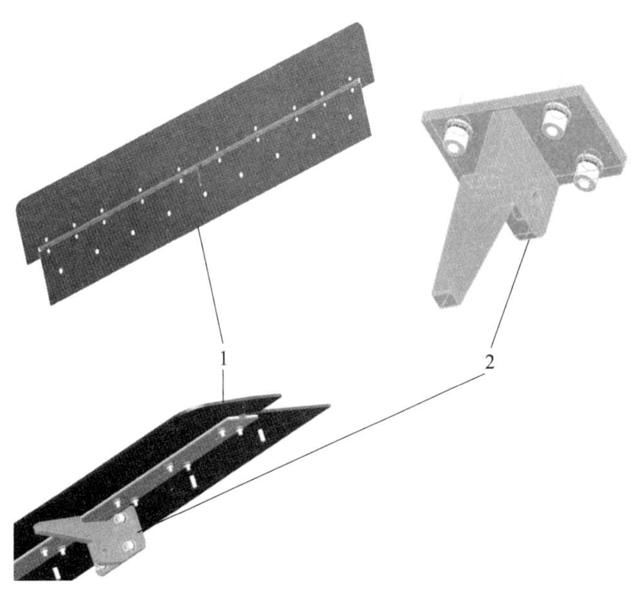

图 4–49　踏板及踏板支撑座

1—踏板　2—踏板支撑座

4. 侧护板组成

每套侧护板组成包括中间护板、边护板及连杆机构（连杆组成），如图 4–50 所示。侧护板组成通过安装架与安装在车端的护板安装座固定，由于配有快速锁闭机构，侧护板组成可迅速安装在车端，并可快速开启。边护板为铝型材，表面喷漆，中间护板、边护板通过连杆连接形成一体。风挡运行时，各部件复合运动，中间护板、边护板可在同一平面内实现拉伸和压缩，在中间护板弹性范围内实现轻微的转动（即侧滚运动）。中间护板、边护板上下均装有裙边，裙边由橡胶制成，当侧护板上下运动时，裙边有弹性变形，使侧护板能与车体的运动保持一致。

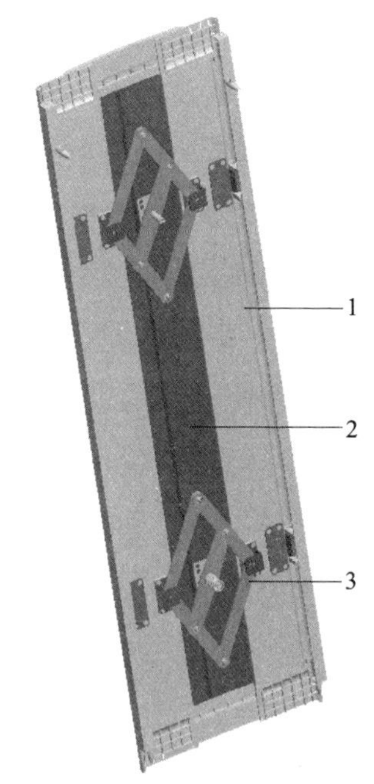

图 4–50　侧护板组成

1—边护板　2—中间护板　3—连杆组成

5. 顶护板组成

每个折棚组成配有一套顶护板组成，具有完整的顶装饰面。顶护板组成由边梁、边护板、中间护板及连杆机构（连杆组成）等组成，如图 4–51 所示。中间护板通过连杆机构将边护板连接在边梁上。连杆机构为铰接式，可适应车辆运行中车端的各种变化。

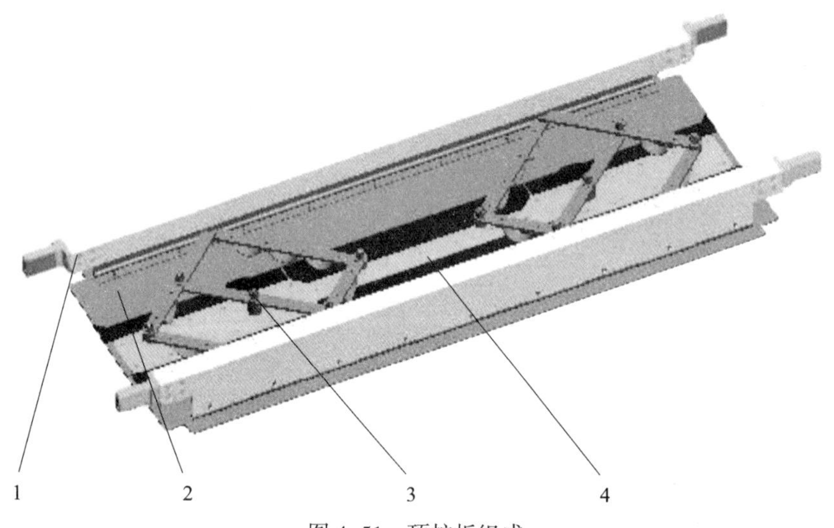

图 4–51　顶护板组成

1—边梁　2—边护板　3—连杆机构　4—中间护板

二、贯通道装置技术规格

贯通道装置净通过高度和宽度为 1 900 mm 和 1 300 mm，防火性能为 DIN5510，隔声性能按照 ISO 140 和 ISO 717 标准测量为 30 dB（A），密封性满足 IEC61133 的水密性规定，线

路参数为 150 m 曲线，侧护板及顶板面漆颜色为 RAL9016（交通白），侧护板裙边和棚布颜色为灰色，磨耗条寿命为 2 ~ 4 年，折棚寿命至少为 15 年。

三、贯通道装置的维护

贯通道装置维护一般会按厂家推荐的保养计划进行，也有一些运营企业会根据本地车辆实际运行情况，依据推荐的保养计划确定维护周期和相应的维护内容。

1. 贯通道装置的日检、双周检、季检和年检维护

贯通道装置的日检、双周检、季检和年检维护主要体现在对贯通道装置各组成部分的状态检查，具体维护内容、作业方法及标准见表 4–16。

表 4–16　贯通道装置的日检、双周检、季检和年检维护

作业材料及工器具								
序号	名称	型号	数量	备注	日检	双周检	季检	年检
1	方孔钥匙	7 mm	1 把 / 人		√	√	√	√
2	手电筒		1 把 / 人		√	√	√	√
3	清洗剂	酒精或制动盘清洗剂	适量	用于清除防松标记		√	√	√
4	划线笔		1 支 / 人			√	√	√
5	抹布		适量	用于折棚内部清洁			√	√
6	润滑脂	锂基脂	适量	用于连杆轴销润滑			√	√
序号	作业前准备工作				日检	双周检	季检	年检
1	确认列车停稳并处于制动状态后开始作业				√	√	√	√
2	做好安全防护				√	√	√	√
作业要求								
序号	维护内容		作业方法及标准		日检	双周检	季检	年检
1	检查折棚组成外侧、底部		折棚组成外侧、底部表面无涂鸦，无破损		√	√	√	√
			折棚组成外侧、底部与车体连接无脱开，两个对接框架连接无脱开			√	√	√

续表

序号	维护内容	作业方法及标准	日检	双周检	季检	年检
2	检查折棚组成顶部	1. 折棚组成顶部外观无破损 2. 折棚组成顶部与车体连接无脱开，两个对接框架连接无脱开			√	√
3	检查侧护板外观	1. 侧护板表面无涂鸦，无破损变形，油漆损坏面积不超过 900 mm^2 2. 侧护板橡胶裙边裂纹长度不超过 40 mm，缺损面积不超过 900 mm^2	√	√	√	√
4	检查侧护板安装	侧护板安装牢固，插销插接到位，手柄在卡口内		√	√	√
5	检查贯通道顶板	1. 顶护板表面无涂鸦，无破损变形，油漆损坏面积不超过 900 mm^2 2. 顶护板处无漏水痕迹 3. 顶护板无松动脱落	√	√	√	√
6	检查渡板和踏板表面	表面完好，无裂损、变形		√	√	√
7	检查渡板和踏板紧固	1. 渡板和踏板合页摆动无卡滞 2. 渡板和踏板摆动合页处紧固螺栓部件齐全，防松线无错位 3. 踏板安装座无裂纹变形，紧固螺栓部件齐全，防松线无错位 4. 连杆机构无损伤变形，活动灵活，轴销、开口销无松脱损坏 5. 连杆机构轴销涂抹锂基润滑脂，要求涂抹均匀 6. 渡板拉锁组成无松脱变形 7. 渡板安装后，手拉渡板两端边缘检查，渡板安装牢固，无松脱			√	√
8	检查渡板组成的磨耗条	磨耗条无松脱，铆钉安装齐全，铆钉底面低于磨耗条底面			√	√
9	检查折棚组成内部	1. 折棚组成与车体紧固螺栓齐全，防松线清晰无错位 2. 棚布组成内部无破损 3. 棚布组成内部干净，无异物 4. 两个对接框架锁闭无脱开，锁闭装置无松弛，有一定的维持力，锁闭状态正常。金属框架及折棚组成中间框架无变形，折棚组成绳无断裂			√	√

续表

序号	维护内容	作业方法及标准	日检	双周检	季检	年检
10	检查侧护板组成内部连杆机构及其安装座	1. 侧护板组成内部连杆机构无损伤变形，活动灵活，轴销、开口销无松脱损坏 2. 连杆机构轴销涂抹锂基润滑脂，要求涂抹均匀 3. 侧护板上、下护板安装座无变形及裂纹，紧固螺栓部件齐全，防松线无错位 4. 侧护板锁钩转动灵活，侧护板安装后锁钩处于锁闭位置			√	√
11	检查顶护板组成内部连杆机构	检查顶护板安装座紧固螺栓无丢失，防松线无错位			√	√
		1. 连杆机构无损伤变形，活动灵活，轴销、开口销无松脱损坏 2. 连杆机构轴销涂抹锂基润滑脂，要求涂抹均匀 3. 中间护板和边护板磨耗件无脱开 4. 边护板折页摆动灵活 5. 顶护板安装后销轴、B形销插接到位				√

2. 贯通道装置的架修和大修维护

（1）贯通道装置架修维护的主要内容及要求

1）清洁通道底部，清洁度达到Ⅴ级。

2）检查折棚组成密封和外观、折棚框架、安装托架、顶护板组件、橡胶裙板，确认无裂纹、无破损，修理损坏的金属框架。

3）检查确认气囊夹、气囊和周围密封无松动，密封良好。

4）检查确认渡板及支撑螺钉无松动，盖板无明显裂纹，两渡板贴合状态良好，渡板功能正常，更换磨损严重的磨耗条。

5）检查确认侧护板、锁止杆组件、拉伸弹簧、护板安装座螺钉无松动，更换损坏件。

6）检查确认耐磨部件、移动部件、贯通道的固定连接无明显损坏及变色，更换磨损严重的磨耗条。

7）检查确认各组件的紧固件无松动。

8）检查连接框间隙，两半通道必须密贴、不透光，确认连接框架无弯曲变形。

9）更换张力弹簧，张力弹簧应连挂牢固。

10）对相应位置进行润滑，确保润滑良好。

（2）贯通道装置大修维护的主要内容及要求

1）检查、清洁并润滑侧护板组件，清洁度达到Ⅳ级，润滑活动部件，更换橡胶裙板。

2）拆下并检查、清洁安装托架，润滑活动部件，测试锁定钩的开启和关闭是否自如，更换弹簧垫圈。

3）检查渡板组件、踏板组件及其支撑，确认渡板防滑纹理清晰，更换磨损严重的磨耗条和磨穿的踏板组件。

4）检查顶护板组件，要求无裂纹。

5）检查折棚组成密封和外观，检查折棚框架，修补有裂缝或者损坏的折棚组成。

6）清洁贯通道底部，清洁度达到Ⅴ级。

7）更新张力弹簧，要求连挂牢固。

8）检查锁止杆组件、拉伸弹簧，螺钉应无松动，并更换损坏件。

9）检查耐磨部件、移动部件、贯通道装置的固定连接，应无明显损坏及变形，更换磨损严重的磨耗条。

10）检查各组件的紧固件，要求无松动、无裂纹。

11）检查连接框架的间隙，两半通道对接必须密贴、不透光，连接框无弯曲变形。

四、贯通道装置的检修

贯通道装置使用的所有用螺钉安装的零件均可以更换，在第二次使用时应用螺纹锁固胶拧紧。橡胶密封条损坏或磨损应更换，各组件损坏应进行相应的修理。贯通道装置在进行检修作业时，拆装作业较为常见，下面就贯通道装置的拆装步骤、方法及相关注意事项描述如下。

1. 贯通道装置的拆装

（1）拆卸步骤

拆卸侧护板组成→拆卸顶板组成→拆卸顶板安装座→拆卸渡板→拆卸渡板连杆→拆卸踏板组成→拆卸贯通道折棚组成→拆卸车体框→拆卸护板安装座。

（2）安装步骤

安装车体框→安装贯通道折棚组成→安装踏板组成→安装渡板连杆→安装渡板组成→安装顶板安装座→安装顶板→安装护板安装座→安装侧护板。

2. 贯通道装置主要组件的拆装

（1）左右侧护板的拆卸

侧护板较重，拆卸时务必注意安全。

1）用手扒开贯通道装置上部左侧橡胶裙边，向上抬起侧护板上部左侧插销并逆时针旋转 180°，使插销下部卡块卡住上部卡槽，然后拆下左侧侧护板。

2）用同样的方法拆除上部右侧侧护板（拆除时插销顺时针旋转 180°）。

3）用脚抵住侧护板下部，向上抬起侧护板，拔出下部左右两侧插销。

4）将拆下的侧护板慢慢放到指定位置摆放整齐，并做好侧护板漆面防护。

（2）顶护板的拆卸

拆卸顶护板时需一人用手抵住顶护板，防止掉落砸伤。

1）抽出顶护板上部左侧 B 型开口销。

2）向上拔出顶护板上部左侧销轴。

3）用同样的方法拆除对角位置的开口销及顶护板销轴。

4）用同样的方法拆除其余两个位置的开口销及销轴。

5）内收顶护板四角，取下顶护板并放到指定位置摆放整齐，做好顶护板漆面防护。

（3）渡板及踏板的拆卸

1）慢慢蹲下，用手向外侧拉左侧渡板及踏板锁绳。

2）向上抬起渡板及踏板，拔出下部左侧插销。

3）用同样的方法拔出下部右侧插销，然后拆下渡板及踏板。

（4）渡板及踏板的安装

1）将渡板与踏板下部插销（两个）对准下部锁孔。

2）慢慢蹲下，从两侧低头查看，确认锁孔与下部插销对准后，一手拉锁绳，一手顶下部插销（左右两侧操作相同）。

3）左右侧插销插入后，进行试拉，确认锁闭到位，完成渡板及踏板安装。

（5）顶护板安装

安装顶护板时需一人用手抵住顶护板，防止掉落砸伤。

1）将顶护板四角对准安装座。

2）插入上部左侧顶护板销轴。

3）插入上部左侧顶护板 B 型开口销，完成上部左侧顶护板安装。

4）用同样的方法完成剩余三个安装座的安装。

5）检查顶护板安装状态，确认顶护板安装到位。

（6）侧护板的安装

1）用脚抵住侧护板下部，慢慢抬起侧护板。

2）将侧护板下部插销对准下部安装座插孔，并插入到下部安装座插孔内，确认侧护板下部安装座安装到位（左右侧操作方法相同）。

3）将侧护板上部左侧插销插入左侧安装座插孔后，将安装座插销顺时针旋转 180°，确保插销卡块沉入卡槽内，完成上部左侧侧护板安装。

4）用同样的方法完成上部右侧侧护板安装（安装时插销逆时针旋转 180°）。

5）检查侧护板安装状态，确认侧护板安装紧固，插销插接到位。

技能训练 4　头车半自动车钩缓冲装置日检维护

一、训练目的

1. 熟悉头车半自动车钩缓冲装置日检维护的准备工作，掌握日检维护的顺序、内容及技术要求，提升训练者的关键能力。

2. 掌握头车半自动车钩缓冲装置日检维护的作业标准和维护技能。

二、训练内容

1. 头车半自动车钩缓冲装置日检维护作业顺序、内容及技术要求。

2. 头车半自动车钩缓冲装置日检维护的标准化作业。

三、训练用品

1. 设备

（1）头车半自动车钩缓冲装置实物或仿真设备 1 套。

（2）头车半自动车钩缓冲装置与车体底架（实物或仿真）安装且作用良好，距轨面具有标准高度，同时可进行水平和对中调整，能满足正常训练要求。

2. 材料

前密封圈、压溃管、连接环、过载保护装置相关配件。

3. 工具

标准工具套装（包括钩舌螺母专用套筒、钩尾销专用扳手、紧凑型缓冲器外拉杆装卸专用工装、紧凑型缓冲器端盖专用扳手、圆柱头螺钉检查样板、套筒扳手 1 把、力矩扳手 1 把、车钩间隙测量仪 1 台、水平仪 1 台、小铲刀 1 把、3 500 mm 铝合金水平尺 1 把、5 m 钢卷尺 1 把等）、手电筒 1 把 / 人、红色标记笔 1 支 / 人、干净的不含亚麻的布。

四、训练过程

1. 准备工作

（1）维护时，应确保头车处于静止状态（例如，现车头车半自动车钩缓冲装置维护时，应施加停放制动）。

（2）工装穿戴整洁且符合标准，对讲机、工具及材料清点整理无误。

（3）准备好“禁止动车”指示牌或其他安全防护指示牌。

2. 作业顺序、内容及技术要求

（1）向地铁车辆段控制中心（DCC）请点（口述），明确作业车辆编号及作业时间（通常在列车或车组日检维护前实施）。

（2）设置“禁止动车”指示牌，做好安全防护。

（3）无电检查准备。训练时若无条件，可口述完成，口述内容为“关闭空调、断主断、降弓，列车处于非激活状态，车下作业确认列车断高压 5 min 以上”。

（4）对车钩缓冲装置整体进行目视检查。检查是否有损坏的迹象，紧固件是否松脱或遗失。生锈的零部件必须进行清洁，然后涂上底漆，以便保护。

（5）检查机械钩头。检查钩舌和支杆是否损坏，拉动解钩手柄，检查其能否拉至最大位置后正常复位。

（6）检查压溃管。检查压溃管是否有移动，如果有任何松弛或移动，都应对其进行检修更换。

（7）检查 MRP 阀、BP 阀。检查 MRP 阀、BP 阀是否损坏，前密封圈是否损坏，零部件是否松脱，如有必要，则应更换密封圈。

（8）检查连接环。检查连接环紧固件是否损坏或遗失，如有可能，试着推一下接口处，确认是否有松弛，如有松弛，则应更换连接环组件。

（9）检查过载保护装置。检查过载保护装置及安装螺栓是否损坏，防松标记线是否错位移动，并且标上红色防松标记。

错位移动显示过载保护装置发生移动，说明螺栓可能承受“过大负荷”。如果有这种情况发生，应当将车钩缓冲装置拆下，更换过载保护装置。

（10）检查压溃管触发判断装置。检查压溃管上的触发判断装置，若其被剪断或丢失，则代表压溃管可能遇到过非正常纵向冲击造成了触发，应更换新的压溃管。

（11）作业完毕，清点工具及材料，清理场地，撤除“禁止动车”指示牌或安全防护装置和信号。

（12）向 DCC 报告作业车辆编号及头车半自动车钩缓冲装置日检维护作业完毕（通常在列车或车组日检维护完毕后实施）。

五、注意事项

1. 作业前穿戴好劳动保护用品，并做好安全防护工作。

2. 做好头车状态安全防护设置确认，以及工具材料的清点整理工作。

3. 实施标准化作业过程，按日检作业顺序、内容及技术要求进行作业，避免漏检漏修。

4. 禁止使用棉纱擦拭车钩系统内部零部件，必要时可使用无油抹布。

5. 底漆涂抹零部件应均匀、平整、全面，涂抹修复时应对风管接头处进行防护，严禁重复涂抹。

6. 作业完毕，应做到“工完、料净、场地清”。

7. 整个作业顺序、内容及技术要求应烂熟于心，采用“眼看、手指、手动、口呼”方式进行，应做到“眼到、手到、口到”对规检查。

注意：该项技能训练时，技术要求中“更换压溃管、更换过载保护装置、更换连接环、更换密封圈”等项可采用口述方式进行，“涂抹防松标记线”等应实际演示到位。

六、考核评价

头车半自动车钩缓冲装置日检维护考核评价见表 4–17。

表 4–17　　头车半自动车钩缓冲装置日检维护考核评价表

类型	项目	项目与技术要求	配分	评定方法	得分
过程评价（40%）	1	实训纪律	10	考勤	
	2	平时训练表现	10	检查、观察	
	3	顺序、内容及技术要求	20	抽检、展示、诵读	
质量评价（60%）	1	内容、技术及注意事项	30	提问、背诵、笔试	
	2	日检维护作业实操	30	计时测试	

说明：由于目前尚无统一标准，计时测试时，测试时间可根据实际情况灵活掌握。

思考与练习

1. 简述车钩缓冲装置的类型与组成。

2. 简述过载保护装置的作用与原理。

3. 简述头车半自动车钩缓冲装置月检的工作内容及技术要求。

4. 简述中间车半自动车钩缓冲装置年检的工作内容及技术要求。

5. 头车半自动车钩缓冲装置的常见故障有哪些？

6. 简述头车半自动车钩垂直调整的方法。

7. 简述头车和中间车半自动车钩水平调整的方法。

8. 简述贯通道装置日检维护内容、作业方法及标准。

9. 简述贯通道装置的拆卸步骤。

10. 简述侧护板和顶护板的安装方法及相关注意事项。

第五章　风源及制动系统维护与检修

学习目标

◆ 了解城市轨道交通车辆风源与制动系统的概念和特点。

◆ 熟悉制动系统的常见故障。

◆ 掌握空气压缩机的检修。

◆ 掌握城市轨道交通车辆制动系各组成部分的检查维修及系统测试。

城市轨道交通车辆运行时间间隔、空间间隔较短，气动、停车频繁，为了保证运输效率，车辆必须具备优良的启动加速和制动性能，从而对车辆制动系统的性能和安全提出更高的标准。因此，保障车辆制动系统和风源系统良好的工作性能就显得非常重要。本章主要介绍城市轨道交通车辆风源与制动系统的维护与检修，涉及空气压缩机、干燥器、油过滤器、基础制动装置等各功能部件维护与检修的基本要求和方法。

第一节　风源系统维护与检修

城市轨道交通车辆一般每一单元设置一套风源系统，负责为列车提供并储存充足、干燥、洁净、压力合适的压缩空气，包括空气压缩机组（由压缩机、干燥器、油过滤器组成）、各类空气阀件、空气管路和储风缸，由压力开关控制压缩机的自动运行，通过空气管路系统为车辆制动系统、空气悬挂和辅助系统提供所需的压缩空气。因此，只有保证压缩空气的净化和干燥，才能保证制动系统及其他用风设备能长时间可靠地工作。

一、风源系统的维护

1. 空气压缩机的维护

（1）预防性维护

进行预防性维护时，应对空气压缩机外部条件和其他系统功能进行检查；对油位显示管进行目视检查，在规定条件下，油位处于两个标记刻度线之间；对真空指示器进行检查。

（2）空气过滤器滤芯更换

每个月检查滤芯，若有损伤应进行更换。

（3）清洁气缸的冷却器和散热片

用压缩空气逆着冷却空气方向吹过冷却器和散热片，还可以采用蒸汽喷射器进行清洁，但必须注意压力不可过大。

空气压缩机分解清洗完成后，要对空气压缩机的零部件进行目测检查，检查是否存在裂纹、变形或锈蚀等损伤。对于重要部件，必须进行详细的检查和测量，按照相关手册要求给予修复或更换。空气压缩机检查维护标准见表 5–1。

表 5–1　　空气压缩机检查维护标准

序号	部分	检查维护事项	隔天检查	隔月检查	重要部位检查（3 年）	全面检查（6 年）
1	润滑装置	检查油位	○			
2	安装螺栓	检查有无松动		○	○	○
3	中间冷却器	冷凝水的排放、清洁		○	○	○
4	润滑油	检查劣化情况		○	○	○
5	滤油器	清洁			○	○
6	活塞环	更换			○	○
7	油环	更换			○	○
8	阀	清洁、更换			○	○
9	轴承	更换				○
10	油封	更换				○
11	齿轮泵	检查齿隙、齿轮的磨损情况				○
12	欧氏联轴节	检查磨损情况				○
13	各种弹簧	检查是否疲劳				○
14	油位计	清洁、更换				○
15	曲轴	检查轴的磨损情况				○
16	活塞	检查各部分磨损情况				○
17	气缸	检查内腔磨损情况				○
18	活塞销衬套	检查内腔磨损情况				○
19	连杆瓦	检查内腔磨损情况				○
20	齿轮泵衬套	检查内腔磨损情况				○

2. 曲轴的维护

检查曲轴有无裂纹，曲轴的螺纹是否存在损坏，检查连杆支撑点磨耗情况或轻微拉伤是否可修复等。

3. 活塞和活塞销的维护

检查活塞表面有无较大拉伤，是否应按照标准更换；检查活塞销表面，应平滑、无拉伤情况。

4. 干燥器的维护

一般以预防性维护为主，主要有检查循环控制装置，检查主风缸是否有水，用压力露点仪测试功能等。

5. 风缸维护

检查所有密闭容器，确认状态完好，没有被腐蚀的现象，没有机械损伤，检查所有固定点是否正确安装并紧固，定期进行排水、排污处理。

二、风源系统的检修

城市轨道交通车辆风源系统所用空气压缩机一般要求噪声低、振动小、结构紧凑、维护方便、实用性强，主要采用活塞式空气压缩机和螺杆式空气压缩机。

1. 空气压缩机的检修

空气压缩机是将其他形式的能量转换成气压能的设备，按其可输出压力的大小不同，可分为低压型空气压缩机（输出压力为 0.2 ~ 1.0 MPa）、中压型空气压缩机（输出压力为 1.0 ~ 10 MPa）和高压型空气压缩机（输出压力大于 10 MPa）。

2. 空气压缩机的故障诊断与处理

空气压缩机的故障诊断与处理见表 5–2。

表 5–2　　空气压缩机的故障诊断与处理

序号	故障	故障现象原因	处理措施
1	不能启动	断电、压缩机堵塞或单元缺陷	检查连接器；核查连接法兰和叶轮；拆卸故障单元
2	漏油	曲轴油箱上螺旋塞松动或密封缺陷	拧紧螺旋塞，或更换新的密封并做泄漏试验
3	压力上升异常	空气系统泄漏严重，活塞部件原因导致堵塞	对空气系统做气密性试验
4	进排气阀故障	进气阀销钉松动	检查进气阀
5	黏性联轴节漏油	黏液在移动圆柱和密封件周围产生渗漏	更换
6	空气处理器藏油	油滤芯失效	定期更换油滤芯
7	弹性联轴节打滑	压紧环、弹簧片与上机体之间出现松动	紧固
8	空气压缩机异响	进气阀销钉松动、黏性联轴节漏油严重、弹性联轴节打滑	紧固、更换

3. 空气压缩机的分解清洗

目前，城市轨道交通车辆多采用 VV120 型空气压缩机，其检修过程和要求如下：

（1）空气压缩机分解

先把空气压缩机单元从车体上拆下，然后将空气压缩机与电动机分解开，最后分解空气压缩机。

（2）空气压缩机各零部件清洗

压缩机分解后，用碱性清洁剂清洗所有金属部件，橡胶件需要用温热的肥皂水清洗，以减少对橡胶件的腐蚀，再用清水冲洗，最后用压缩空气吹干。然后清洗空气压缩机外表及冷却器叶片，并对需要润滑的零部件进行润滑。

三、其他主要部件检修

1. 空气干燥器的检修

空气压缩机输出的压缩空气中含有较多的水分、油分和机械杂质等，必须利用空气干燥器除去其中的水分、油分和机械杂质，才能达到车辆上用风设备对压缩空气的要求。降低压缩空气的相对湿度是避免用风过程中出现冷凝水危害的主要方式，通常采用空气干燥器完成。

以双塔式空气干燥器为例，一般只做常规检查，按下列步骤进行：

（1）空气干燥器分解检查

拆开空气干燥器，必须首先对分解后的干燥过滤器零部件进行清洁，并检查是否有裂纹、变形或锈蚀等损伤。

（2）干燥剂更换

如果在排水阀的出口处有白色沉淀物或是干燥剂过饱和，必须检查干燥剂，如有必要则要更换。一般来说，干燥剂每 4 ~ 5 年需要更换一次。

（3）拉希格圈清洗

用于吸油的拉希格圈可以用碱性清洁剂清洗，再用清水洗涤，最后用压缩空气吹干即可。

（4）进行功能测试

空气干燥器组装完成后，应对它的功能进行测试。测试应在专用试验设备上进行，主要检查空气干燥器是否有泄漏、功能是否正常等。按照设计要求，压缩空气经过干燥后，其相对湿度应小于 35%，这是必须要测试的项目，可以使用压力露点仪或相对湿度计检查其是否达到要求。

（5）干式空气滤清器的维护及更换说明

1）遵守产品安全手册要求，检修工作只允许由受过专业培训的人员在授权车间进行，使用原装备件，必须保证在两次检修之间供气设备功能正常。

2）内置干式空气滤清器可作为附加装置的真空指示器进行观察，当发现滤清器内侧脏污时，应及时进行保养维护。

2. 油过滤器的检修

油过滤器的常见故障及处埋措施见表 5–3。

表 5–3　油过滤器的常见故障及处理措施

序号	常见故障	故障原因	处理措施
1	漏油	端口漏油	拧紧连接部分或更换密封圈，做气密性试验
		排油阀松动	拧紧并进行气密性试验
		支架松动	拧紧
2	水和乳液高于一般水平	空气干燥器故障	检查空气干燥器

3. 风缸与安全阀的检修

（1）风缸的检修

按照相关设计制造标准，正常情况下：额定工作压力不大于 0.6 MPa 的风缸必须 6 年进行外观检查和排水，12 年进行内外观检查评估；额定工作压力为 0.6 ~ 1 MPa 的风缸必须 2 年进行外观检查和排水，12 年进行内外观检查评估。

年检以内的修程以外观清洁、检查为主，并在半年检、年检时进行排水排污处理。车辆进入架修期时，对风缸进行清洁、外观检查，以及排水排污处理。车辆进入大修期时，对风缸进行内外表面宏观检查、壁厚测定、射线检测、耐压试验等作业。车辆二次大修期时，对风缸进行更新，风缸宏观检查内容及技术要求见表 5–4。

表 5–4　风缸宏观检查内容及技术要求

序号	检查内容	技术要求
1	缸体、焊缝	外观无明显变形，无泄漏，无机械损伤
2	纵 / 环焊缝最大对口错边量	不大于容器壁厚的 1/3
3	角焊缝厚度 / 焊脚高度	不小于容器壁厚
4	同一断面最大直径与最小直径差	小于 0.01 倍缸体直径
5	筒体凹陷	不得大于容器直径的 1/50
6	封头凹陷	不能有任何锐角，不能位于焊缝处或与焊缝相切

（2）安全阀的检修

1）空气泄漏。产生这类故障的原因主要是阀座有脏污、安全阀损坏或者空气压力

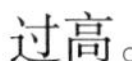

过高。

2）压力过大。产生这类故障的原因主要是安全阀机械部件损坏。

4. 管路及接头的检修

（1）检查各管路及阀件，确认安装良好、表面光洁、无锈蚀、无漏气声。

（2）检查各紧固螺栓防松线，确认无错位。

（3）检查空气压缩机连接软管、主风管的车钩过车软管，确认无漏气声、无裂损、无刮痕及变形。

（4）按照技术标准对管路进行持续压力试验，用肥皂水检测各管路连接件，确认无泄漏。

第二节　制动控制与防滑系统维护与检修

随着城市轨道交通车辆制动技术的发展，车辆制动系统装置中越来越多采用电气信号和电气驱动设备，使制动控制功能融入其他电路，形成一个整体。本节主要介绍制动控制单元（BCU）的维护与检修、制动微机控制单元（EBCU）的维护，以及防滑系统的维护检修。

一、制动控制单元的维护与检修

制动控制单元是空气制动的核心部分，接受制动系统微处理器的指令，驱动制动各功能模块执行。制动控制单元主要由模拟转换阀、紧急阀、称重阀、均衡阀等组成，集中安装在一块板子上，通过一些测试接口，方便检修和维护工作。

1. 制动控制单元的维护

对制动控制单元中的各功能部件进行外观检查和清洁，并进行以下功能测试。

（1）综合测试

1）常用制动测试。测试紧急电磁阀得电的情况下，制动缸的压力是否与制动微机控制单元给出的控制压力一致。

2）紧急制动测试。测试紧急制动情况下，制动缸压力与载荷压力是否一致。

（2）分项测试

1）压力开关测试。测试预控压力 CV2 变化时，压力开关的回环特性是否与设定值相同。

2）中继阀测试。测试制动缸压力与预控压力 CV3 是否一致。

3）模拟转换阀测试。测试转换阀的输出压力 CV1 与设定的控制电压是否一致。

4）空重车调整阀测试。测试载荷压力在一定条件下，预控压力 CV2 与 CV3 之间的对应曲线；测试载荷压力变化时预控压力 CV3 的特性曲线。

5）紧急电磁阀测试。测试电磁阀能否正常工作。

6）压力传感器测试。测试传感器的输出特定曲线。

2. 制动控制单元的检修

（1）制动控制单元的拆装

1）制动控制单元的拆卸方法。

①排尽与集气板相连的所有管路的空气。

②断开制动控制单元的电源，拔下电缆插座，取下防护罩。

③卸下紧固螺钉，从连接板上取下制动控制单元。

④卸下制动控制单元后，为防止灰尘进入孔路，在集气板的背面盖上密封表面。

2）制动控制单元的安装方法。

①按与拆卸相反的次序，装上制动控制单元。

②安装好制动控制单元后，重新充气并接通电源。

③达到最大工作压力之后，检查法兰连接处的泄漏情况。

（2）模拟转换阀的检修

1）分解。

2）清洁。在 70 ~ 80 ℃的清洁池中用化学清洁剂清洗金属部件，然后用压缩空气吹干。用浸过温肥皂水的抹布擦洗励磁线圈和电枢后，立即用压缩空气吹干，并在电枢上涂抹一层硅脂。

3）检查。清洁后，仔细检查部件是否出现裂纹、变形、腐蚀等损伤，必要时进行更换。仔细检查励磁线圈的保护层、触针是否锈蚀或变形；检查磁铁架内阀座的情况，若出现凹陷情况且达到或超出 0.3 mm，应更换电枢；检查压缩弹簧的自由高度和压缩高度，确认弹力值是否符合有关技术要求。检修时，更换非金属环、垫圈和夹紧销。

4）组装。必须使用专用标准工具进行组装。组装前，在 O 形环和电枢上涂少许硅脂。严格按照顺序组装，各紧固转矩应符合相关技术标准。

5）检测。严格按照技术标准对模拟转换阀进行检测。严格遵守电气设备作业的安全规范。

（3）称重阀的检修

1）分解。拆卸克诺尔 K 环时要用专用钩。分解时必须去除称重阀表面脏物，注意不要损伤密封面和阀座。

2）清洁。在 70 ~ 80 ℃的清洁池中用化学清洁剂清洗金属部件，然后用压缩空气吹干。所用化学清洁剂腐蚀率必须符合有关技术规定。橡胶或塑料的外皮可用一块浸了肥皂液的湿布擦洗，然后马上用清水再擦一遍，并用压缩空气吹干。

3）检查。部件清洁后仔细检查是否出现裂纹、变形、腐蚀等损伤，必要时进行更换。阀座及衬套内表面上的轻度划痕通过二次抛光去除时，必须符合尺寸和表面粗糙度的要求，否则应换上新的外壳；弹簧的压缩长度及弹力必须符合相关技术要求，否则应更换压缩弹簧；橡胶密封圈凹进 0.4 mm 或凸起 0.2 mm 以上时，必须更换阀盘；阀杆、弹簧座及所有支撑面的轻度划痕通过二次抛光去除，且必须符合尺寸和表面粗糙度的技术要求，否则更换；滚针轴承及球形衬套运转不均匀或运转滞涩时需更换。

4）组装。组装前，应给所有环型，以及各个导向面和滑动面涂上少量通用润滑脂。必须用标准螺栓扳手拧紧螺旋塞及圆柱头螺栓，并严格按照组装工艺的顺序组装。

5）检测。组装完毕后应在试验台上，按照规定的检验项目进行检验和设定，并粘贴检验合格标识。

（4）均衡阀的检修

1）分解。必须使用标准工具和厂家提供的安装专用钩拆卸及安装克诺尔 K 环。如果均衡阀的外表面很脏，则必须在开始工作前除去脏物。分解时应注意不要损伤密封和阀座。

2）清洁。在 70 ~ 80 ℃的清洁池中用化学清洁剂清洗金属部件，注意不能损伤密封面和阀座，然后用压缩空气吹干。检修时更换所有齿形垫圈、密封圈和 O 形环。阀门导管和阀门体在微温的肥皂水中清洗，然后马上用清水冲净并用压缩空气吹干，滤筛用适当的清洁剂清洁。

3）检查。

①检查清洁过的所有部件，如果有裂纹、变形、腐蚀或螺纹变形等影响部件继续使用的损伤，则应予以更换。

②检查控制室的表面粗糙度和阀门套筒的阀座及损伤情况，确认是否符合规定的尺寸和表面粗糙度要求，必要时更换控制室。检查喷嘴孔 D1、D2，以及克诺尔 K 环的放气孔是否通畅。

③检查阀内压缩弹簧的长度、弹力是否符合标准，必要时更换压缩弹簧。

④检查阀门导管尺寸和表面粗糙度是否符合规定要求，必要时更换阀门导管。

⑤检查阀座橡胶密封件是否受损，必要时更换。

⑥检查阀门体滑动面接触面的表面粗糙度是否符合规定，必要时更换阀门体。

⑦检查导管面的表面粗糙度和螺纹的状况是否符合规定，必要时更换螺纹衬套。

⑧检查进气孔和 B1、B2 是否通畅。

4）组装。组装之前，各个部件都必须经过检验并确认合格，然后给罐式隔膜、克诺尔 K 环、密封圈、O 形环、压缩弹簧、阀门导管和阀门体滑动面、控制室中罐式隔膜的阀盘等部件的外表面涂少许通用润滑油。组装应严格按照工艺顺序进行操作。

5）检测。检测时，必须严格按照相关的电气动设备作业安全规范进行操作。

（5）紧急电磁阀检修

1）分解。修理紧急电磁阀时，除拆卸克诺尔 K 环时需要用到一个安装专用钩外，不需要任何特种工具。如果紧急电磁阀的外表面很脏，则必须在开始工作前先除去不洁物。一定要按照相应的检修指南进行操作，分解时请注意不要损伤密封面和阀座。

2）清洁。用化学清洁剂在一个 70 ~ 80 ℃的热清洁池中清洗所有金属部件（不包括橡胶金属组合件），然后用压缩空气吹干。在清洗铝合金部件时，清洁剂的腐蚀率必须符合有关技术规定。在温肥皂水中清洗活塞、阀盘、导向套管、环、撑条和垫圈，并立即用清水冲洗，然后用压缩空气吹干。原则上橡胶环在检修后都将被更换，无须清洗。

3）检查和修理。应当对已清洁的部件认真进行一次目检。如果查出部件有断裂、变形、腐蚀或螺纹变形等严重影响使用的损伤，则应予以更换。有些部件除必须目检外，还需要其他附加的检查或返修工作。每次检修之后都应更换克诺尔 K 环，以及所有安全环和 O 形环。如果型号铭牌已不清晰，也应予以更换。

①外壳。阀座上和外壳孔内的轻度划痕可通过二次抛光去除，抛光后，必须符合规定的尺寸和表面粗糙度要求，否则应更换新的外壳。

②活塞（整体）。应使用环规检查活塞是否符合图样要求，检查活塞的阀座和活塞裙是否受损。如果有划痕，则应将活塞连同整个阀套一起更换（成套备件）。

③阀盘。检查橡皮阀座是否受损，如果橡皮凹进 0.4 mm 或凸起 0.2 mm 以上，则必须更换阀盘。

④检查阀套的环及阀门套管的撑条是否受损，如果有划痕，则应将整个阀套连同活塞及整个阀门套管一起更换（成套备件）。

⑤检查压缩弹簧，应符合技术要求中规定的弹簧长度和弹力要求。

⑥组装。在组装紧急电磁阀之前，应给所有克诺尔 K 环、O 形环，以及各个滑动面和导向面涂上少量通用润滑脂。安装克诺尔 K 环时，需要用安装专用钩。紧急电磁阀的组装应按照图样要求并采用与拆分相反的顺序进行操作，然后将阀用电磁铁的螺母拧紧。

4）检测。电磁阀的检测应按照检测说明进行操作，检测时必须注意有关在电气设备上进行作业的安全规范。如果检测结果合格，则应贴上不易脱落的检验标志。

二、制动微机控制单元的维护

制动微机控制单元配备专门的测试装置，可以实现整件或单块印刷电路板功能测试，由于制动微机控制单元具有自诊断功能，对于故障维修后的电路板，也可以直接安装后进行通电试验。制动微机控制单元的维护主要涉及两个方面，一是日常清洁维护，二是通过测试界面手动操作对系统的不同功能进行测试和修正。

1. 维护

要求无积垢、无灰尘、无裂纹。检查接线、插头是否紧固；定期对机箱内所有电子板

进行吹尘清洁，更换电路板电池；定期更换所有安装紧固螺栓和弹簧垫圈。

2. 测试

（1）启动手动测试界面。

（2）选择“Trailer Car”/ 不选择“Parking Brake”/ 选择“Holding Brake”=T。

（3）当速度信号为 0 km/h 时，制动微机控制单元把 CV 压力调到 0.2 MPa 左右。

（4）“Holding Brake”=F，CV 压力减到 0 MPa。

（5）把红色“V-1”滑块慢慢向上拖动，直到列车速度变为 20 km/h；检查速度信号的“Analong Output”的值是否相应变大。

（6）选择“Digital Input”的“Brake”=T 并且用鼠标点击“Brake Demand”的上升按钮；检查 CV 压力值是否随着“Brake Demand”的值增加。

（7）给车轮 2 一个单独速度信号，检查制动微机控制单元是否规律性地向相应减速轴的防滑阀发送数字信号。

（8）设置操作模式 V1 ~ V4 为 ON，拖动 V-1 滑块直到速度信号为零，设置“Brake Demand”值不为 0%，“Digital Input”的“Brake”=F。

（9）检查 CV 压力减到 0 MPa。

（10）退出测试界面。

三、防滑系统的维护与检修

防滑系统是制动控制系统的一部分，由测速齿轮、速度传感器、防滑控制单元（集成在 EP2002 阀内）、防滑排风阀（集成在 EP2002 阀内）等组成。车轮防滑系统实现在常用制动、快速制动、紧急制动过程中滑行检测和滑行修正等功能，在防滑控制工作时，纵向冲动控制起作用。防滑系统的维护主要在于定期检查气路有无泄漏，防滑电磁阀、防滑速度传感器等有无损坏现象。

防滑系统的检修主要是定期检查，并对防滑电磁阀进行修理，具体的修理内容如下。

1. 分解清洗

（1）防滑电磁阀分解

严格按照防滑电磁阀分解步骤，使用标准工具和微调转矩扳手进行分解，需要替换的部件应专门放置。

（2）清洁

1）在 70 ~ 80 ℃的热清洁池中清洗所有金属部件，然后用压缩空气吹干。特别是在清洗铝合金部件时，化学清洁剂腐蚀率必须符合有关规定。

2）严格按照清洗剂生产厂家给出的使用说明进行清洁。

3）在温肥皂水中清洗电磁铁的电枢、排气阀和阀门支架，然后立即用清水冲洗，最后用压缩空气吹干。

4）用石油醚清洁滤网。

5）用金属软刷去除防滑阀外表面的腐蚀产物和污物。

6）检修时，所有橡胶部件和隔膜都需要更换，无须清洗。

2. 检查

（1）对已清洁的部件可能存在的裂纹、变形、腐蚀和螺纹变形等影响部件继续使用的损伤情况进行目视检查，并对不能正常使用的部件进行更换。

（2）对部分部件的特殊要求

1）外壳及阀座上的轻度划痕通过二次抛光去除后，必须达到表面粗糙度要求，否则应更换。

2）检查阀用电磁铁的金属密封面和电枢的橡胶皮阀座是否有损伤，如果有损伤或橡胶凹下、隆起超出标准的，必须更换阀用电磁铁。

3）检查电枢套筒的内阀座和电枢座孔的状态是否完好，电枢套筒在线圈盒中必须能轴向灵活转动，外壳上的孔与电枢套筒直径之间的游隙必须在标准值范围内。

4）检查线圈盒是否有损伤或裂缝，并检查接地连接情况。

5）对于带喷嘴的防滑阀，还要检查喷嘴是否损坏，必要时更换喷嘴。

6）压缩弹簧的长度及弹力必须符合相关的技术规定，否则应更换压缩弹簧。

3. 组装检验

（1）严格按照装配工艺进行组装。

（2）阀用电磁铁必须经过检修合格后才能组装，安装时必须根据电接触销的位置将其正确放置，且注意电枢的衔铁弹簧不能装错

（3）在所有的密封环、O 形环、压缩弹簧和相关位移面上涂少许润滑脂。

（4）组装防滑阀时，必须按照规定的拧紧力矩拧紧螺纹连接件。

（5）严格按照相关检验说明对防滑阀进行检验，检验合格后粘贴检验标志。

第三节　基础制动装置维护与检修

基础制动装置是城市轨道交通车辆制动系统的重要组成部分，其工作性能对列车运行安全与平稳性有很大的影响。城市轨道交通列车对定点停车精度要求较高，这就需要车辆的制动系统具备稳定、良好的控制精度。

城市轨道交通车辆因为车底空间有限，特别是动车车底空间更小，因此普遍采用单元

制动器。根据制动作用方式不同，单元制动器主要有闸瓦制动和盘形制动两种形式。

一、基础制动装置的组成与维护

1. 基础制动装置的基本组成

基础制动装置包括每个车轴一套带有弹簧制动执行器的单元制动缸，以及一套不带弹簧制动执行器的单元制动缸。踏面制动装置中弹簧驱动的部分是停放制动执行器，并配备有远程缓解装置。该机械缓解装置位于各个停放制动执行器的上方。当再次施加空气制动时，该机械缓解装置被自动复位，如图 5–1 和图 5–2 所示。

图 5–1　带停放制动的制动单元

图 5–2　不带停放制动的制动单元

2. 基础制动装置的维护

基础制动装置日常维护主要包括管路及接头、停放制动缓解装置、制动闸瓦、单元制动缸等部件的检查维护，见表 5–5。

表 5–5　　基础制动装置维护

维护内容	维护标准
管路及接头	防松线清晰，无错位，无漏气
停放制动缓解装置	外观正常，无破损，无异物
制动闸瓦	外观正常，无异物，无裂纹，安装牢固，紧固螺栓防松线清晰且无错位，锁闭到位，闸片磨耗正常，间隙在正常范围内
单元制动缸	外观正常，呼吸塞无堵塞，停放制动缸铅封无丢失和断裂

二、基础制动装置的常见故障

基础制动装置的常见机械故障及其排除方法见表 5–6。

三、基础制动装置的检修

基础制动装置性能的好坏直接关系到列车运行的安全，因此需要对车辆基础制动装置进行高标准定期维护、定期检修。

表 5–6　　基础制动装置的常见机械故障及其排除方法

故障名称	故障现象	产生原因	处理措施
漏风故障	管路或接头处有漏气现象	橡胶老化、断裂、安装不到位或螺纹连接不当	更换橡胶气管或密封元件，检查紧固件，处理完毕后检查密封情况
闸瓦间隙调整器自动调整距离偏差故障	列车在常用制动工况时，推杆头的调节量出现 1 ~ 2 mm 的偏差	内部调节衬套和进给螺母之间啮合面有磨损，压缩弹簧弹力可能改变	更换内部调节衬套和进给螺母
空气干燥器故障	在空气干燥器消声器的排泄口发现白色沉淀黏附物	干燥剂已过饱和，干燥指标能力达不到要求	更换干燥剂
闸瓦损坏故障	闸瓦出现断裂、崩缺和掉块等现象	闸瓦本身材质不符合要求或制动力过大	更换闸瓦
弹簧力不足故障	在车辆架修中，进行带停车制动的踏面制动单元试验时，弹簧力不符合试验要求	弹簧弹性系数随使用时间增加会逐步减小	更换新弹簧

1. 踏面单元制动器的检修

（1）常见故障

单元制动器的常见故障及其处理措施见表 5–7。

表 5–7　　单元制动器的常见故障及其处理措施

序号	故障现象	产生原因	处理措施
1	闸瓦间隙不一致	间隙未调整好	重新调整间隙
2	制动缸体泄漏	缸套、导向阻尼套及相应的密封圈损伤	更换故障部件
3	制动、缓解失效	复原弹簧故障或楔角机构卡死	更换或修理
4	停车制动器缓解不彻底	轴承、调整螺母或小调整螺杆动作不良	更换或修理
5	停车制动器手动缓解时不缓解	棘爪或弹簧故障	检查更换棘爪或弹簧
6	闸瓦间隙逐渐变小	间隙调整器内制动盘故障	更换制动盘
7	制动器缓解较慢	机械卡滞、风路堵塞	检查修理或更换

（2）检修过程

1）检查单元制动器开裂和变形情况。

2）检查橡胶防尘罩和皮碗，不许出现破损、老化，否则进行更换。

3）检查制动缸体，内径面不许有拉伤，制动缸体内壁的局部锈蚀应予消除，锈蚀严重至影响与皮碗接触的则应更换。

4）检查缓解弹簧，应作用良好，无裂纹和塑性变形。

5）检查螺杆销、杠杆销等与对应衬套，应无严重磨耗。探伤检查各销，应无裂纹。检查测量各销与对应衬套的间隙，应符合标准。

6）检查闸瓦托、闸瓦撑，应状态良好、无裂纹。

7）探伤检查焊缝，应无裂纹。

8）检查杠杆，应无磨损；探伤检查杠杆，应无裂纹。

9）检查螺杆，应无磨耗和变形；探伤检查焊缝和杆身，应无裂纹。

10）间隙调整机构解体时，检查轴承是否良好，力推挡圈和复位挡圈有无磨耗。确认调整弹簧状态良好，调整螺母与调整螺母套、导向螺母与导向螺母套的配合齿面状况及啮合良好，无缺齿、断齿和严重磨耗，调整压圈、挡套、调隙挡状态良好。

（3）组装与试验

1）用压缩空气将各零部件吹扫干净。

2）按照与解体相反的顺序进行组装。

3）组装时，制动缸内壁及其他所有相对运动的零部件和各销的连接处均应涂制动缸润滑脂。

4）更换所有耐油石棉橡胶板密封垫。

5）在试验台上对检修好的单元制动器进行试验，应动作灵敏，作用良好。

6）确认各部件无泄漏。

2. 盘形制动装置检修

（1）检修标准

1）盘形制动装置外观无损伤，所有螺母、锁紧垫片安装紧固并完整，制动夹钳安装良好，无变形。

2）制动盘龟裂、损伤、变形、磨损均在限度内，厚度在限度内，安装状态良好。

3）制动闸片无缺损，无过度磨耗，安装状态良好，磨耗到限需更换。

4）停放制动缓解手拉环固定良好。分解检查盘形制动装置并更换润滑脂和密封圈，组装后外观无损伤，所有螺母、锁紧垫片安装紧固并完整。制动夹钳安装良好，无变形，功能试验良好。

（2）检修过程

1）解体。

①从制动钳总成上卸下导套、防尘罩、连接套等，拆下钢丝挡圈和钳体防尘罩，压出活塞，卸下活塞封圈。

②拆卸连接螺栓。

③断开制动器软管。

④拆卸定位栓、制动器卡钳组件等。

⑤拆卸活塞、活塞密封体。

⑥拆卸活塞密封件。

⑦拆卸制动钳固定螺栓，取下制动块。

2）检修。

①制动盘检修。检查制动盘表面与磨损件的擦痕，当制动盘表面的擦痕过深或过高时，应更换制动盘。

②制动夹钳检修。检查制动钳总体各件，若钳体出现变形或裂纹、缸套出现不均匀磨损、活塞出现不均匀磨损、摩擦片厚度小于 1 mm、制动盘厚度小于 10 mm，均应更换部件。

③制动片检修。检查制动片的磨损情况，必要时更换部件。

④分泵滑（卡）销螺栓检修。检查螺栓是否能平滑移动，若有损坏应更换部件。

⑤防尘罩和衬套检修。检查防尘罩和衬套是否有裂纹或损坏，若有应更换部件。

3）组装。

①组装制动盘。组装时，需在导套等部件上涂专用润滑脂，把活塞插入制动钳体内时，注意防止活塞倾斜。

②组装制动夹钳。组装导向片时，采用技术参数标示的紧固力矩；防止制动软管与其他件之间产生干涉；组装完毕后，对制动系统放气，检查制动系统是否漏油。

技能训练5　基础制动装置维护与检修

一、训练目的

1. 熟悉基础制动装置的维护保养内容。
2. 掌握基础制动装置检修方法。
3. 提高规范作业能力。

二、训练内容

1. 检查踏面单元制动器的技术参数。
2. 更换闸瓦。

三、训练用品

钥匙、手电筒、划线笔、清洗剂、润滑脂、抹布、毛刷、闸瓦间隙测量块、“禁止动车”指示牌等。

四、训练过程

基础制动装置维护与检修训练过程见表 5-8。

表 5-8　　基础制动装置维护与检修训练过程

项目名称	实训内容及技术要求	检修方法
作业前准备	1. 在实训列车两端放置“禁止动车”指示牌 2. 确认施加停放制动	
检查踏面单元制动器	1. 确认外观无裂纹、无缺失 2. 确认制动器连接、固定螺栓齐全，防松线无错位 3. 确认扭簧安装牢固、无断裂 4. 确认开口销及闸瓦钎齐全	目视检查
检查闸瓦磨损情况及安装状态	1. 检查闸瓦厚度是否达到限度标记 2. 检查同一轴闸瓦间厚度差值，要求不大于 10 mm 3. 检查闸瓦托、闸瓦撑，确认状态良好、无裂	目视检测
检查呼吸塞状态	确认呼吸塞正常，并进行清洁	目视、手动检查
检查单元制动器管路及接头	1. 确认管路无变形、无损伤 2. 确认管路接头处无泄漏	目视检查
检查波纹管	确认波纹管无严重破损	目视检查
测量闸瓦间隙	列车关断，切除全列车 B05，拉停放制动拉绳，缓解停放制动，用测量块塞闸瓦间隙，8 mm 一端可塞入，12 mm 一端无法塞入（闸瓦标准间隙为 8 ~ 12 mm）	手动检查
更换闸瓦	1. 将闸瓦间隙调至最大，拆下旧闸瓦，安装新闸瓦，穿上闸瓦钎，由里向外穿好防脱穿销，锁闭 2. 旋转调整手轮，闸瓦贴住轮对踏面；手动解锁装置，倒转手轮一圈，使闸瓦间隙保持在 6 ~ 8 mm；观察闸瓦与轮对踏面间隙是否上下均匀一致，否则可用 17 ~ 19 mm 开口扳手调整仰角螺栓即可 3. 打开相应制动风管塞门，进行制动机试验	
记录结束	填写检修记录并清理场地	

五、注意事项

1. 更换闸瓦时要注意安全，作业时严禁将手放于闸瓦与车轮踏面之间。
2. 注意检查、更换闸瓦顺序。
3. 作业过程中，要保证做到清洁卫生，无杂物进入泵箱内。
4. 作业过程中，不可因违规操作而导致零部件损坏。

六、考核评价

基础制动装置维护与检修考核评价表见表5–9。

表5–9 基础制动装置维护与检修考核评价表

类型	项目	项目与技术要求	配分	评定方法	得分
过程评价（40%）	1	训练纪律	10	观察、考勤	
	2	符合标准化作业流程	10	观察、抽检	
	3	团队协作，关注到安全卡控点	20	观察	
质量评价（60%）	1	作业完成	30	展示	
	2	维护与检修记录符合技术标准	30	测试、展示	

思考与练习

1. 简要说明空气压缩机分解清洗的要求和方法。
2. 简述双塔式空气干燥器常规检查步骤。
3. 简要说明风缸的检修方法。
4. 制动系统的常见故障有哪些？
5. 简述制动控制单元的检修方法。
6. 简述防滑系统的检修方法。
7. 单元制动器的常见故障有哪些？
8. 简述盘形制动器的检修方法。

第六章　空调系统维护与检修

学习目标

◆ 熟悉城市轨道交通车辆空调系统常见故障。

◆ 熟悉城市轨道交通车辆空调系统检修专用工具。

◆ 掌握城市轨道交通车辆空调系统的日常维护保养方法。

◆ 掌握城市轨道交通车辆空调系统运行故障的分析方法。

◆ 掌握城市轨道交通车辆空调系统运行故障的检修方法。

城市轨道交通车辆的空调系统作为提升车内空气质量、改善车内环境、提升乘客乘坐舒适性的基础性系统，通常包括空调机组、通风系统、控制系统和紧急逆变电源等。空调系统工作的稳定性、可靠性与安全性直接关系到城市轨道交通的运营质量，其持续性的工作特征决定了对其进行日常维护与检修尤为必要。本章主要以空调机组为例，介绍空调机组的故障诊断、制冷剂的检漏与充注以及空调系统维护与检修。

第一节　空调机组故障诊断

城市轨道交通车辆空调机组由压缩机、节流装置、冷凝器、蒸发器四大部件及其控制系统和辅助系统等组成。各组成部分相互联系而又相互影响，故障诊断需要进行全面检查、综合分析，并不断总结经验。

一、制冷系统故障

1. 制冷剂泄漏故障

制冷剂的检漏方法有以下几种。

（1）外观检漏

由于制冷剂泄漏会渗出冷冻油，一旦发现管路某处有油迹的话，可用白布擦拭或用手直接触摸检查，并做进一步确认。

（2）泡沫检漏

这是一种简便的方法，用混有清洁剂的水涂在预计可能发生泄漏的被检处，若该处有泄漏将会出现气泡，从而可以确定确切的泄漏发生位置。

（3）电子检漏仪检漏

用电子检漏仪接近被检处，一旦检漏仪测到有泄漏，将发出特定声音进行提示，此时应擦拭干净触头，在怀疑处再次测试确认。

2. 低压故障

制冷剂出现泄漏时将产生低压故障，低压故障的检查方法包括以下几种。

（1）用复合式压力表连接到系统中，检查系统停机时的平衡压力，以及机组运行情况下的低压压力，低压压力应不低于 0.05 ± 0.03 MPa。

（2）模拟机组运行，判别机组低压压力开关是否动作。

压缩机低压压力过低可能的原因有制冷系统泄漏、制冷剂不足、膨胀阀等低压处开启不足、外界温度过低、蒸发器入口有堵塞等。

3. 高压故障

导致制冷系统中压力过高的主要原因是系统中混入了空气。空气可能是在机组低压部分压力偏低时被压缩机吸入，也可能是在维修中因操作不当而混入到系统中。由于空气是不凝性气体，它在系统中的存在将直接产生如下不良后果：压缩机负荷增大，且温升异常，电动机过热或烧损；冷凝压力上升，制冷量下降；高压压力开关动作，系统无法正常运行。一旦发现有空气混入系统中，必须立即进行处理。

导致压缩机高压过高的原因还包括外界温度过高、冷凝器入口或出口有堵塞、冷凝器脏、制冷剂过多、冷凝风机不工作或工作异常等。

二、电气系统故障

1. 短路故障

该故障是电气设备的绝缘层因老化、变质、机械损坏或过电压击穿等原因被破坏而导致的。

2. 缺相故障

城市轨道交通车辆空调的压缩机、送风机和冷凝风机一般都是采用 380 V 交流电源供电，由于松脱或其他人为原因导致 380 V 交流电有一相断开时，就会出现缺相故障。部分压缩机设有缺相保护单元，可以自行检查该故障。

3. 反相故障

当压缩机、送风机和冷凝风机的三相连接顺序错误时，将导致反相故障，此时压缩机、送风机和冷凝风机会反相运转：压缩机反相运转的噪声较大，且很快就导致压缩机烧损；送风机、冷凝风机反相运转时，进风和出风方向刚好相反。

4. 过电流故障

该故障主要出现在城市轨道交通车辆空调机组的压缩机部件上，由于个别特殊原因导致压缩机运转负荷过大时（如吸气压力过高、堵塞等原因），不断上升的供电电流将导致压缩机电动机部件烧损。

5．压缩机高、低压压力开关动作

由于个别原因导致压缩机排气口压力过高或吸气口压力过低时，压缩机高、低压压力开关动作，该信号传给空调控制板，控制空调机组立即停止制冷运行。

6．温度传感器故障

当温度传感器老化或接触不良时，不能给空调控制板提供有效的信号时，就会出现温度传感器故障。

7．继电器故障

由于老化或其他原因，控制空调机组各部件启停的继电器会出现卡滞或不能动作等故障。

三、机械系统故障

1．压缩机故障

城市轨道交通车辆常用制冷压缩机为全封闭型涡旋压缩机，是蒸汽压缩式制冷装置的一个重要部件，起着压缩和输送制冷剂蒸汽的作用，是推动制冷剂在制冷系统中不断循环的动力。

压缩机在实际使用过程中，经常会出现压缩机不启动、压缩机能启动运转但不能正常运转，以及压缩机出现异常噪声等故障。

（1）压缩机曲轴与轴承故障

曲轴是压缩机的重要部件，长时间工作后，由于曲轴与轴承本身缺陷、使用不当或润滑出现问题等，会造成曲轴与轴承配合关系被破坏，使压缩机无法正常工作。

曲轴与轴承经过清洗后需进行外观检查，查看其损坏的程度，确认是否有修复的价值。如果外表无严重损坏，可以对曲轴进行探伤检查，曲轴不允许有裂纹。曲轴表面轻微拉伤或麻点可用细砂纸打磨消除，并用千分尺测量外径尺寸，不得小于规定尺寸限度。若条件许可，轴承可以直接更换新品。

（2）动、静盘相互位置发生变化

涡旋压缩机的动盘和静盘的涡线呈渐开线形状，安装时使二者中心线距离一个回转半径，相位差 180°。这样，两盘啮合时，与端板配合形成一系列月牙形柱体工作容积，这个封闭空间一直处于压缩过程。如果动、静盘相互位置发生变化，应重新调整动盘和静盘的相位差、重新定位，使之符合规定要求。

（3）动、静盘自身损坏

由于长时间工作引起的疲劳变形、磨损、断裂，以及材质问题，均可能导致动、静盘自身损坏，发生这种情况后，必须更换部件。在更换部件时要考虑动、静盘间的配合状况，应仔细测量二者的外形尺寸，确定动、静盘间的配合间隙是否合适。配合间隙太小，可能造成局部接触摩擦；配合间隙太大，可能造成压缩力太弱，影响制冷效果。

（4）吸气腔或排气腔不畅通

压缩机外侧空间与吸气口相通，始终处于吸气状态，内侧空间与排气口相通，始终处于排气状态。只有吸气腔或排气腔保持畅通，才能使制冷剂顺利通过压缩机并得到足够的压缩力。如果由于某种原因使吸气腔或排气腔不畅通，那么制冷剂就无法顺利通过压缩机，吸气受阻或排气不畅将使压缩机无法正常工作。因此，应检查压缩机吸气腔或排气腔是否畅通，如果发现异常情况，应采取相应措施予以解决。

2. 通风机故障

空调系统中，通风机是输送空气的动力装置，常用的通风机有离心式、轴流式和贯流式三种。如果通风机运转的噪声超过正常工作时的声音或伴有杂音，说明通风机出现了故障，具体有以下几种情况：叶轮与蜗壳或进风口摩擦，伴有金属碰撞声，一般为固定螺钉松动，导致叶轮移位而相碰；支持轴承严重磨损，导致转轴跳动，风叶动平衡差，从而产生响声；机壳与支架紧固螺栓松动，产生振动；通风机的进出管安装移位，产生振动。

四、制冷系统故障诊断

1. 故障的一般检查方法

空调与制冷装置故障的检查方法较多，可以通过仪表（如压力表、电流表、温度计等）进行监测和检查，也可通过人体本身的感觉器官观察、监听进行判别。在长期的检修实践中，形成了一套对运行中的制冷装置进行检查的方法，这就是“一看、二听、三摸”。

“一看”，即看压力表、电流表、温度计及配电柜指示灯的指示情况，特别是吸、排气压力值是否在正常值范围内，具体包括：看室内的降温速度，若降温速度比平时正常运转时显著减慢，则属不正常现象；看压缩机曲轴箱内的润滑油位置，应处在油面指示器（或称视油窗）所规定的水平线附近，制冷剂的液面应在允许范围内，否则应及时查找原因；看蒸发器和吸气管的结露或结霜情况。

“二听”，即仔细听压缩机和风机运转时的声音。若压缩机和风机运转时有下列声响，则属不正常现象：“嗵—嗵—嗵”是压缩机液击声，即有大量制冷剂的湿蒸汽或冷冻机油进入气缸，或称为液体压缩。全封闭压缩机因吸气时过热度大，不易产生液击现象。“嗒—嗒—嗒”是压缩机内部金属撞击声，说明内部运动部件有松动而产生碰撞。如活塞顶部与排气阀座相碰，这是由于连杆小头轴瓦磨耗过限或连杆螺栓松动所致。“啧—啧—啧”是压缩机飞轮键槽配合松动后的撞击声。

同时，还要听膨胀阀或制冷管路内制冷剂的流动声。正常的是连续而轻微的“咝咝”声，反常的是连续而较响的“咝咝”声或断续而较响的“咝—咝”声。

“三摸”，即摸压缩机前后轴承盖和轴封处的温度。例如，用温度计测量轴承盖处温度，以不超过 70 ℃为正常，用手摸时若感觉烫手，则属轴承温升过高现象，此时应停机查明原因。若是压缩机刚启动不久，则应等它运转一段时间后（一般在 15 min 以上）再摸测温度。

同时，还要摸过滤器表面的冷热程度。单级压缩制冷机的过滤器表面温度应比环境温度稍高。若出现显著低于环境温度或凝露的现象，说明过滤器滤网已局部堵塞。

2. 制冷系统的检查

（1）观察压缩机的吸、排气压力值

单元式机组正常运行时的吸、排气压力应符合机组技术参数规定的范围。

（2）测量蒸发器的进出风温度差

进出风温度差与通风量的大小有关，一般空调机组进出风温度差值为 12 ～ 14 ℃。

（3）看压缩机吸气管结露程度

1）压缩机吸气管及附近有结露，说明吸气温度较低，系统内制冷剂量适中。

2）若吸气管没有结露且压缩机温度高，则说明制冷剂量偏少，或者膨胀阀开度较小。

3）若压缩机吸气管及机壳大面积结露，则说明制冷剂量偏多，或者膨胀阀开度较大。

（4）查看漏点

1）查看接管各焊接处是否有油迹。

2）听节流阀内的声音，看视液镜内是否为气液混合。正常状态下，节流后为气液混合，流动声较低沉；若为气体，则流动声大且洪亮。

3）听压缩机运行噪声，压缩机正常工作时，噪声较低且平稳有规律。

4）闻异味，若有异常气味，应立即停机检查。

5）检查各种熔断丝是否熔断及保护装置是否动作。

3. 电气系统故障诊断

（1）绝缘检查

用兆欧表测量电气零部件与外壳绝缘电阻值，应大于 2 MΩ，测量前应断开由半导体元件所组成的部件。

（2）电源检查

过高或过低的电压都会导致空调机组启动困难或频繁停机，甚至损坏机组。

（3）电器功能检查

主要检查工况选择开关、温控器、接触器、继电器的触头动作是否可靠，有无异常情况，检查各保护电器的设定值是否符合规范要求。

（4）电气线路连接检查

主要检查线路是否有老化、破损，连接点有没有松动、脱落等现象。

（5）风机电动机检查

检查绕组对地绝缘电阻值是否符合规范，有无短路、断路及接地故障等。

4. 故障诊断基本流程

制冷系统故障诊断与处理基本流程如图 6-1 所示。

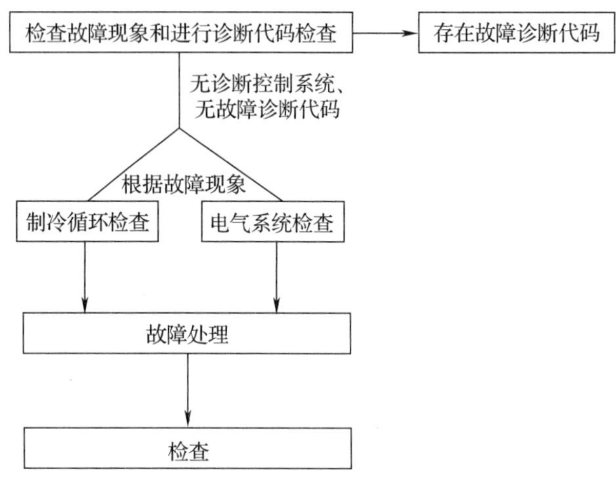

图 6-1　制冷系统故障诊断与处理基本流程

5. 故障查找表

故障查找表见表 6-1，使用之前，必须先进行以下内容的初步检查。

表 6-1　故障查找表

序号	故障	故障原因	处理方法
1	制冷剂液位过低	干燥器或液体出口阀关闭	将阀门打开到正常位置
		干燥器阻塞	更换干燥器
		制冷剂泄漏	修理泄漏点，并补充制冷剂
2	制冷系统故障	出风量不足	检查蒸发器风机的状态
		干燥器或蒸发器盘管脏堵	更换干燥器，清洁蒸发器盘管
		电磁阀故障	检查电磁阀线圈
		制冷剂液位过低	参照“制冷剂液位过低”故障的检修措施
		节流阀阻塞	检查阀门
		感温包位置偏离	检查感温包在管道上的位置及其保温情况
3	工作压力异常	冷凝压力过高或过低	检查冷凝风量、感温包等
		蒸发压力过高或过低	检查干燥器、感温包等
		系统中存在空气或不凝气体	高压侧三通阀口排气

续表

序号	故障	故障原因	处理方法
3	工作压力异常	冷凝器冷却空气流量不足	检查冷凝器盘管是否脏堵，冷凝风机转动是否正常
		冷凝器盘管脏堵	清洁冷凝器盘管
		制冷剂充注量过多	在高压侧三通阀口排掉多余制冷剂
		冷凝风机不工作	检查电动机控制线路，试验电动机性能
		电磁阀故障	检查电磁阀线圈、衔铁有无卡滞现象
		蒸发器出口管路中有液态制冷剂	检查感温包
		制冷剂充注过量	在高压侧三通出口排掉多余的制冷剂液体
		蒸发器入口管路结冰、霜	检查感温包、膨胀阀
		空气过滤器脏堵	更换
		蒸发器盘管脏堵	清洁
		干燥器脏堵	更换
		断路器断开	检查原因，查明后维修并复位

（1）通风机运转是否正常，若通风机不运转，压缩机也将不运转。

（2）恒温器的连接是否正确。

（3）确认空调机组供电电源为 AC380 V，且所有的断路器闭合。

（4）空调系统控制电路工作正常。

第二节　制冷剂检漏与充注

一、制冷剂的检漏

1. 制冷剂的检漏方法

制冷剂的检漏方法在本章第一节中已有讲述，此处不再赘述。

2. 气密性试验

一般制冷设备和管路经过空运转、空气负荷试车和系统排污后，对整个系统进行气密性试验，常采用压力检漏和真空检漏两种形式。

（1）压力检漏

将具有一定压力的氮气充入 R407C 制冷系统，使整个系统受压，然后检查接头、焊缝、管材和设备是否严密。压力检漏系统如图 6–2 所示。具体检漏方法如下：

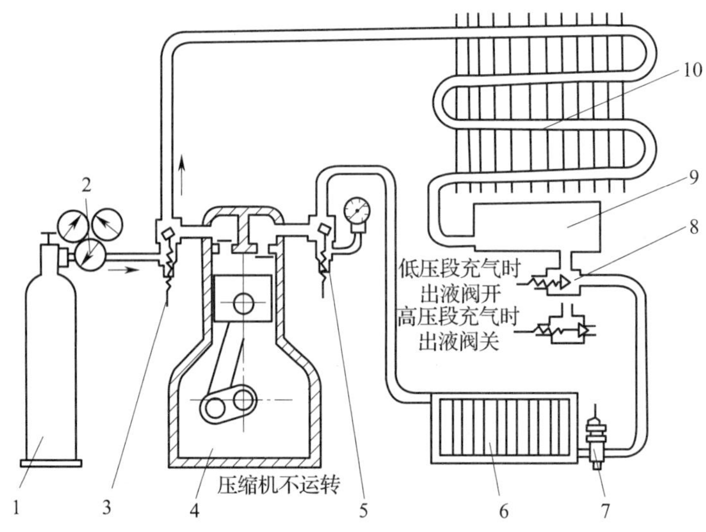

图 6-2　压力检漏系统

1—高压氮钢瓶　2—减压阀　3、5—三通阀　4—压缩机　6—蒸发器

7—膨胀阀　8—出液阀　9—储液器　10—冷凝器

1）关闭制冷系统中连通大气的阀门，管路系统中制冷剂通路所有阀门全部打开。在压缩机高压吸气侧安装歧管压力阀，打开高压侧通道，关闭低压侧通道，将中间接头与氮气钢瓶连接。

2）顺时针方向旋开氮气钢瓶上的阀门，观察减压后的压力表示数，达到机组技术参数规定的充气压力值（见表 6-2）即停止旋转。

表 6-2　　不同制冷剂的性能指标比较

制冷剂	R12	R134a	R22	R410A	R407C
标准沸点（℃）	-29.8	-24.1	-40.8	-52.7	-43.6
临界温度（℃）	112.2	101.1	96.1	72.5	87.3
临界压力（MPa）	4.12	4.07	4.98	4.95	4.82
消耗臭氧潜能值（ODP）	0.9 ~ 1	0	0.055	0	0
全球变暖潜能值（GWP）	8 500	1 600	1 900	1 700	1 530
可燃性	无	无	无	无	无
毒性	无	无	低	低	低

3）充注完毕后进行 24 h 保压试验，前 6 h 的压力降不应超过 2%，后 18 h 应能保持压力稳定。

（2）真空检漏

真空检漏一般在压力检漏之后进行，可以利用单独的真空泵进行真空检漏，也可以利用系统本身的压缩机进行真空检漏。真空检漏的目的是检查制冷系统在低压状态下的气密性，防止设备和管路有单向泄漏，防止外界空气不断渗入，去除系统中的水分，排出系统内的不凝性气体。

一般单元式空调机组用真空泵进行真空检漏，在应用真空泵抽真空作业时，需要配合使用歧管压力表，真空泵抽真空系统管路连接如图 6–3 所示。具体检漏方法如下：

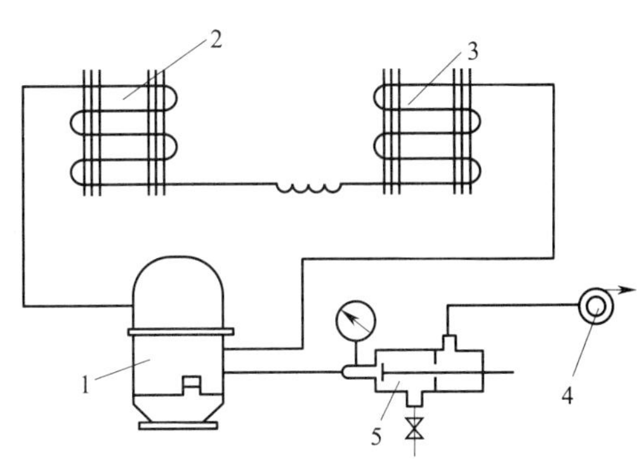

图 6–3　真空泵抽真空系统

1—涡旋压缩机　2—冷凝器　3—蒸发器　4—真空泵　5—歧管压力阀

1）将带压力真空表的歧管压力阀分别与真空泵和压缩机低压侧连接。

2）打开歧管压力阀低压侧，开启真空泵，观察压力真空表读数是否变化。若没有变化，判断是否泄漏。

3）当真空表示数达到或接近 -10^5 Pa 时，关闭歧管压力阀，停止真空泵运转，抽真空完毕。

二、制冷剂的充注

经过压力检漏和真空检漏合格后，可以向系统充注制冷剂。充注制冷剂前应检查制冷剂的质量，并做好相关准备工作。

1. 制冷剂充注量的判定

制冷系统安装或维修过程中需要充注制冷剂，制冷剂充注量过多或过少都会影响制冷系统的正常运行，因此，在制冷剂充注过程中要时刻关注充注量的多少。制冷剂充注量的常用判定方法如下：

（1）称重量法

将制冷剂容器放在台秤上，通过充注过程中重量的变化，计算已充注量。这种方法适用于抽真空后的制冷剂充注。

（2）测压力法

根据制冷剂热力学饱和参数的一一对应关系，通过温度计和高低压力示数判断充注量是否合适。

（3）测温度法

根据蒸发器进出口温度差值，以及气液分离器出口与蒸发器出口的温度差值，判断制冷剂充注量是否合适。

（4）结霜目测法

根据系统管路的结霜情况，判断制冷剂充注量是否合适。例如：毛细管前半段结霜，表明充注量不足；蒸发器管路出现结霜，表明充注量过多；在毛细管与蒸发器的交接处出现结霜，表明充注量合适。

2. 高压侧充注制冷剂

高压侧充注的制冷剂为液体，充注速度快，可以依靠钢瓶内制冷剂与系统之间的压力差和高度差使制冷剂液体自行进入系统，但难以控制制冷剂的充注量，适用于充注量大的初次充注，如图 6–4 所示。高压侧充注制冷剂的方法如下：

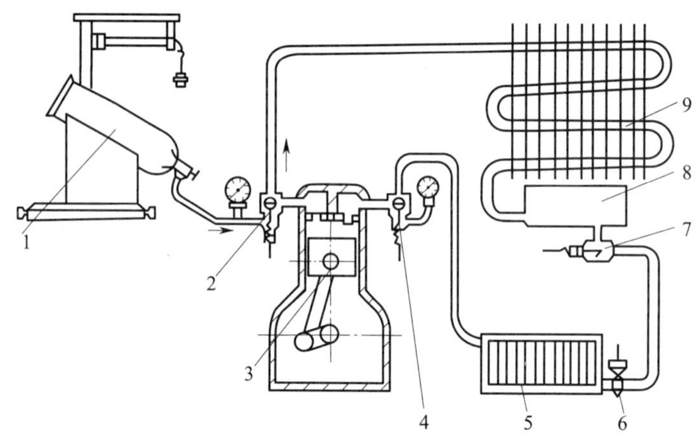

图 6–4　高压侧充注制冷剂

1—制冷剂钢瓶　2—排气阀　3—压缩机　4—吸气阀　5—蒸发器
6—膨胀阀　7—出液阀　8—储液器　9—冷凝器

（1）将制冷剂钢瓶倒置于秤上，用修理阀连接多用通道与钢瓶。

（2）稍微旋开钢瓶阀门，利用制冷剂蒸汽排出连接管路中的空气。

（3）根据充注量调整砝码后打开钢瓶阀门进行充注，达到设定示数时，应立即关闭钢瓶阀门。

（4）关闭截止阀，关闭多用通道，拆卸修理阀，高压侧充注制冷剂完成。

3. 低压侧充注制冷剂

低压侧充注的制冷剂是气体，充注速度慢，但充注量容易控制，安全且不易损坏部件，适用于全封闭式制冷系统，如图 6–5 所示。低压侧充注制冷

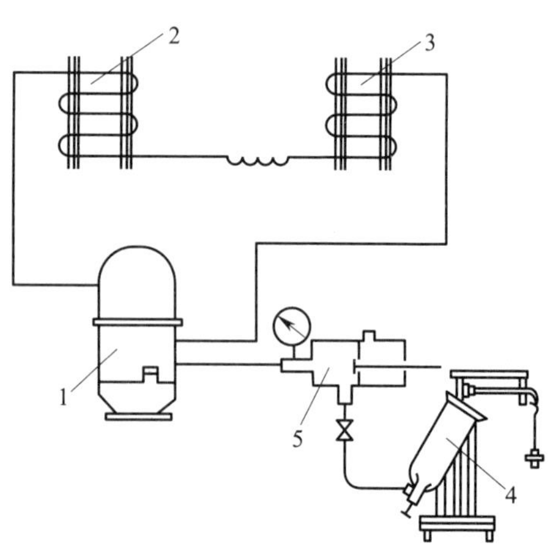

图 6–5　低压侧充注制冷剂

1—压缩机　2—冷凝器　3—蒸发器
4—制冷剂钢瓶　5—修理阀

剂的方法如下：

（1）制冷剂钢瓶竖放在秤上，用修理阀连接多用通道与钢瓶。

（2）稍微旋开钢瓶阀门，利用制冷剂蒸汽排出连接管路中的空气。

（3）打开制冷剂钢瓶阀门，启动制冷机组。

（4）旋开吸气截止阀，接通多用通道（一般钢瓶会逐渐结露、结霜）。

（5）关注秤示数或观察压力表示数、温度计示数、管路结霜情况等，判断充注量是否合适。

（6）关闭截止阀和多用通道，拆卸修理阀，低压侧充注制冷剂完成。

第三节　空调机组维护与检修

城市轨道交通车辆空调机组结构复杂，机组运行时制冷系统或电气系统容易出现故障。因此，空调机组正常运行需要定期维护和检修。本节主要介绍城市轨道交通车辆空调机组的日常维护与检修，以及检修专用设备和工具。

一、空调机组的维护

1. 整体外观检查维护

（1）检查机组各回路连接器，应紧固到位、无松动现象。

（2）确认接地正常，接地线螺栓防松线清晰无错位。

（3）检查各盖板螺栓，应紧固、无松动。

（4）检查外观，应无明显缺陷、机械损伤。

（5）确认各部件启动顺序正常、运转正常。

2. 滤网检查维护

（1）确认滤网干净无破损。

（2）确认滤网卡扣无丢失。

3. 盖板检查维护

（1）确认冷凝腔盖板、蒸发腔盖板轴销等正常。

（2）确认各盖板无裂纹和变形，紧固件防松线清晰无错位，轴销无丢失和损坏。

4. 空调机组维护及技术要求

空调机组维护及技术要求见表 6-3。

表 6–3　　　　空调机组维护及技术要求

序号	项目	维护内容及技术要求
1	机组	清洁、检查机组壳体，对脱漆处进行防锈、补漆操作，确认壳体无腐蚀、无积垢、无脱漆、无脱焊、无变形，清洁度达到Ⅴ级
2	紧固件	检查确认机组紧固件及盖板锁、铰接组件无损伤，零部件安装牢固，锁舌、锁扣板无变形，锁扣销无裂纹，内部弹簧良好，安装牢固，功能正常，箱盖铰接组件正常，无变形及裂纹
3	过滤网	清洁过滤网格栅，更新纤维过滤网，清洁新风金属过滤网，修复或更新损坏的滤网，确认格栅无破损、无杂物
4	机组保温材料	检查空调机组保温材料、更新密封条，对翻边、脱落的铝箔进行重新修补，确认无缺损、老化，性能良好
5	压缩机	清洁压缩机，检查压缩机高、低压侧连接管、各紧固件和接线端，检查压缩机油位显示镜，测量压缩机绕组阻值、绝缘阻值，确认清洁度达到Ⅴ级；要求压缩机安装牢固、可靠，接线无松动，绝缘密封良好，油位显示镜无裂损，润滑油充足、无杂质，绝缘阻值不低于 5 MΩ，三相绕组阻值平衡
6	制冷管路	检查制冷系统的各连接管路、接头和保温管道，要求无破损，无泄漏
7	冷凝器、蒸发器	拆下蒸发器挡水板，清洗蒸发器、冷凝器，确认清洁度达到Ⅴ级，矫正变形翅片，要求翅片无变形且间距一致
8	送风机、冷凝风机	清洁和检查风机、风机扇叶、叶轮、壳体、接线端子、冷凝风机罩网等，更新送风机、冷凝风机电动机轴承，测量电动机绕组阻值、绝缘阻值，确认清洁度达到Ⅴ级，安装牢固，无裂损、锈蚀、脱焊，运转正常，绝缘良好，绝缘阻值不低于 1 MΩ，三相绕组阻值平衡
9	排水管	清洁排水管，确认清洁度达到Ⅴ级，无堵塞、无破损
10	压力开关	检查空调机组的高压开关、低压开关，以及各压力开关管路连接头和电气连接插头，确认高压压力开关的切断压力为 2.1 ± 0.1 MPa，连接压力为 0.6 ± 0.15 MPa，低压压力开关的切断压力为 0.05 ± 0.04 MPa，连接压力为 0.15 ± 0.04 MPa。各压力开关管路连接头和电气连接插头应安装牢固、可靠，无泄漏
11	视液镜、干燥过滤器	检查视液镜及中心色纸颜色，更新失效的干燥过滤器，并做除锈、防锈处理，确认视液镜中心色纸颜色显示正常，视液镜、干燥过滤器安装牢固可靠、无锈蚀、无裂损、无泄漏
12	电磁阀	检查制冷系统各电磁阀，确认无锈蚀、接线正确、动作正常
13	新风、回风门	清洁风门格栅及风门叶片，检查执行器及其连线情况，确认清洁度达到Ⅳ级，部件无缺损，无松动，风门动作正常
14	热力膨胀阀	检查各热力膨胀阀，确认无破损、无泄漏、无锈蚀，性能良好
15	雨水分离器	清洁、检查雨水分离器，确认安装稳固、无松动
16	温度传感器	清洁、检查、检测新风温度传感器、回风温度传感器，更新送风温度传感器，应无锈蚀，接线正确、无松动，作用良好

续表

序号	项目	维护内容及技术要求
17	紧急逆变器	清洁、检查、检测紧急逆变器，确认清洁度达到 Ⅳ 级，接线正确、无松动、无烧损，作用良好
18	过渡连接软风道、底部回风密封件	目测检查和清洁过渡连接软风道和机组底部回风密封件，确认清洁度达到Ⅴ级，无破损、无老化
19	空调机组电缆、接线盒及电源连接插头	清洁箱体，检查各接线、接线端，清洁、检查电源连接插头各插针等，确认清洁度达到Ⅴ级，配线无老化、无破损，线号清晰、排列整齐，绝缘良好、安装牢固，插针清洁、无烧损
20	接地线	检查接地线，应无破损，连接牢固
21	车顶清洁	清洁送风口、回风口，疏通排水孔，确认清洁度达到Ⅴ级，无杂物、无堵塞
22	司机室送风单元	清洁司机室送风单元，检查接线，更换损坏件，确认清洁度达到Ⅴ级，无缺损，安装牢固
23	排风装置	清洁、检查送风格栅、回风、废排装置等空调系统排风装置，确认清洁度达到Ⅳ级，安装牢固、可靠，无锈蚀、裂损
24	机组功能检测	检查、检测空调机组主要部件功能及整机综合性能，确认运转无异常，各种保护开关动作正常，制冷回路无泄漏，制冷效果良好

注：表中相关数据可能因设备型号的差异而不同，可以参照相关维护机组的技术参数。

二、空调机组检修

单元式空调机组检修及技术要求见表 6–4。

表 6–4　　单元式空调机组检修及技术要求

序号	项目	技术要求
1	预检	通电加载，记录各工况基本参数和故障情况，根据车况做好检修前的工作
2	机组落车送至检修位	拆卸机组，将机组吊出并送至检修位
3	机组开盖分解	拆卸通风机、冷凝风机、预热器，做好相关线号标记
4	除尘，清洗冷凝器、蒸发器	冷凝器、蒸发器经超声波煮洗池煮洗后，用清水冲洗，要求清洗干净，流水孔畅通，清水冲洗后 pH 值为 7
5	检漏测试	要求系统各部无泄漏，如有泄漏应及时处理。焊接后必须保压 24 h，确认正常后，按量加氟
6	检测压缩机、干燥过滤器、汽液分离器、压力继电器	要求固定可靠，外表锈蚀者进行除锈并补漆，压缩机绝缘电阻不小于 5 MΩ
7	检修软连接风道、航空插头	软连接风道无腐蚀、破损，分解航空插头，确认各线接线正确、无脱焊，线标清晰、无缺欠，如果航空插头进水，必须进行烘干处理并测试绝缘电阻

续表

序号	项目	技术要求
8	绝缘电阻测试	确认压缩机绝缘电阻不小于 5 MΩ，预热器绝缘电阻不小于 20 MΩ，配线绝缘电阻不小于 2 MΩ
9	粘贴检修标记、填写检修记录	压缩机、预热器、接线盒检修完毕后，粘贴检修标记，检修人、检修日期填写清楚。检修记录填写字迹清楚，不漏项，并如实填写检测数值
10	试验	试验各参数符合要求，要求进风温度为 29 ± 0.5 ℃，进风相对湿度为（60 ± 5）%，29 kW、35 kW 时风量为 4 500 m^3/h、40 kW 时风量为 6 000 m^3/h，制冷量不低于原设计值的 85%，K 型车制冷量不低于原设计值的 90%
11	机组装车配套试验	预热器三相电流平衡，相差不超过 10%；全暖状态时，吸入和吹出的空气温差为 7 ~ 9 ℃；全冷状态时，吸入和吹出的空气温差为 8 ~ 10 ℃；运行 30 min 后，外温与出风口温差不小于 10 ℃，客室内卧车温差不大于 2 ℃，座车客室两端温差不大于 3 ℃，双层客车上下层温差不超过 4 ℃
12	交验	要求机组配件齐全、运行平稳，无异响、异振，采暖、制冷效果良好

说明：表中相关数据可能因设备型号的差异而不同，可以参照相关检修机组的技术参数。

三、空调机组检修专用设备和工具

1. 检漏仪

空调系统中，对制冷系统制冷剂进行泄漏检测常使用的设备是检漏仪，使用检漏仪进行系统漏点检测是一种便捷的检漏方式。操作时，将检漏仪的传感器靠近管道或测量点，如果发现泄漏，指示灯由绿色变为红色，同时声音信号也会提示检测到了泄漏。检漏仪如图 6–6 所示。

2. 歧管压力表

歧管压力表如图 6–7 所示，功能如下：

（1）检测压力。当高、低压阀同时关闭时，可对高、低压侧进行压力检测。

（2）加注制冷剂。可以从高压侧或者低压侧加注制冷剂。

图 6–6　检漏仪

图 6–7　歧管压力表

（3）放空或排出制冷剂。低压阀关闭，高压阀打开，可使系统向外放开，排出制冷剂。

（4）抽真空。高、低压阀全开，在中间接头接真空泵，可对系统抽真空。

3. 真空泵

对制冷系统进行制冷剂充注前，管道、设备内的空气和水分必须排出，这就需要使用真空泵对系统内进行抽真空操作，真空泵如图 6–8 所示。使用真空泵抽真空时应注意以下事项：

（1）注意真空泵的油位。

（2）真空泵启动后再缓慢打开阀门。

（3）经常注意真空泵运转是否正常、有无特殊声响，电动机是否超负荷运转。

4. 管道工具

（1）胀管器

两根铜管对接时，需要将一根铜管插入另一根铜管中，这时往往需要将被插入铜管端部的内径胀大，以便另一根铜管能够吻合地插入，只有这样才能使两根铜管焊接牢固，并且不容易发生泄漏。胀管器的作用就是根据需要对不同规格的铜管进行胀管。胀管时，首先将退火的铜管放入管钳相应的孔径内，铜管伸出夹管钳的长度随管径的不同而有所不同，管径大时，胀管长度应大一点，管径小时，胀管长度则小一点，对于 ϕ8 mm 的铜管，一般胀管长度为 10 mm 左右。拧紧夹管钳两端的螺母，使铜管被牢固地夹紧，插入所需口径的胀管头，顺时针缓缓旋转胀管器的螺杆，使铜管胀到所需内径为止。胀管器如图 6–9 所示。

图 6–8　真空泵

图 6–9　胀管器

（2）扩口器

扩口器如图 6–10 所示，用于为铜管扩喇叭口，以便通过配管将分体式空调器室内外机组连接起来。扩口时，先将退火的铜管套上连接螺母，然后将铜管放入夹管钳相应的孔径内，铜管露出夹管钳的高度为铜管直径的五分之一。拧紧夹管钳两端的螺母，用扩口顶压器的锥形头压在管口上，顺时针缓慢旋转螺杆，将管口挤压成喇叭口。

（3）弯管器

弯管器是用来改变铜管的形态，将铜管加工成所需要的形状的工具，如图 6–11 所示。弯管器有多种规格，适合弯制半径小于 20 mm 的铜管，弯管时，先将已退火的铜管放进弯管器的轮子槽沟内，将夹管钩锁紧，慢慢旋转手柄使铜管弯到所需的角度。

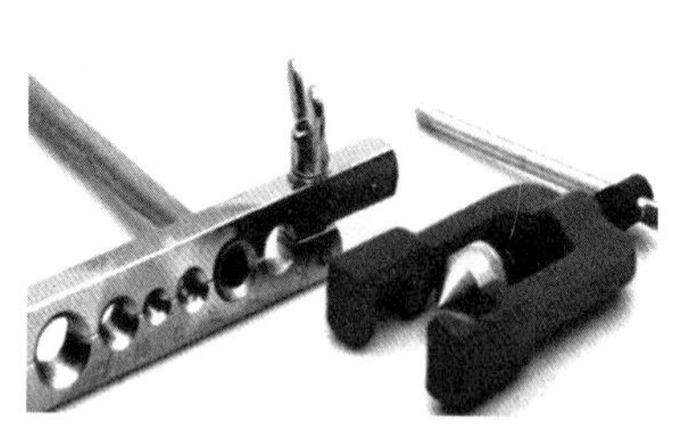

图 6–10　扩口器

图 6–11　弯管器

技能训练 6　制冷系统抽真空与充注制冷剂

一、训练目的

1. 熟悉制冷系统抽真空、充注制冷剂的方法。
2. 掌握利用双表修理阀抽真空和充注制冷剂的具体操作步骤。

二、训练内容

1. 用双表修理阀对单元式空调机组进行抽真空检漏。
2. 任选一种方法进行制冷剂充注。

三、训练用品

KLC29–I 型单元式空调机组、双表修理阀、台秤、压力表、真空表、扳手、制冷剂若干。

四、训练过程

1. 将三通修理阀的对应接口分别与压缩机充灌制冷剂的工艺管、充灌器（制冷剂钢瓶）和真空泵的管路接上，并在锁紧管路接头前，从充灌器放出微量制冷剂，将连接管路中的空气排出后再锁紧。

2. 打开通往真空泵的三通修理阀，关闭通往充灌器的三通修理阀，然后启动真空泵。假设真空压力表指示在 133 Pa 以下，放置 5 ~ 10 min，如果压力上升大于 3 kPa，说明系统有泄漏，应检查后再进行抽真空工序；如果低压表指针保持不动，继续进行抽真空 30 min 以上，然后关闭通往真空泵的三通修理阀，关闭真空泵，停止抽真空。

3. 充灌制冷剂，开启通往充灌器的三通修理阀和充灌器截止阀，然后开启压缩机，制

冷剂即充入系统。充灌过程中，应细心观察充灌器的液位变化，当达到规定充灌量时，迅速关闭截止阀，再用浸热水的毛巾加热充灌器与压缩面的连接管路，以便使管内残留的制冷剂减少到最低限度。

4. 在定量回液法、称量加液法、控制低压压力法和综合判断法中选几种方法判断制冷剂充注量。

5. 设备通电运行几小时，倾听压缩机制冷系统有无流水声。查看蒸发器结露情况等，确认制冷性能合格后再进行封口操作。

五、注意事项

1. 连接管路时注意转矩，以防损伤接口。
2. 注意检查开关阀的顺序。
3. 在作业过程中，要保证清洁卫生。
4. 在作业过程中，避免因违规操作导致操作人员被制冷剂冻伤。

六、考核评价

制冷系统抽真空与充注制冷剂考核评价表见表 6–5。

表 6–5　　制冷系统抽真空与充注制冷剂考核评价表

类型	项目	项目与技术要求	配分	评定方法	得分
过程评价（40%）	1	训练纪律	10	观察、考勤	
	2	符合标准化作业流程	10	观察、抽检	
	3	团队协作，关注到安全卡控点	20	观察	
质量评价（60%）	1	作业完成	30	展示	
	2	制冷系统真空度、制冷剂充注量符合技术标准	30	观察、展示	

思考与练习

1. 简述空调制冷单元式机组常见的故障现象。
2. 简述城市轨道交通车辆制冷系统的检漏方法。
3. 简述城市轨道交通车辆空调系统的检修流程。
4. 分析说明空调系统不制冷的原因。
5. 分析说明空调装置出风不冷的原因。
6. 对比说明高低压侧充注制冷剂的异同。

第七章 牵引系统维护与检修

学习目标

- ◆ 了解牵引系统的组成及作用。
- ◆ 掌握受流装置的维护方法。
- ◆ 重点掌握受流装置的检修方法。
- ◆ 掌握牵引设备的维护方法。
- ◆ 重点掌握牵引设备的检修方法。

牵引系统是城市轨道交通车辆的动力来源，主要包括受流装置、高速断路器、接触器、线路滤波器、牵引逆变单元、牵引电动机、制动电阻器、浪涌吸收器、接地装置等设备。牵引系统主要有两个工况，即牵引工况和制动工况。这两个工况的正常实施主要依托于车辆受流装置和牵引设备良好稳定的工作状态。因此，对车辆受流装置和牵引设备进行维护与检修至关重要。本章主要介绍车辆受流装置和牵引设备的维护与检修。

第一节 受流装置维护与检修

受流装置是列车将外部电源平稳地引入车辆电源系统，为列车的牵引设备和辅助设备提供电能，为车辆设备和乘客提供安全保护的重要电气设备。城市轨道交通车辆受流装置按受流方式不同，主要有受电弓、集电靴、车间电源、避雷器（浪涌吸收器）等形式。下面主要介绍以上四种受流装置的维护与检修。

一、受电弓的维护与检修

受电弓一般通过基础框架安装在车顶上，并尽量靠近转向架回转中心，避免车辆通过曲线时引起受电弓偏离接触网导线。当受电弓升起时，受电弓与接触网接触滑行，从接触网受取电流，通过车顶母线传送到车辆顶部，供车辆设备使用。受电弓也称集电弓，其形式多样，目前 QG-120 系列受电弓在国内城市轨道交通车辆中应用广泛。下面以 QG-120（B-XAL2）型受电弓为例进行说明。

1. 受电弓的组成

QG-120（B-XAL2）型受电弓为单臂气动受电弓，主要由底架、气囊、下臂杆、上臂杆、液压阻尼器、拉杆、平衡杆、气源控制箱、导流线、弓头（滑板条、横托架）等部件组成，如图 7-1 所示。

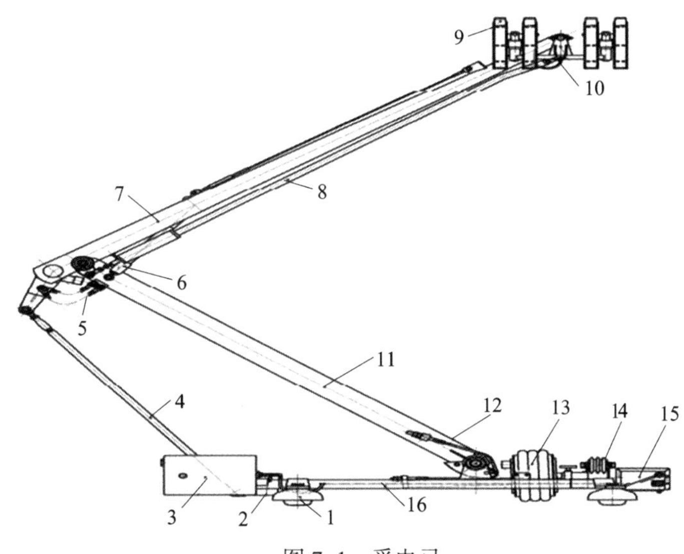

图 7-1　受电弓

1—支撑绝缘子　2—截断塞门　3—控制系统　4—拉杆　5—导流线　6—阻尼器　7—上臂杆　8—平衡杆　9—滑板条　10—横托架　11—下臂杆　12—钢丝绳　13—气囊　14—绝缘子　15—电控箱　16—底架

2. 受电弓的维护

受电弓安装在车顶，并且安装区域是开放式的，工作环境相当恶劣。因此，在日常检修作业中，受电弓是需要重点检查的部件之一。

（1）目测螺栓连接部位的漆封标识、校核力矩，确认连接良好。

（2）目测各转动部位的润滑情况。

（3）目测受电弓各个部位不同规格的导流线是否有断股，如有则更换。

（4）检查弓头滑板条是否有偏磨情况，如有则需调整，如图 7-2 所示。

（5）当滑板条磨损到小于 26.5 mm 时，应及时更换滑板条。

1）如果更换弓头滑板条，应同时将弓头所有的滑板条全部予以更换。更换新滑板条后应检查受电弓的静态压力，如果需要，应进行调整。

2）滑板条在使用过程中因为接触网线的硬点撞击造成碳块崩边，如图 7-3a 所示，可使用粗糙的锉刀对

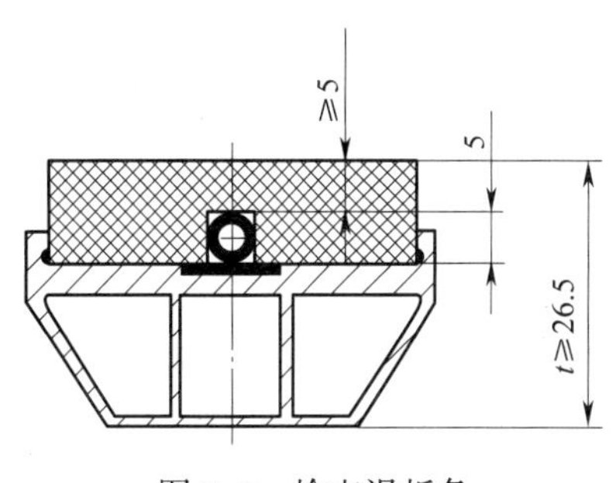

图 7-2　检查滑板条

崩边进行打磨，使棱边圆滑过渡，打磨后的滑板条可继续使用。

3）滑板条磨耗表面出现如图 7–3b 所示的裂纹，则应立即更换滑板条。

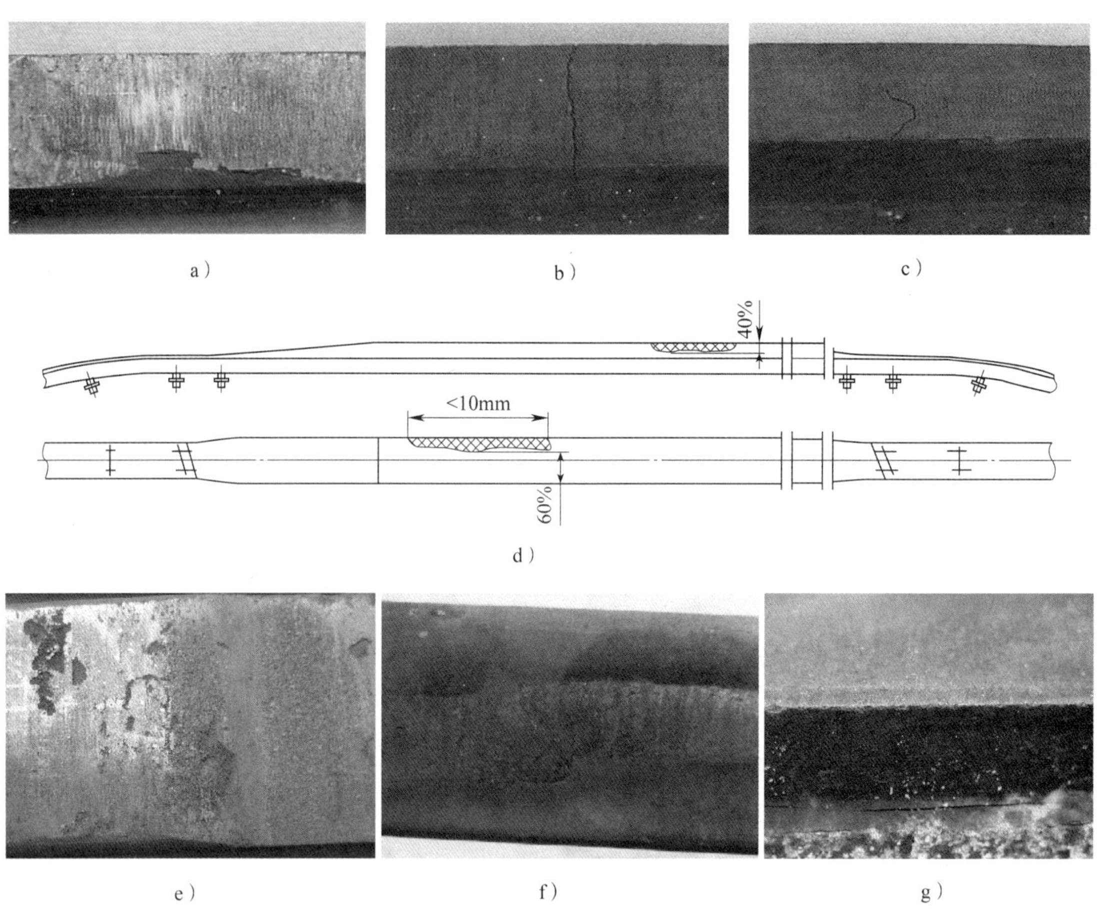

图 7–3　磨耗面出现长度方向的裂纹

4）滑板条磨耗表面出现了细微的裂纹并贯通至滑板托架，同时还出现了电弧击穿的现象，如图 7–3c 所示，则应立即更换。

5）滑板条出现了大于二分之一的崩边，如图 7–3d 所示，则应立即更换，若崩边的同时，滑板条的宽度方向还出现了裂纹，则应立即更换。

6）滑板条的磨耗面出现了不同程度的凹坑，如图 7–3e 所示，可正常使用。

7）滑板条碳块和金属托架之间出现如图 7–3f 所示的裂纹，则需要立即更换。

8）滑板条在使用中磨耗面出现如图 7–3g 所示长度方向的裂纹，属毛坯碳在制造中产生的挤压毛细纹，不影响滑板条的自身性能，无须更换。

（6）目测各转动部位的运转情况，检查轴承是否有卡滞现象，如有则需清洁及更换。

（7）检查受电弓的静态接触压力，如不满足标准则需调整。

（8）检查升弓钢丝绳有无断股，如有则更换。

（9）目测弓头滑板条部位的导流线紧固螺栓有无松动，如有则及时紧固。

（10）清洁受电弓及绝缘子。

（11）目测液压阻尼器是否有漏油情况，如有则需更换。

（12）对受电弓控制箱里的空气过滤器进行手动排水。

（13）给气囊充以额定的压缩空气，检查气囊的运动及膨胀是否正常，主要包括：气囊是否沿纵向运动，有无偏离中心的现象，气囊各区域的膨胀大小是否一致。

（14）参数调试：调整拉杆的尺寸，调整受电弓的静态接触压力，调整受电弓的静态压力特性，调整滑板条和架空接触网线接触平面的水平度，调整平衡杆使弓头在受电弓的工作高度始终趋于水平，调整受电弓的升降弓时间，调整受电弓的落弓位置。

3. 受电弓的检修

将受电弓从车顶拆卸下之前，应该使用固定挂钩将上部支撑固定在车底框架上。落车后，需要一专用平台检修受电弓。

受电弓分解前，应松开张力弹簧，然后依次拆除导流线、集电头、上臂杆、下臂杆和驱动气缸，组装按相反的顺序进行。分解后，应清洗所有部件，清洗时选择中性清洁剂，并且小心清洗，避免框架变形造成部件损坏。

受电弓检修并组装完毕后，应进行油漆重涂作业。在涂油漆时，应注意对导流线安装点及铰链处进行遮盖保护，以免影响轴承的工作及连接线的导电性能。

（1）部件检修

1）底架。底架由方形管或型钢焊接而成，并通过轴承与下部的撑杆相连。底架上还安装有铜接线排和连接列车主电源的电缆。

受电弓上臂杆及下臂杆需要在专用平台进行测量，如果发现有变形或弯曲，应采用冷整形方式检修，如果无法整形，则应该更换新的框架。

2）轴承。轴承拆下后，应检查是否有锈蚀或点蚀现象，如有，则必须更换轴承。大修作业时应更换所有的轴承。受电弓组装完成后，应对所有的轴承进行润滑。

3）导流线。导流线一般用多股铜导线编织而成，在检修中应检查导流线是否有断股现象，如有应予以更换。对于所有的接线端子，需清洁并打磨接触表面。安装导流线时，应在接线端子及框架上的安装区域涂抹含铜油脂，保证接触面的导电性能良好。大修作业时应更换所有的导流线。

4）滑板条。滑板条是受电弓上最易磨损的部件。滑板条直接与接触网接触，为了最大限度地减小接触导线对滑板条的磨损，滑板条材质应较接触导线软。同时，列车在高速经过两个供电区段的断电器时，也较易对滑板条造成损伤。因此，检修时主要检查滑板条的磨损及损伤情况。当滑板条磨损到最大磨损界限时（一般为底部离上部槽口 2 ~ 3 mm），或者滑板条上有较大的缺口时，必须更换滑板条。对于弓角，主要检查其磨损情况，若磨损较大，则必须更换。

5）驱动气缸。驱动气缸内装有预紧弹簧，需要利用专用夹具进行拆装。驱动气缸分解后，应检查活塞部件的磨损情况，更换所有的橡胶密封件。驱动气缸组装完毕，应通气检查工作情况。缓冲阀检修一般在大修时进行，主要是检查部件的磨损情况并更换橡胶密封件。

6）绝缘子。绝缘子安装在底部框架上，既可用于支撑底部框架，又可将车体与受电弓隔离。因此，绝缘子应具有良好的电气绝缘性能和力学性能，一般采用陶瓷或玻璃纤维聚酯压制而成。

在检修中，主要检查绝缘子外观是否有裂纹及损伤。如果绝缘子表面有炭粉等污垢堆积，无法清除时，可采用抛光方式处理。绝缘子表面有裂纹、损伤时，应予以更换。检查完毕后，还应测试绝缘子耐压及绝缘电阻。

7）集电头。集电头是受电弓与接触网接触的部分，主要由滑板条、转轴、弓角、弹簧盒组成。由轻金属制成的弓角可以防止在接触网分叉处接触导线进入滑板条底下，避免刮弓。滑板条是由电石磨碳制成的接触部件及由轻金属制成的支撑物组成。弹簧盒中装有螺旋压缩弹簧，可为集电头在垂直方向提供一定的自由度。

（2）受电弓的调整

受电弓组装完毕后，需要调整框架位置，并检查集电头与接触网导线的接触压力。

1）框架位置调整。调整框架位置时先调节下部导向杆，在最低位置时，下部导向杆应为水平。

2）铰链部分调节。中间的铰链部分不能高于滑板条的上部边缘或低于底部框架下部边缘。如果中间铰链的位置太低，下部工作区接触力的上升将受影响。

3）上部导向杆长度调节。下部导向杆和接触力调整完毕后，再调节上部导向杆长度，使得滑板条的上部位于受电弓中间工作位置。

4）接触压力调整。框架位置调整完成后，可通过调节主张力弹簧长度调整接触压力。由于在整条线路上，接触网的高度是不同的，这要求受电弓在整个工作高度范围内的接触压力应基本一致。此外，不同季节的温度不同，也需调整接触压力。

二、集电靴的维护与检修

集电靴又名第三轨受流器，是指安装在列车转向架上，为列车从刚性供电轨（第三轨）进行动态取流（采集电流），满足列车电力需求的受流设备，分为上接触式、下接触式和侧接触式三种。集电靴在转向架上的安装位置如图 7–4 所示。下面以常用的上接触式集电靴为例进行介绍。

图 7–4　集电靴在转向架上的安装位置

1. 集电靴的组成

上接触式集电靴一般由集电靴主体（包括一整套动力系统弹簧、轴承、金属底座、金属臂架、紧固件、连接熔断器与受流器的两根电缆）、受流臂、滑块、熔断器、绝缘框架等组成，如图 7–5 所示。

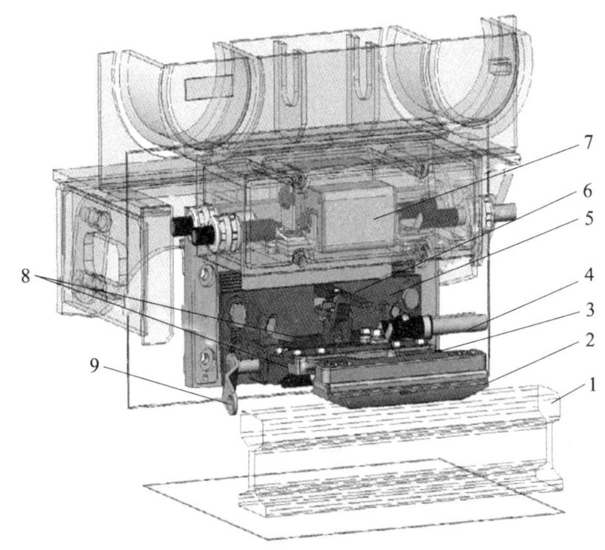

图 7–5　集电靴的组成

1—第三轨（供电轨）2—碳滑靴（滑块）3—受流臂　4—电缆　5—绝缘底座　6—位移调节板
7—熔断器　8—弹簧与轴承　9—手动回退工具插入位置

2. 集电靴的维护

对集电靴进行维护时，应依次确认以下内容：

（1）外观清洁，无异物，无裂纹。集电靴及附近部位无电击痕迹。

（2）集电靴安装状态良好，转动灵活。以走行轨上平面为基准，到达主轴中心高度为 201.5 ± 2 mm，到达碳滑靴磨耗线高度为 103.5^{+4}_{-2} mm。

（3）碳滑靴的厚度及接触压力符合要求，无偏磨。碳滑靴磨耗距磨耗线 2 mm 以内时应更换。以走行轨上平面为基准，到达碳滑靴下平面高度为 140 mm 时，压力值为 96 ~ 160 N。

（4）编织铜导线端头无损坏，安装状态良好。

（5）高压电缆无磨损，无烧伤。接线端子处无异状，弹簧无裂纹，线卡无松动。

（6）起复装置转动灵活，状态正常。

（7）熔断器安装良好，状态正常，无熔断弹出提示。

（8）受流器杆臂无损坏，无裂纹。

（9）更换集电靴时，需涂抹导电脂并更换防松螺母。

3. 集电靴的检修

（1）目视检查熔断器

熔断器上的红色指示灯应亮，表示正常；如果不亮，应更换熔断器。

（2）目视检查碳滑靴的位置

一个碳滑靴、四个螺母和四个垫圈应齐全无丢失，如果发现零部件缺失，按步骤进行更换。

（3）清洗集电靴

清洗集电靴时，应使用 pH 值为 7 ~ 10 的溶液，溶液内不能有磨损物质和导电物质。清洗集电靴时必须断电，可用人工清洗，也可用专用清洗设备清洗，还可用 600 kPa 以下的高压喷水清洗，注意不要损坏熔断器的盒子，最后用压缩空气进行干燥。

（4）检查集电靴的状态

检查碳滑靴磨损指示标记，滑靴磨损量应均匀不过限。磨屑、划痕、碳裂纹等缺陷是可接受的，如果碳滑靴部分损坏或丢失，则需要更换。

（5）目视检查绝缘底座与绝缘盖

检查绝缘底座与绝缘盖有无裂纹、断裂、气孔等缺陷，更换有缺陷的部件。

（6）检查集电靴的整体状态

检查集电靴有无裂纹、断裂、气孔等缺陷，更换有缺陷的部件，并检查碳滑靴的位置是否正确。

（7）电缆线检查

检查电缆线的长度，确保整个绝缘保护层没有破损、裂纹及其他缺陷和损坏。检查绝缘套有无松动。

（8）检查限位螺钉

检查限位螺钉是否磨损，更换不合格的限位螺钉。

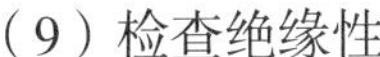

（9）检查绝缘性

做此项检查以前，整体部件必须进行清洗和干燥。此项检查是在转向架上进行的，具体步骤如下：

1）在断电位置回退集电靴。

2）断开集电靴外部的电缆线（连接熔断器盒到碳滑靴的电缆必须保持在原来位置）。

3）兆欧表一端连接到碳滑靴上，另一端连接到转向架上。

4）兆欧表设置到最小 500 V 的位置上，在兆欧表上显示的电阻读数应该大于或等于 100 MΩ，否则应检查绝缘盖的状态是否良好。

（10）检查接触压力

集电靴在正常位置的接触压力（碳滑靴与供电轨）可以在车辆上进行检查，为了检查更精确，也可以在维修车间进行。

三、车间电源的维护与检修

车间电源是列车辅助的受流设备，主要用于列车在检修库内进行整车调试和部分设备的有电检查。外部电源通过电缆插头与列车车间电源插座相连，供电给列车电源系统。考虑到安全原因，车间电源与列车主受流设备之间是相互联锁的，不能同时向列车供电。车间电源只向列车辅助系统供电，一般通过隔离二极管或接触器与列车主电路隔离。

1. 车间电源的组成

车间电源由电源插座盖、电源插座、熔断器、接触器及隔离二极管组成，如图 7-6 所示。车间电源系统一般安装在密闭的箱体内，所以检修周期可以长一些。

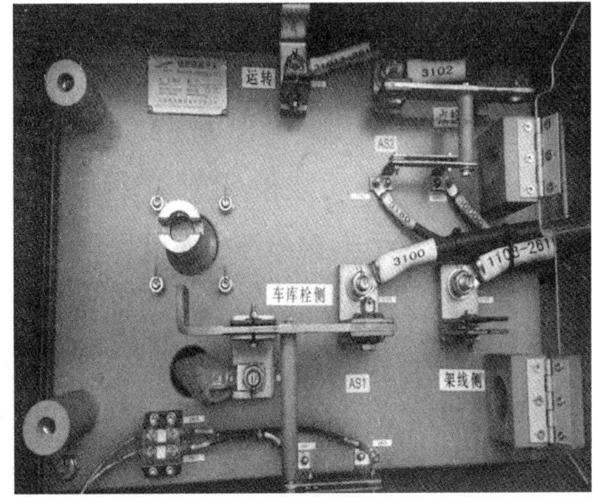

图 7-6 车间电源

2. 车间电源的维护

车间电源的维护针对的是车间电源插座及插座盖，包括检查接插件是否有损坏、过热或腐蚀现象，特别要注意端部连接处。

3. 车间电源的检修

（1）隔离二极管检修

将隔离二极管拆卸后，检查二极管电气特性，同时清洁二极管的散热片。安装散热片时，接触面上应涂上一层薄薄的凡士林。

（2）电缆的检修

对于车间电源系统中使用的电缆，在检修中主要检查电缆与接线端子连接是否良好，清洁并打磨接线端接触部分。同时，还应检查电缆外部绝缘层是否有开裂或破损现象。

四、避雷器的维护与检修

避雷器也称浪涌吸收器，设置在受电弓附近，一端接受电弓，另一端通过车体接地片接地，可以有效地防止来自车辆外部的大气过电压和车辆内部的操作过电压对车辆电气设备的破坏。避雷器安装位置如图 7–7 所示。

图 7–7　避雷器安装位置

1. 避雷器的组成

避雷器通常由火花间隙和非线性电阻两部分组成，如图 7–8 所示。在正常电压下火花间隙是不会击穿的，只有出现过电压时火花间隙才会击穿。过电压幅值越高，火花间隙击穿得越快。

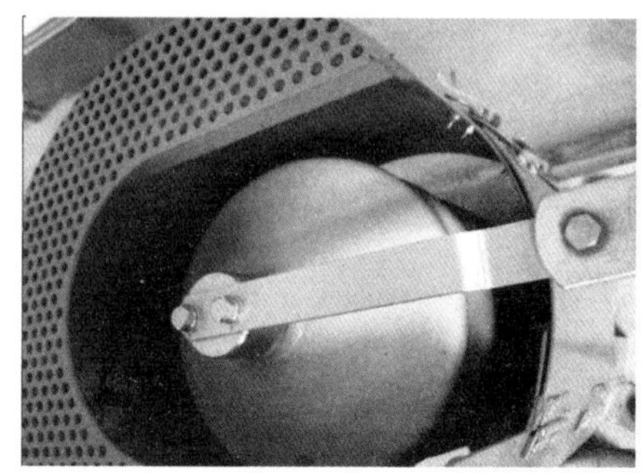

图 7–8　避雷器的组成

2. 避雷器的维护

在日常维护中，一般只对避雷器做以下维护：

（1）用酒精擦洗车顶避雷器表面及绝缘子，目测绝缘子表面有无破损、裂纹。

（2）检查确认避雷器下的动作指示器无丢失、防脱垫位置正常。

（3）检查各接线，目测连接线及连接螺栓防松线有无错位，线缆绝缘保护套是否完好，端子是否变色。

3. 避雷器的检修

避雷器为整体封装结构，检修时不进行解体检查。作业中，主要对避雷器以下几个方面进行检查。

（1）外观检查

1）检查避雷器有无损坏的地方，特别是坑洼、破裂等现象。

2）检查避雷器上有无污染物质，如果有且聚集明显，请用纯棉布擦拭干净，再用100% 工业酒精擦洗，检查与擦拭时请务必小心避雷器的接地一端。接地端子容易损坏且与瓷绝缘子底部的压力释放隔膜相连，安装、拆卸与擦拭时必须小心谨慎，不要松动瓷绝缘子底部的四个小螺母。

（2）测量绝缘电阻

测量绝缘电阻时使用 500 V/200 MΩ 挡，标准绝缘电阻的阻值应在 100 MΩ 以上。如果测量表显示无穷大，则可在记录表上填写“大于 200 MΩ”，说明该避雷器绝缘值符合技术要求。

（3）测试避雷器过电压功能

测试避雷器过电压功能是否正常。

（4）检查验收

检查确定所有的安装螺母、插头无松动，无裂纹，并打上明显的防松标记。

（5）记录

以上项目检修完毕且符合规定要求后，需签名并确认作业编号，将已处理及未处理故障填入相应的记录表并签名。

第二节　牵引设备维护与检修

牵引设备作为列车牵引及控制系统的重要组成部分，主要包括高速断路器（HB）、主电路、变流设备（牵引逆变器）及控制单元组成、制动电阻和平波电抗器等部件。本节主要介绍高速断路器、牵引逆变器、制动电阻，以及平波电抗器等部件的维护与检修。

一、高速断路器的维护与检修

高速断路器是一种能够自动切断大电流，动作迅速、可靠，并且有足够断流容量的保护装置。它在车辆上主要有两个作用：一是在正常情况下，根据需要接通或断开接触网和电客车车辆主回路的高压电路；二是发生故障时（如主电路短路、过载、电动机烧损等）快速切断主电路，防止事故扩大，保护车辆和人身安全。

1. 高速断路器的结构

高速断路器的作用主要是将牵引变流器与高压电路进行隔离，同时对牵引系统进行保护，其结构如图 7–9 所示。

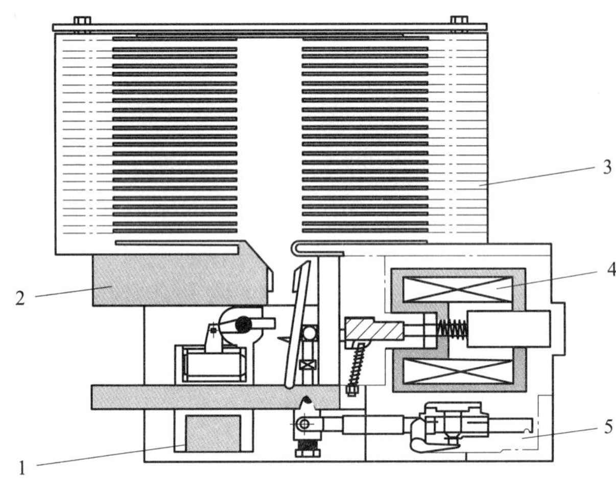

图 7–9　高速断路器的结构

1—触发装置　2—主回路输入和输出　3—灭弧罩　4—吸合装置　5—辅助触头

2. 高速断路器的维护

（1）检查确认箱体有无变形、裂纹，表面油漆破损面积是否大于 900 mm^2。

（2）检查确认铭牌、标识有无丢失、损坏，字迹是否清晰。

（3）检查确认箱体电气连接是否紧固，箱体安装螺栓防松线是否清晰无错位。

3. 高速断路器的检修

高速断路器需要定期检修，检修周期可根据接通或断开操作工作量来定。主要检修内容如下：

（1）检查箱体外壳、装配支架有无裂纹，螺栓划线有无错位，检查箱体的外壳及紧固件有无损坏变形。

（2）检查外围接线是否牢固、无脱落，电连接器有无损坏，线皮有无开裂、破损、老化等现象，箱体接地线安装是否牢固。先拆卸两侧连接板（M10 × 30 mm 螺栓，共 8 处），再拆下灭弧罩（上盖质量为 35 kg，注意不要摔落）。

（3）检查确认内部对外连接电缆状态良好，绝缘无损坏。

（4）检查确认灭弧罩上、下盖裂纹状态，尤其是上盖有无严重裂透现象。

（5）检查主触头和引弧条是否存在松动及严重烧蚀现象，用抹布蘸酒精对触头进行清洁。

（6）拆开灭弧罩，使用量板检查灭弧栅片磨损情况，方法如下：用量板检查灭弧罩下部五块灭弧栅片的四个间隙，插入大约 100 mm；如果量板不能深入，则卸掉灭弧罩进行检查、清理，如果严重烧蚀，则更换引弧条和灭弧栅片。

（7）使用鼓风机对灭弧罩进行吹尘清洁。

（8）用酒精对高速断路器箱内和灭弧罩内进行清洁。

二、牵引逆变器的维护与检修

牵引逆变器是城市轨道交通车辆上的重要设备，安装在列车动车底部，其主要功能是把来自接触网上的 1 500 V 直流电变换为三相 0 ~ 1 150 V 交流电，为每节动车转向架上的牵引交流电动机提供交流电，其频率和电压值是可调的。

1. 牵引逆变器的组成

牵引逆变器模块为空气冷却，基于 IGBT 技术。模块安装在逆变器箱内，逆变器箱位于车底。控制信号通过插入式连接器连接至模块，驱动控制单元安装在模块顶部。牵引逆变器模块包括 DCU 组件、GDU 组件、DC 端子组件、DC link 电容、功率部分、AC（三相）端子组件，如图 7–10 所示。

图 7–10　牵引逆变器的组成

2. 牵引逆变器的维护

（1）检查箱盖和紧固件

1）目视检查箱盖是否正常盖上，是否有任何损坏，如有，则更换箱盖。

2）目视检查箱盖锁是否有损坏，确认锁是否正常并且顺畅移动，如有损坏，则需要更换。

3）目视检查 VVVF 牵引逆变箱内部是否无尘，如有，则需要进行清洁。确认散热片是否无污染，如有，则需要用硬刷和压缩空气进行清洁。

（2）检查箱体外部、安装托架及接地线

1）目视检查 VVVF 牵引逆变器外部是否有腐蚀、变形或其他任何损坏迹象，如有，则需要修理箱体。

2）目视检查箱体安装托架是否有裂纹或损坏，如有，则需要修理。

3）目视检查箱体焊接是否有裂纹，如有，则需要修复。

4）确认接地线是否有损坏迹象，如有，则需要更换。

3. 牵引逆变器的检修

（1）清洁通风区域及散热片

大功率半导体元件在工作时会发热，为了保护元件，这些元件通常安装在散热片上。散热片通过通风冷却，如果散热片上灰尘堆积过多或者通风风道内有异物，都会影响散热性能。因此，应经常对通风区域及散热片进行清洁，去除散热片上的灰尘和碎屑。散热片间不能有阻挡空气流进入的阻塞物。

（2）清洁控制板

控制板通常为印制线路板，在检修中应小心清洁。清洁过程中，检修人员应采取防静电措施，保证线路板上元件不因受静电影响而损坏。同时，如果控制板上有接线端，应对接线端进行清洁，必要时进行打磨，保证与电缆、控制线接触良好。

（3）VVVF 逆变器箱体盖板和紧固件检查

检查逆变器的所有盖板应无损坏、变形，锁闭功能良好，否则应进行检修或予以更换；检查所有盖板密封橡胶的弹性，如果存在 3 mm 的裂缝或更大的永久变形，则需要更换；检查所有盖板的门锁能否正常工作和自由转动，如果有必要则予以更换；检查多针插头是否有腐蚀或污垢，如有，则对其进行清扫或更换。

（4）VVVF 逆变器外表及安装检查

检查逆变器箱的外表是否有腐蚀、变形或其他损坏现象；检查安装螺母是否松动，安装支架是否有损伤和裂缝；检查柜体的焊接是否有裂纹，箱体接地线是否良好。

（5）VVVF 逆变器接线端子和电缆检修

检查接线端子，应绝缘良好，无老化、开裂、损坏或脱落等现象，无异味，紧固良好，所有进出线状态应良好；检查散热片，应无污垢、变形，必要时用硬刷和吸尘器进行清理。

（6）VVVF 逆变器箱体内部检修

检查逆变器箱体外观，应无缺陷，配线电线应无变质、损坏，端子应无变形、开裂和损坏，端子螺栓和安装螺栓应无松动；清洁 VVVF 箱的内部，确保箱体内部没有灰尘，特别是箱体内部的安装部件没有被灰尘覆盖；检查绝缘安装面、绝缘端子和绝缘柱等，应无变色、开裂、损坏、起皮或脱层等现象。

（7）元件检查

检查电阻元件，表面应无变色、开裂、损坏、起皮或脱层等现象；检查电阻接线端子，应紧固良好；检查充油的电容元件，应不漏油；检查电容接线端子，应紧固良好。

（8）VVVF 逆变器控制单元检修

检查控制单元，外观应无缺陷，印制电路板应完好，印制电路板的安装状态应良好，接线端子应整齐无损坏，电线电缆应无褪色、开裂、损坏、起皮等现象，电线电缆扎带应排列良好，控制单元连接插头连接状态应良好，必要时更换。

（9）动力单元与电源单元

检查动力单元与电源单元，确认接线良好，没有变形或污垢，电缆电线没有损伤、褪色、开裂、损坏、起皮等现象，电缆电线扣件排列整齐；检查 PCB 印制电路板，外观应完好。

（10）VVVF 逆变器线路接触器（LB、CHB 单元）检修

1）将 LB 接触器的闭锁杠杆往上抬，从接触器上取下灭弧罩。

2）仔细观察灭弧室是否损坏，如有损坏及时报告。

3）如果灭弧室无损坏，仅有拉弧痕迹时，必须用硬刷或干布擦拭灭弧罩至洁净。

4）使用六角扳手仔细拆下 LB 接触器的触头，特别应注意避免弄伤触头表面与箱内其他机构。

5）仔细观察触头上的烧蚀是否超过最大烧蚀范围，如果超过范围则及时报告。

6）触头的烧蚀范围如未超过允许的最大烧蚀范围，仅有烧灼痕迹或是毛刺，则通过锉刀或手动方式去除毛刺，在拉弧触头面上用砂纸（180 号以上）轻轻打磨，特别注意不要损伤触头表面，不要露出铜制材料，必须保持 LB 接触器原有的灭弧角。

7）在重新安装触头前，仔细观察 LB 接触器基座上是否有异物，如有请务必清除，然后再使用六角扳手重新安装触头。

8）在安装触头时，务必确认动、静触头位置对正，使用扭力扳手以 18 N · m 的力矩扭紧，如无扭力扳手，请熟练员工估计力矩。

9）触头安装完毕后，确认在不超过 0.5 mm 条件下闭合主触头和辅助触头。

10）所有作业完成后，确认所有装置已经回复至原位。

（11）继电器单元和电压、电流传感器的检修

检查确认继电器单元接线良好，电缆电线扣件排列整齐；检查确认继电器表面没有损伤、褪色、开裂、损坏、起皮等现象，外观完好，安装螺母无松动；检查确认电压、电流传感器安装良好，外观完好，进出线正常，接线端子无松动，排列有序。

（12）检查验收

检查确认所有的安装螺母、插头无松动、无裂纹，并打上明显的防松标记。

（13）填写相应记录

以上项目检修完毕，且符合规定要求后，需签名并确认作业编号，将处理及未处理故障填入相应的记录表并签名。

三、制动电阻的维护与检修

制动电阻用于城市轨道交通车辆的电阻制动。电阻制动时，电动机将电能在制动电阻上以热能形式散发。制动电阻承担电动机电流中不能再生的那部分制动电流的消耗。

1. 制动电阻的组成

制动电阻位于带受电弓动车（Mp）和拖车（M）车底，冷却方式采用强迫风冷。当车辆处于电阻制动状态时，牵引电动机反馈的能量消耗在制动电阻上，将电能转化为热能散发掉。制动电阻箱的结构如图 7–11 所示。

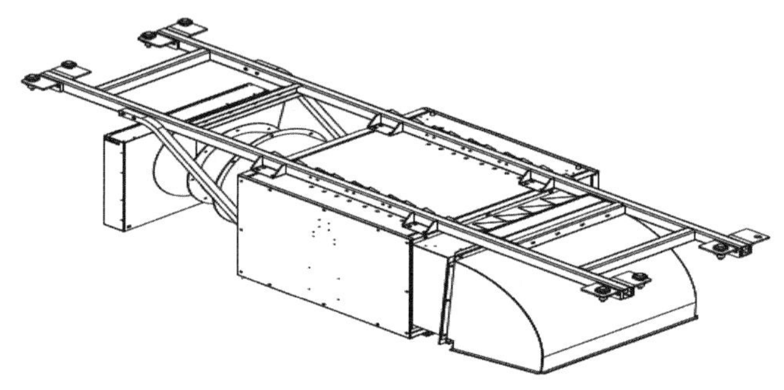

图 7–11　制动电阻箱的结构

2. 制动电阻的维护

（1）用蘸过酒精的棉布擦洗、清洁双重绝缘子及螺栓，目测确认其无裂纹，安装螺栓无松动。

（2）目视检查确认制动电阻内支撑绝缘子无破损，制动电阻片状态良好，内部无异物。

（3）目视检查制动电阻铭牌，确认有无异常受热后发黄发黑的情况。

3. 制动电阻的检修

由于制动电阻采用强迫风冷方式进行冷却，所以在检修时应做以下修理。

（1）制动电阻及制动电阻箱清洁

定期清洁制动电阻及制动电阻箱，用压缩空气清洁电阻器，确保无污物附着。

（2）制动电阻外观检查

1）检查确认制动电阻接线端子接线牢固，导线和接地线外观完好，绝缘无老化、脱落、损坏等现象；更换有裂纹或者破损的绝缘子；检修接线端子时，应采用清洁、打磨等方法进行处理，保证与电缆接线端有良好的接触面。

2）检查确认电阻器单元之间无异物、无重联，并且必须保证电阻器和陶瓷间隔是清洁的，检查确认绝缘体和陶瓷间隔无裂痕与损坏。

3）检查电阻器内部连接是否紧密、有无腐蚀，检查电阻器单元是否有过热烧灼痕迹，损坏时需更换。

4）检查带状电阻是否变形，其变形如图 7–12 所示。

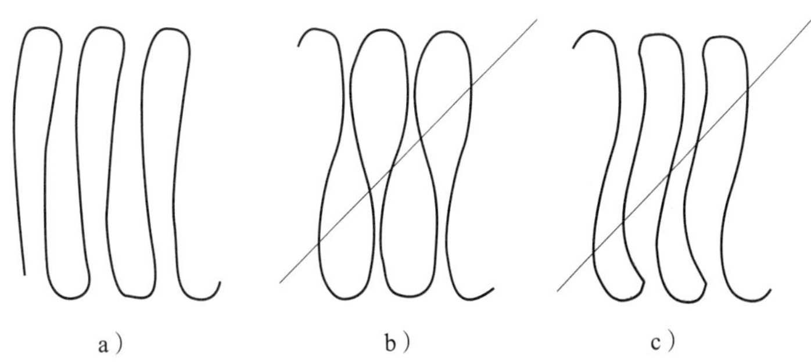

a）　　　b）　　　c）

图 7–12　带状电阻变形（参考）

a）正确　b）、c）错误

如果冷态下带状电阻就有变形，一旦通过制动电流，其变形会更加严重，极易造成电阻之间的短路。

（3）测量制动电阻阻值

在端子间测量其阻值，应符合有关技术要求，否则更换。由于带状电阻的阻值很小，通常可通过电桥方式进行测量。

（4）绝缘测试

用 1 000 V 高阻表检查制动电阻绝缘状况，阻值应大于等于 20 MΩ。

（5）检查验收

检查确定所有的安装螺母和插头无松动、无裂纹，并打上明显的防松标记。

（6）填写相应记录

以上项目检修完毕，且符合规定要求后，需签名并确认作业编号，将处理及未处理故障填入相应的记录表并签名。

四、平波电抗器的维护与检修

平波电抗器是主电路的一部分，与直流回路支撑电容器组成滤波单元，用来限制直流侧滤波单元的电压、电流波动，抑制高次谐波，阻止供电的瞬时突变，保护电气设备。平波电抗器多数为空心电抗器，也有带铁芯的电抗器，电感值为常数，不随通过电抗器电流的大小变化而改变，采用走行风自然冷却。平波电抗器如图 7–13 所示。

1. 平波电抗器的维护

（1）检查确认平波电抗器安装状态良好，箱体和安装点无裂纹和碰撞损伤，安装螺母

图 7–13　平波电抗器

无松动；检查确认箱体进出线状态正常，绝缘良好，无老化、脱落、损坏；检查确认接地线紧固良好。

（2）检查平波电抗器，确认外观完好，端盖板和侧盖板无裂纹和碰撞损伤，侧盖板没有外物堵塞，网格没有堵塞，线圈四周没有异物。

2. 平波电抗器的检修

对平波电抗器进行检修前，要确认三轨无高压，所有直流电源已隔离。

（1）用压缩空气清洁箱体，清洁平波电抗器的线圈，检查线圈表面、绝缘子表面和底部端子，确认无明显的裂纹、开裂、损坏和变色现象。

（2）确保侧盖板和箱体盖板螺栓紧固力矩为 27.5 N · m。

（3）检修过程中的拆卸部件重新安装后，必须确认安装可靠、安装螺母无松动，同时在固定的螺母、螺栓或插接处打上明显的防松标记。

（4）检查确定所有的安装螺母和插头无松动、无裂纹，并打上明显的防松标记。

（5）更换所有已经使用 1 年以上的防爆胶泥或橡皮泥。

五、牵引电动机的检修

交流牵引电动机通常采用笼型异步电动机，基本可以达到免维护的要求，仅在大修时作解体检修。

1. 主要检修内容

（1）吹扫

电动机分解前，应用高压空气对其外表面进行吹扫，吹扫应在带有吸尘装置的专用吹扫间内进行。

（2）分解

用工具拆下电动机端盖螺钉，抽出转子。

（3）清洗

对电动机内部进行吹扫、清洗、擦拭。

（4）检查

检查电动机转子、定子和绕组有无烧灼、碰擦痕迹。对于有擦伤情况的，应检查轴承或轴承安装室是否有问题，轴承安装室一般位于电动机的端盖上，检修时应测轴承安装室的直径。对于有磨损的安装室，可采用喷涂的方法修复；对于磨损严重的，应更换端盖；对于有烧灼情况的，应测量阻值是否符合规定并检查匝间有无短路现象，如有应更换绕组。检查轴承状态是否良好，并根据轴承使用寿命进行更换油脂或更换轴承操作。

（5）测量

测量三相绕组的阻值是否一致，检测绕组状态是否正常。测试绕组对地绝缘电阻，检测绕组是否对地击穿。

（6）组装

按规定顺序组装定子、转子和端盖。

（7）测试

组装完毕后，对牵引电动机进行温升测试、振动测试、超速测试、交流耐压测试和堵转试验等。

2. 主要部位的检查维修

（1）绕组线圈的检修

使用干燥的压缩空气吹扫绕组线圈与连接线之间、线圈与线框之间缝隙里的灰尘，如有污垢可用棉纱擦拭，不得使用可能伤及金属或镀层表面的器具擦拭。检查绕组线圈和连接线有无损伤，引线的接点有无损伤。测定绝缘电阻并记录接线端子与线框等接地之间的绝缘电阻。绕组线圈、连接线等表面镀层出现剥落时，应使用绝缘涂料进行修补。

（2）铁芯的检修

铁芯底面、顶面的涂装出现剥落时，应进行涂装修补。铁芯底面不应有变形或者与异物接触损伤。铁芯顶面不应有积水或锈蚀，积水应擦干，锈蚀处应用砂纸等除锈后进行绝缘涂装修补。

（3）引线的检查

引线与线圈的连接部不应有绝缘剥落、污垢或损伤等异常。引线的外皮不应有龟裂或老化。接线端子表面不应有污垢或损伤，如果有污垢，应擦拭干净。端子绝缘台不应有裂或缺损。

技能训练7　受电弓检修

一、训练目的

1. 熟悉受电弓检修的准备工作，掌握检修的顺序、内容及技术要求。

2. 掌握受电弓检修的作业标准和技能。

二、训练内容

1. 受电弓检修作业的顺序、内容及技术要求。

2. 受电弓检修的标准化作业。

三、训练用品

1. 设备

受电弓实物或仿真设备1套，已安装且作用良好，能满足正常的检修训练要求。

2. 材料

清洗剂、含铜油脂、电动机润滑油脂等。

3. 工具

标准工具套装（钢直尺1把、游标卡尺1把、弹簧秤1个、吸尘器1个）、手电筒1把/人、红色标记笔1支/人、干净的不含亚麻的布。

四、训练过程

1. 训练前的准备

（1）维护时，应确保受电弓处于静止状态。

（2）工装穿戴标准、整洁，对讲机、工具及材料清点、整理完毕。

（3）准备好“禁止动车”指示牌或其他安全防护工具。

2. 操作训练

（1）底架

在专用平台测量受电弓上部撑杆及下部撑杆，如果发现有变形或弯曲，应采用冷整形方式检修，如果无法整形，则应该更换新的框架。

（2）轴承

拆下轴承后，应检查是否有锈蚀或点蚀现象，如有，则必须更换轴承。受电弓组装完成后，应对所有的轴承进行润滑。

（3）导流线

检修时应检查导流线是否有断股现象，如有应予以更换。对于所有的接线端子，需清

洁并打磨接触表面。安装导流线时，应在接线端子及框架上的安装区域涂抹含铜油脂，保证接触面的导电性能良好。

（4）滑板条

检修时，主要检查滑板条的磨损及损伤情况。当滑板条磨损到最大磨损界限时（一般为底部离上部槽口 2 ~ 3 mm），或者滑板条上有较大的缺口时，必须更换滑板条。对于弓角，主要检查其磨损情况。若磨损较大，则必须更换弓角。

（5）驱动气缸

驱动气缸内装有预紧弹簧，需要用专用夹具进行拆装。气缸分解后，应检查气缸活塞部件的磨损情况，更换所有的橡胶密封件。气缸组装完毕，应通气检查气缸工作情况。

（6）绝缘子

在检修中，主要检查绝缘子外观是否有裂纹及损伤。如果绝缘子表面有炭粉等污垢堆积且难以清除时，可采用抛光方式处理。表面有裂纹、有损伤的绝缘子应予以更换。绝缘子检查完毕后，还应测试绝缘子耐压及绝缘电阻。

五、注意事项

1. 作业前穿戴好劳动保护用品，并做好安全防护工作。
2. 作业过程标准、规范。
3. 做好受电弓状态确认和工具及材料的清点整理工作。
4. 按检修作业顺序、内容及技术要求进行作业，避免漏检漏修。
5. 禁止使用棉纱擦拭车钩系统内部零部件，必要时可使用无油抹布。
6. 作业完毕，应做到“工完、料净、场地清”。
7. 整个作业顺序、内容及技术要求应烂熟于心，采用“眼看、手指、手动、口呼”方式进行，应做到“眼到、手到、口到”对规检查。

六、考核评价

受电弓检修考核评价见表 7–1。

表 7–1　受电弓检修考核评价表

类型	项目	项目与技术要求	配分	评定方法	得分
过程评价（40%）	1	实训纪律	10	考勤	
	2	平时训练表现	10	检查、观察	
	3	顺序、内容及技术要求	20	抽检、展示、诵读	
质量评价（60%）	1	内容、技术及注意事项	30	提问、背诵、笔试	
	2	日检维护作业实操	30	计时测试	

说明：由于目前尚无统一标准，计时测试时，测试时间可根据实际情况灵活掌握。

思考与练习

1. 简述受电弓的组成。
2. 简述受电弓的检修方法。
3. 受电弓组装完毕后，需要对其进行什么调整？
4. 简述上接触式受流器检修维护的内容。
5. 如何检修避雷器？
6. 简述高速断路器的作用。
7. 对牵引逆变器的检修应重点应从哪几方面进行检查？
8. 检修制动电阻时应做哪些处理？
9. 简述平波电抗器的维护内容。
10. 对牵引电动机进行大修时，主要检修内容是什么？

第八章　辅助供电系统维护与检修

学习目标

- ◆ 了解辅助供电系统的组成与配置。
- ◆ 掌握辅助供电系统（包括辅助电源箱、蓄电池组和照明系统）的维护与检修。
- ◆ 熟悉蓄电池组的常见故障与处理方法。
- ◆ 熟悉蓄电池组的拆装流程与方法。

城市轨道交通车辆辅助供电系统主要由辅助电源箱（简称SIV，包括辅助逆变器、DC110 V蓄电池充电器）、DC24 V电源、扩展供电箱、蓄电池组、照明系统等组成。辅助供电系统使用的逆变器称为辅助逆变器或静止逆变器，辅助逆变器的核心是绝缘栅双极型晶体管IGBT模块。本章主要介绍辅助供电系统的辅助电源箱、蓄电池组和照明系统的维护与检修等内容。

第一节　辅助电源箱维护与检修

辅助电源箱包括辅助逆变器和DC110 V蓄电池充电器两大模块，辅助逆变器和蓄电池充电器的结构组成如图8-1和图8-2所示。辅助逆变器将直流电压（DC1 500 V）逆变成三相交

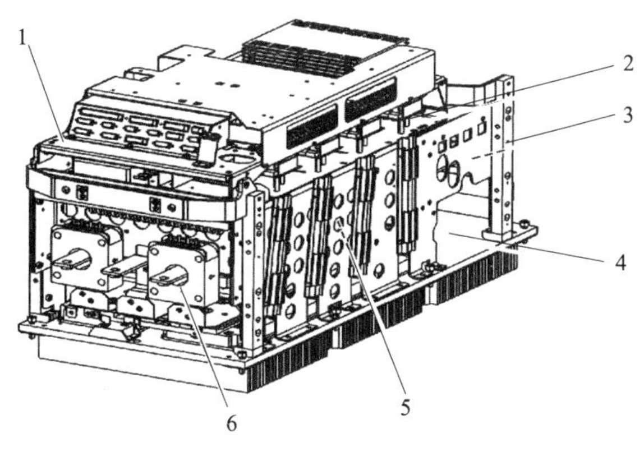

图8-1　辅助逆变器的结构组成

1—DCU组件　2—GDU组件　3—电流传感器、DC端子组件　4—功率模块

5—DC link电容　6—电流传感器、三相端子组件

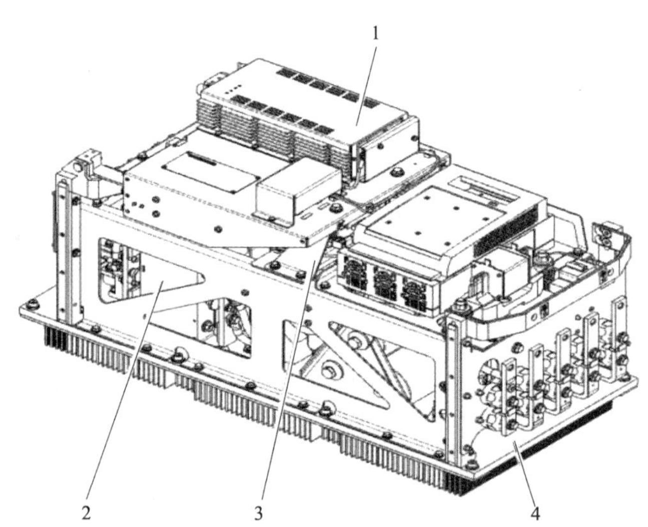

图 8-2　蓄电池充电器的结构组成

1—零压启动单元　2—蓄电池电感　3—门极驱动单元　4—铜排支架

流电压（AC380 V），为空调、空气压缩机、照明系统及控制电路等提供稳定的三相四线制的交流电压，并通过蓄电池充电器将交流电压（AC380 V）变换成蓄电池与低压直流负载使用的 DC110 V 电压。本节主要介绍辅助电源箱维护与检修的相关内容。

一、辅助电源箱维护

以某地地铁 1 号线车辆为例，在辅助电源箱的各级检车作业中，只进行维护和少量的检修作业，其检车作业分为日检、双周检、季检、年检，辅助电源箱的架修也以维护为主，现将各级检车、修车作业中的维护内容列举如下。

1. 日检

日检时，应目视检查辅助电源箱安装状态，并进行以下检查：

（1）检查确认箱体安装螺栓防松线无错位，吊耳无裂纹。

（2）检查确认二次保护装置插接到位。

（3）检查确认盖板的锁闭状态良好（锁闭标志线对齐）。

2. 双周检

（1）辅助电源箱安装状态检查

1）检查确认箱体安装螺栓防松线无错位，吊耳无裂纹。

2）检查确认二次保护装置插接到位。

3）检查确认盖板的锁闭状态良好（锁闭标志线对齐）。

（2）清洗辅助电源箱滤网

将滤网更换后清洗，换上周转的滤网并安装牢固。

（3）检查并清洁风道

检查确认风道内无异物，用吸尘器及抹布清洁风道，使风道内无积尘。

3. 季检

（1）辅助电源箱安装及状态检查

1）检查确认箱体安装螺栓齐全（8 颗），防松线无错位，吊耳无裂纹。

2）检查确认二次保护装置插接到位。

3）检查确认箱体无变形、无裂纹，油漆破损面积不大于 900 mm^2。

4）检查确认箱体电气连接插（2 个）外观无裂损、连接紧固，线缆（11 根）旋紧件防松线无错位。

（2）辅助电源箱内部部件检查

1）检查充电电阻及放电电阻。目视检查电阻表面，确认无变色、开裂、剥落等损坏；手动检查端子，确认连接可靠。

2）检查辅助电源直流接触器。取下 KM1、KM2 的灭弧罩，检查确认灭弧室无机械损坏或金属粉末沉积，接触器及触头无烧损，重新装好灭弧罩。应注意，接触器灭弧罩易碎，拆装时务必确认朝向正确，并轻拿轻放。

3）检查辅助电源箱内部各紧固件和连接插头。检查确认箱内各接触器、电阻、电容、传感器、模块的紧固件齐全，防松线无错位，各电气插头连接牢固，无松动、损坏，箱内无积尘。

4）箱体柜门锁闭状态检查。手动检查确认柜门锁螺栓紧固良好，柜门与箱体锁闭良好（锁闭标志线对齐），手动轻拉盖板下部应无明显松动。应注意，开箱作业完毕后再按标准检查一遍柜门锁闭状态。

（3）辅助电源箱进风滤网更换

1）取下辅助电源箱的进风滤网。

2）检查确认风道内无异物，用吸尘器及抹布清洁风道，使风道内无积尘。

3）更换滤网后清洗，并换上周转的滤网，检查滤网，确认安装牢固，防脱销到位，搭扣牢固。

4. 年检（Ⅰ级维护）

（1）辅助电源箱状态检查

1）检查确认箱体安装螺栓齐全（8 颗），防松线无错位，吊耳无裂纹。

2）检查确认二次保护装置插接到位。

3）检查确认箱体无变形，无裂纹，油漆破损面积不大于 900 mm^2。

4）检查确认箱体电气连接插（2 个）外观无裂损、连接紧固，线缆（11 根）旋紧件防松线无错位。

（2）辅助电源箱箱体柜门检查

1）箱体柜门锁闭状态检查。手动检查确认柜门锁螺栓紧固良好，柜门与箱体锁闭良好（锁闭标志线对齐），手动轻拉盖板下部确认无明显松动。

2）箱体柜门密封状态检查。检查确认各箱体柜门无变形现象，油漆破损面积不大于900 mm^2；检查确认箱体柜门与箱体四周的密封良好，无进水和明显进尘情况；检查确认柜门硅胶密封条的弹性，取下箱体柜门静置 1 h，使密封条压缩形变充分恢复，密封条最小厚度不小于 7 mm，否则更换。

（3）辅助电源箱进风滤网更换

取下辅助电源箱的进风滤网，检查确认风道内无异物后更换进风滤网。

（4）辅助电源箱风道、变压器、风机吹扫

1）用 10 号棘轮扳手拆下辅助电源箱体底部的风机盖板螺栓（16 颗）和变压器盖板螺栓（20 颗）。

2）用压缩气体对风道、变压器及风机进行吹扫，并用抹布清洁风机风叶，清洁完毕后将盖板恢复，紧固螺栓，并做好防松标记。

3）用抹布清洁辅助电源箱进风风道口，使风道四壁无积尘，换上周转的进风滤网，检查滤网，确认安装牢固，防脱销到位，搭扣牢固。

（5）辅助电源箱内部部件检查

1）检查充电电阻及放电电阻。目视检查电阻，确认表面无变色、开裂、剥落等损坏；手动检查端子，确认连接可靠。

2）检查辅助电源直流接触器。取下 KM1、KM2 的灭弧罩，检查确认灭弧室无机械损坏或金属粉末沉积，接触器及触头无烧损，重新装好灭弧罩。应注意，接触器灭弧罩易碎，拆装时务必确认朝向正确，轻拿轻放。

3）检查辅助电源箱内部各紧固件和连接插头。检查确认辅助电源箱内各接触器、电阻、电容、传感器模块的紧固件齐全，防松线无错位，各电气插头连接牢固，无松动、损坏，箱内无积尘。

4）检查交流滤波电容。目视检查交流滤波电容有无损坏或漏油、鼓胀等现象，压力释放装置有无缺失、破损（从柜体底部检查）。

5）测量滤波电容的电容值。用扳手松开交流滤波电容顶部的线缆，调整万用表至电容挡，测量电容值并与标准值比对，电容值应不小于 196 μF，否则更换。测量后将线缆恢复紧固，并做好防松标记。

5. 架修（Ⅱ级维护）

架修主要是对通风区域、散热片、半导体元件的安装等进行清洁检查。清洁过程中应采取防静电措施。同时，如果控制板上有接线端子，应对接线端子进行清洁，必要时需进行打磨，保证与电缆、控制线接触良好。

（1）清洁并检查箱体内、外部及盖板锁、铰接组件。箱体外部清洁度应达到Ⅴ级，箱体内部清洁度应达到 Ⅳ 级，箱体外观应良好，无变形，箱体悬挂部分应紧固无异常。盖板锁各紧固件应正常，无松动，锁舌、锁扣板应无变形，安装牢固，功能正常。箱盖铰接组件应正常，无变形及裂纹。

（2）检查箱体接地电缆，清洁密封橡胶并给盖板密封橡胶条喷橡胶保护剂，要求接地电缆状态良好。

（3）清洁进风口、排风口、风道和模块散热片，要求清洁度达到Ⅴ级。

（4）清洁和检查三相变压器、正弦波滤波器、EMC 滤波器、蓄电池充电器和输入滤波器，要求清洁度达到 Ⅳ 级。

（5）清洁和测量紧急蓄电池电压，要求清洁度达到 Ⅳ 级，每一块蓄电池的标准电压为 12 V，每一块蓄电池的电压测量值与测量平均值的差不能超过 ±2 V。

二、辅助电源箱检修

辅助电源箱的检修主要集中在大修作业中，现将大修作业中的检修内容列举如下：

1. 拆下脉宽调制逆变器模块并清洁检查，要求无积垢、无灰尘，清洁度达到Ⅲ级，各部件完好。

2. 拆下蓄电池充电器并清洁检查，要求无积垢、无灰尘，清洁度达到Ⅲ级，各部件完好。

3. 清洁并检查箱体内外部及盖板锁、铰接组件，要求箱体外部清洁度达到Ⅴ级，箱体内部清洁度达到Ⅳ级，箱体外观良好、无变形，箱体悬挂部分紧固无异常，锁舌锁扣无变形，功能正常，箱盖铰接组件无变形和裂纹。

4. 更新盖板密封橡胶并用保护剂进行保护，要求喷涂均匀、密封良好。

5. 清洁进风口、排风口、风道和模块散热片，要求清洁度达到 Ⅳ 级。

6. 清洁和检查三相变压器、正弦波滤波器、EMC 滤波器、蓄电池充电器和输入滤波器，要求各部件完好，清洁度达到 Ⅳ 级。

7. 更新紧急蓄电池，要求安装正确、可靠。

8. 清洁并检查主风扇，更新其轴承、紧固件衬套和内部风扇，要求清洁度达到 Ⅳ 级，安装正确牢固，转动平稳。

9. 安装脉宽调制逆变器模块、蓄电池充电器，要求安装正确、可靠。

10. 更新干燥剂，要求安装良好。

第二节　蓄电池组维护与检修

蓄电池组安装在蓄电池箱内，蓄电池箱体安装在车下，保证蓄电池不受灰尘、水分的侵扰并且通风良好，易于取出检修维护。打开蓄电池箱盖的门锁与防脱落部件后，可以将蓄电池下箱或小车拉出，进行蓄电池的现场维护、保养并更换零部件。也可将蓄电池下箱或小车用叉车运至维护车间，进行地面充放等维护保养工作。蓄电池箱体各种结构还要保证车辆运行过程中，蓄电池固定良好，箱门不会松脱打开造成事故。蓄电池组如图 8–3 所示。本节以镉镍蓄电池为例，讲述蓄电池组维护与检修的相关内容。

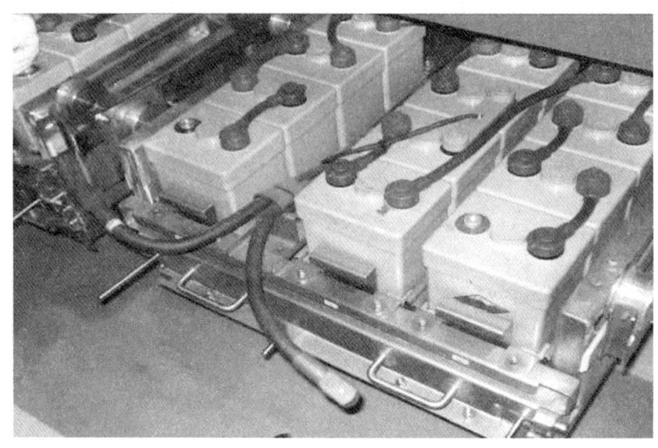

图 8–3　蓄电池组

一、蓄电池组维护

目前，城市轨道交通车辆主要采用镉镍蓄电池。碱性的镉镍蓄电池具有体积小、机械强度高、工作电压平稳、可以大电流放电、使用寿命长和宜于携带等特点，但购置成本较高。以某地地铁 1 号线车辆为例，在日检、双周检、季检的检车作业中，主要是对蓄电池组进行维护。现将其中的维护内容列举如下。

1. 日检

（1）检查确认箱体安装螺栓防松线无错位，吊耳无裂纹。

（2）检查确认蓄电池箱无损坏，箱盖锁闭标志线对齐。

（3）检查确认各箱盖板无变形现象，箱体无变形和裂纹，箱体油漆破损面积不大于 1 000 mm^2。

2. 双周检

（1）检查确认箱体安装螺栓防松线无错位，吊耳无裂纹。

（2）检查确认蓄电池箱无损坏，箱盖锁闭标志线对齐。

（3）检查确认各箱盖板无变形现象，箱体无变形和裂纹，箱体油漆破损面积不大于 1 000 mm^2。

3. 季检

（1）箱体外观检查

1）检查确认箱体安装螺栓齐全（8 颗），防松线无错位，吊耳无裂纹。

2）检查确认箱体电气插头（4 个）连接牢固，无松动和损坏。

3）检查确认箱体无损坏，箱体柜门锁闭标志线对齐。

4）检查确认蓄电池控制箱柜门锁舌螺栓防松线无错位。

5）检查确认二次保护搭扣锁闭到位。

6）检查确认箱体无变形和裂纹，箱体油漆破损面积不大于 1 000 mm^2。

（2）蓄电池控制箱内部部件检查

1）检查确认隔离二极管、接地电阻等部件紧固螺栓齐全，防松线无错位，表面无裂纹和破损。

2）检查确认各接线牢固，无松动和损坏。

3）检查确认箱内有无积尘，有则清理。

（3）箱体柜门锁闭状态检查

1）手动检查柜门锁螺栓并确认紧固良好。

2）检查确认柜门与箱体锁闭良好（锁闭标志线对齐），手动轻拉盖板下部，应无明显松动。

3）开箱作业完毕后需再按标准检查一遍柜门锁闭状态。

（4）蓄电池组清洁

用套筒将蓄电池小车左、右共 8 颗 M10 固定螺栓拆卸并拉出小车，用毛刷、干净抹布清洁蓄电池外壳，清洁干净后恢复蓄电池小车。应注意，小车拉到接近导轨端部时，应将端部的固定销方向朝上（M10 螺栓扭力为 31 N · m）。

二、蓄电池组检修

蓄电池组的检修主要集中在年检（定修）、架修、大修作业中，现将其内容列举如下。

1. 年检

（1）蓄电池组解编

1）确认 Tc 车蓄电池控制箱内的空气开关 3QF11 已断开。

2）用 7 号方孔钥匙打开蓄电池箱侧盖板，拉出蓄电池小车的左、右导轨。

3）用 13 号棘轮扳手拆卸蓄电池小车固定螺栓（共 8 颗），缓慢拉出小车。

4）在小车接近导轨尽头时，应将导轨端部的固定销方向朝上，待小车到位后再把销旋下。

5）先用绝缘扳手将电池组的总负极输出线缆拆下，然后依次将每个蓄电池单体的负极极柱螺栓拆下（要求从接总负极输出线缆的单体开始，依次操作），将拆下的2颗M8螺栓、25颗极柱螺栓，以及阻燃凹凸板、反置空壳、警示标识保存好。

（2）蓄电池单体下车

1）将升降小车移到蓄电池箱旁，确认四轮制动柄已踩到位，小车制动可靠（使用手动液压车加托盘的，则将液压车卸力，托盘置于地面上）。

2）将第1、2个蓄电池单体搬至升降小车上，确认蓄电池单体串联摆放无误后，用步骤1中拆下的极柱螺栓将两个蓄电池单体预编组。

3）将第3个蓄电池单体搬至升降小车上（摆放时应与第2个单体呈串联状态），用步骤（1）中拆下的极柱螺栓将第3个单体与第2个单体预编组。

4）依次将26个蓄电池单体搬至升降小车并预编组。

5）蓄电池均下车并预编组后，用绝缘扭力扳手紧固50颗极柱螺栓，将蓄电池组表面清洁干净。

应注意，蓄电池单体串联排布好且用拆下的极柱螺栓重新编组后，用绑带将两组蓄电池与运输小车/托盘绑牢后才可进行流转作业，流转时需有安全工程师在场。

（3）温度及温度传感器阻值测量

1）用红外线测温枪测量蓄电池箱体内的温度并记录。

2）将万用表调至电阻挡，测量温度传感器PT100的电阻值，应接近标准值100 Ω+（0.385×实际温度）。

（4）流转蓄电池单体上车

1）将已完成充、放电作业的蓄电池组转移至蓄电池箱旁。

2）确认升降小车的四轮制动柄已踩到位，小车制动可靠（使用手动液压车加托盘的，则将液压车卸力，托盘置于地面上）。

3）将第1个（充电时连接充电器正极线缆）蓄电池单体顶部负极的极柱螺栓拆下，把该单体从升降车搬至蓄电池小车上。

4）将与3）连接的下一个蓄电池单体顶部负极的极柱螺栓拆掉，然后把单体从升降车搬至蓄电池小车上（注意单体摆放方向：面向轨道看，蓄电池长边与轨道方向垂直，3行9列分布，第1个为反置空壳，其余26个单体串联）。

5）将与4）连接的下一个蓄电池单体顶部负极的极柱螺栓拆掉，将单体搬至蓄电池小车上，蓄电池单体间填充1片5 mm阻燃凹凸板。

6）依次将26个单体顶部负极的极柱螺栓拆除并搬至蓄电池小车上。

7）预编组前需再次确认 2 个蓄电池单体排布正确（列之间电缆线长度为 105 mm，行之间电缆线长度为 120 mm），然后用新的极柱螺栓备件将各电缆线预紧在相应蓄电池单体顶部的负极上。

8）用绝缘扭力扳手紧固 50 颗极柱螺栓（20 N・m），并做好防松标记。

（5）蓄电池编组

1）再次确认 26 个蓄电池单体呈串联状态（万用表测量蓄电池总电压符合要求），左上角为蓄电池组总负极，右下角为总正极。

2）先将蓄电池组总正极与正极输出线缆用蓄电池组解编步骤中拆下的 M8 螺栓预紧，然后绝缘扭力扳手打扭力（20 N・m），同样将蓄电池组负极与负极输出线缆用 M8 螺栓紧固，并做好防松标记。

（6）蓄电池绝缘电阻测试

调整电子兆欧表测试电压至 500 V，正极接在 Tc 车蓄电池组的正极输出电缆上（Tc 车右侧蓄电池组的正极为总正极），负极接箱体接地编织铜线上，测量 1 min，读取电抗器绝缘电阻值并记录（≥ 1 MΩ）。

2. 架修

（1）清洁和测量蓄电池单体，要求清洁程度达到 Ⅳ 级，单体外观良好，蓄电池某一单体电压值与单体电压的平均值相差在 0.05 V 以内。

（2）检查单体间连接电缆，要求电缆无锈蚀、烧损。

（3）检查液面高度及电解液密度，要求液面高度处在规定刻度线以内，电解液密度为 1.19 kg/L。

（4）使用恒流充放电动机对蓄电池组进行容量均衡测试，用 26 A 电流将单体电压放至 1.0 V，放电时间应大于 4 h。

（5）用 500 V 兆欧表测量正负接线端子与滚柱金属零部件之间的绝缘电阻，应不小于 2 MΩ。

（6）清洁箱体内外部，检查紧固件画线及盖板锁、铰接组件，要求箱体外部清洁程度达到Ⅴ级，箱体内部清洁程度达到 Ⅳ 级，紧固良好无松动。盖板锁各紧固件正常，无松动，锁舌、锁扣板无变形，安装牢固，功能正常。箱盖铰接组件正常，无变形及裂纹。

（7）检查箱体内各电缆线，要求连接牢固，线缆外观良好。

（8）清洁盖板密封橡胶并用保护剂进行保护，要求喷涂均匀。

3. 大修

（1）清洁和测量蓄电池单体，清洁程度应达到 Ⅳ 级，单体应外观良好，某一单体电压值与单体电压的平均值相差在 0.05 V 以内。

（2）检查单体间连接电缆，要求电缆无锈蚀，无烧损。

（3）检查单体液面高度及电解液密度，要求液面高度为 34 ～ 35 mm，电解液密度为 1.18 ～ 1.21 kg/L。

（4）检查蓄电池容量，更新不合格的蓄电池组，要求用 26 A 电流将单体电压放至 1.0 V，放电时间应不小于 4 h。

（5）测量正负接线端子与滚柱金属零部件之间的绝缘电阻，应不小于 2 MΩ。

（6）清洁箱体内外部，检查紧固件画线，箱体外部清洁程度应达到Ⅴ级，箱体内部清洁程度应达到 Ⅳ 级，紧固良好无松动。

（7）检查盖板锁及铰接组件，要求锁体各紧固件正常，无松动，锁舌、锁扣板无变形，安装牢固，功能正常，箱盖铰接组件正常，无变形及裂纹。

（8）检查箱体内各电缆线，要求连接牢固，外观良好。

（9）更新盖板密封橡胶并用保护剂进行保护，要求喷涂均匀、密封良好。

三、蓄电池组常见故障及处理

在蓄电池组日常维护中，应重点检查电解液的液面高度，一般要求液面高度位于最高刻度线处，但不能高于最高刻度线，同时，液面也不能低于最低刻度线。蓄电池组常见故障及处理方法见表 8–1。

表 8–1　　蓄电池组常见故障及处理方法

序号	常见故障	发生原因	处理方法
1	严重缺电解液	充电超出了可调的范围；电池温度过高	检查充电电压或电池温度
2	电池放电时间不超过 45 min	电不能充满；严重缺电解液，需要进行重新调节；电池寿命已尽	拆掉蓄电池，检查各个蓄电池的电压、电解液的高度和充电电压
3	列车上无电池电压	熔断器烧断	检查电池充电箱中的电池熔断器
4	充放电过程中充电器与蓄电池连接电缆温度过高	连接处紧固螺钉未紧固到位；连接处氧化严重导致接触阻值偏大；连接处接线端子松动	把连接处的紧固螺钉紧固到位；用砂纸打磨连接处接触面；重新压接新的接线端子
5	充放电过程中蓄电池间连接线处出现火花	蓄电池间连接线处紧固螺钉未紧固到位	把连接处的紧固螺钉紧固到位
6	六角绝缘螺钉的绝缘塑料破裂	六角绝缘螺钉长期处于高温、碱性环境中	更换新的六角绝缘螺钉，按照技术要求用力矩扳手进行紧固
7	蓄电池短路，正负极连接出现烧蚀现象	未用绝缘扳手进行紧固，操作时把正负极短接	使用绝缘扳手进行紧固，紧固过程中注意蓄电池的极性，防止接成短路电路

第三节 车辆照明系统维护与检修

城市轨道交通车辆的照明系统包含车辆外部照明系统和车辆内部照明系统两大部分，车辆外部照明系统包括司机室前照灯、红白标志灯和客室外部指示灯，车辆内部照明系统包括司机室照明系统、客室照明系统和客室内部指示灯。本节主要介绍车辆客室照明系统维护与检修的相关内容。

一、车辆客室照明系统维护

车辆客室照明系统采用三基色荧光灯，由两条灯带作为主照明，灯带分正常照明和应急照明两路控制。应急照明回路由 110 V DC 紧急母线供电，正常照明回路由 110 V DC 常规母线供电。当列车被激活时，应急照明回路一直通电，不由司机台上的开关控制。正常照明模块（客室灯）在紧急驾驶模式下被断电。在紧急驾驶模式下，客室中只有应急灯点亮。

通过启用司机室（主控钥匙启用）内司机台上的瞬动 3 挡位旋转开关“开灯 / 关灯”，正常照明模块可被接通和切断。司机台上没有客室灯的状态信号。

如果不能进行电池充电（例如没有可用的 1 500 V DC 电源），110 V DC 常规母线将被切断，从而客室灯模块也被切断。当又可以进行电池充电且客室灯通电命令仍存在时，客室灯会再次点亮。以某地地铁 1 号线车辆为例，车辆照明系统的各级检车作业以维护为主，分为日检、双周检、季检、年检，它们的维护步骤都一样，目的就是检查车辆照明系统的功能是否正常。

1. 检查司机室照明功能

（1）将司机室照明“=52-S02”开关打至“合位”，检查司机室照明是否正常。

（2）检查司机室速度表灯、压力表指示灯照明是否正常。

（3）检查阅读灯功能是否正常。

2. 检查外部照明功能

（1）方向手柄置“零”位，本端红色标志灯亮，每个灯故障的 LED 灯泡数量应小于 4 颗。

（2）方向手柄置“前”位，本端头灯、白色标志灯亮，每个灯故障的 LED 灯泡数量应小于 4 颗。

（3）方向手柄置“后”位，本端红色标志灯亮，每个灯故障的 LED 灯泡数量应小于 4 颗。

（4）将头灯开关分别置“亮”位或“暗”位，对应远光灯、近光灯分别亮。

（5）目视检查各灯罩，应无丢失、裂纹。

3. 检查客室照明功能

将客室照明开关分别打至“全照明”和“紧急照明”位，检查各车正常照明及紧急照明是否正常。

二、车辆客室照明系统检修

1. 客室照明系统的拆除

（1）灯罩和灯管的拆除

先用旋具小心地将灯罩夹出，然后将灯罩从尼龙绳的钩上松开，拆下灯罩，再将 36 W 灯管转动 90°，将其松开并拔出。

（2）镇流器的拆除

按照如上所述拆卸灯罩，断开镇流器端子上的电气连接，松开镇流器的接地连接，然后松开螺母，并将它们与垫圈和弹簧垫圈一起拆下，最后将镇流器从完整的发光体上拆下。

（3）照明模块的拆除

按照如上所述拆卸灯罩和灯管，松开插座连接器和连接器上的电气连接，从螺栓、锁紧垫圈和弹簧垫圈上松开螺母，拆卸接地连接，然后固定照明模块，以防其掉落，并拆卸外加螺母上的螺纹接头，最后将照明模块从底座中拆下。

2. 客室照明系统的安装

（1）准备工作

清除相应照明模块安装位置上的污物，检查灯体支座、镇流器电气连接、接头和插座接头有无损坏。

（2）照明模块的安装

将新的照明模块置于底座中，在外加螺母上安装螺纹接头，将带有螺母的地线接线与新的锁紧垫圈和弹簧垫圈一起安装到螺栓上，重新安装插座接头和接头的电气接线。

（3）镇流器的安装

将新的镇流器置于完整的发光体上，将螺母与垫圈及弹簧垫圈安装在一起，将地线接线重新安装至镇流器，将电气接线连接到镇流器的端子上。

（4）灯管和灯罩的安装

将新的灯管插入灯管支座，并转动 90°，使用尼龙绳将新的灯罩钩入并固定，小心地将灯罩扣入。

技能训练 8　蓄电池组拆装

一、训练目的

1. 拆卸蓄电池组，掌握蓄电池组结构组成和拆卸过程。

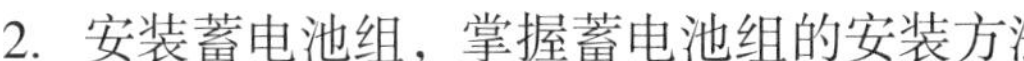

2. 安装蓄电池组，掌握蓄电池组的安装方法。

二、训练内容

1. 蓄电池组拆卸的标准化作业。

2. 蓄电池组装配的标准化作业。

三、训练用品

1. 设备

带蓄电池组的城市轨道交通车辆一节或者蓄电池组一套或者其模型一套。

2. 材料

蒸馏水、橡胶密封条、压缩空气、刷子、安全帽、护目镜、绝缘手套。

3. 工具

扭力扳手、数字万用表、110 V 直流电源表、38 件工具套装、棘轮扳手及套筒（14 mm）、剪线钳、扭力尺（5 ~ 25 N）、划线笔、“禁止动车”指示牌等。

四、训练过程

1. 训练前的准备

（1）拆卸前，应对蓄电池组进行预检，准确记录损坏部件、部位及具体情况。

（2）穿戴好劳动防护用品。

（3）准备好“禁止动车”指示牌或其他安全防护信号。

2. 操作训练

（1）蓄电池组拆卸流程

1）打开并将列车两端 B 车的蓄电池闸刀开关拉下。

2）将拉下的刀闸分别放至两端司机室内。

3）在列车两端 B 车的蓄电池闸刀箱上挂好“严禁合闸”指示牌。

4）打开蓄电池箱，松开两紧固螺栓和三个插销，然后拉出蓄电池箱。

5）拆下电池母线。

6）拆下温度传感器上的小螺钉。

7）用力拔下温度传感器上的塑料盖，但是要小心不要拔断。

8）将导线拆下放好。

9）将蓄电池单体取出。

（2）蓄电池组安装流程

1）将蓄电池单体放入蓄电池箱并排列好，每码好一个单体后，先装好相应的嵌块，再装下一个单体。

2）连接好相应导线。

3）将所有电极固定螺母紧固至规定力矩（15 N·m）。

4）确认所有螺钉已打好扭力后，作防松标记并合上蓄电池单体的塑料盖子。

5）蓄电池安装完毕后，分别测量蓄电池单体电压及整体电压。单体电压约为 2.18 V，整体电压应与相应司机室电压表所示相同，约为 115 V。

6）关好蓄电池箱，合上闸刀开关，取下“严禁合闸”指示牌，并对作业场地进行清场。

7）到列车两端司机室检查电压表指示是否正常，激活列车并做有电功能试验。

（3）指导教师根据学生掌握的情况进行点评与总结。

五、注意事项

1. 由于电池组电压较高，存在电击危险，因此装卸、连接时应使用绝缘工具并做好防护。

2. 安装时应仔细注意蓄电池的正、负极性，不可接反，以免造成蓄电池短路。

3. 连接螺钉必须拧紧，拧紧螺母时转矩为 15 N·m，以保证接触良好，脏污和松散的连接会引起电路接触不良或造成打火，因此要仔细检查。

4. 安装末端连接线和导通电池系统前，应再次检查系统的总电压和极性连接，保证正确接线。

5. 连接线连接紧固后，戴上保护罩，避免外部导体掉入造成电池组短路。

6. 应保持通风环境良好，避免阳光直射。

7. 蓄电池引发火灾时，不能用水灭火，否则会造成更大火灾，应使用粉末（ABC）灭火器。

8. 电解液洒漏时应用硼酸中和，或用水冲洗。

六、考核评价

蓄电池组拆装的考核评价见表 8–2。

表 8–2　　蓄电池组拆装考核评价表

类型	项目	项目与技术要求	配分	评定方法	得分
过程评价（40%）	1	实训纪律	10	考勤	
	2	平时训练表现	10	检查、观察	
	3	顺序、内容及技术要求	20	抽检、展示、诵读	
质量评价（60%）	1	内容、技术及注意事项	30	提问、背诵、笔试	
	2	日检维护作业实操	30	计时测试	

说明：由于目前尚无统一标准，计时测试时，测试时间可根据实际情况灵活掌握。

思考与练习

1. 简述辅助供电系统的组成及其功能。
2. 简述辅助逆变器的维护与检修方法。
3. 简述蓄电池的检修方法。
4. 简述蓄电池的常见故障及其处理处理方法。
5. 简述客室照明系统的维护与检修方法。

第九章　控制及乘客信息系统维护与检修

学习目标

◆ 了解城市轨道交通车辆控制系统的组成与配置，以及乘客信息系统的组成。

◆ 熟悉车辆控制系统的维护与检修，接触器接触不良的处理方法，继电器的常见故障及处理方法。

◆ 掌握车辆乘客信息系统的维护与检修方法。

◆ 掌握车辆接触器的日常维护方法。

城市轨道交通车辆控制系统简称 TCMS 系统，主要完成车辆的通信管理、功能控制、故障诊断、信息显示和事件记录等功能。乘客信息系统为乘客提供语音广播、紧急报警、到站信息显示、多媒体信息显示及音频播放服务，同时为乘务人员提供广播对讲和视频监控服务，以及为运营控制中心提供视频监控服务。本章主要介绍城市轨道交通车辆控制系统和乘客信息系统的维护与检修等内容。

第一节　控制系统维护与检修

城市轨道交通车辆控制系统通过信号采集模块，采集司机的操作指令、列车各个工况下的状态等信号，经过运算及逻辑处理，给出操作列车各部件的控制指令，通过 MVB 总线实现与牵引控制系统、空气制动控制系统、辅助供电系统、信号系统、车门系统、广播和视频监控系统等部件的数据交换，从而实现列车控制、监视和诊断等功能，如图 9-1 所示。本节主要介绍控制系统的主机（车辆控制单元 VCU）、显示终端（车辆 HMI 显示屏）、接触器、继电器维护与检修的相关内容。

一、控制系统维护

控制系统采用分布式控制技术，划分为两级，即列车控制级和车辆控制级。列车控制级总线和车辆控制级总线均采用 MVB 多功能车辆总线。中继模块（REP）作为列车级总线和车辆级总线的网关，实现列车级总线到车辆级总线的数据转发功能。此外，事件记录模块（ERMe）具备以太网接口，控制系统可以通过 ERMe 的以太网接口，借助车

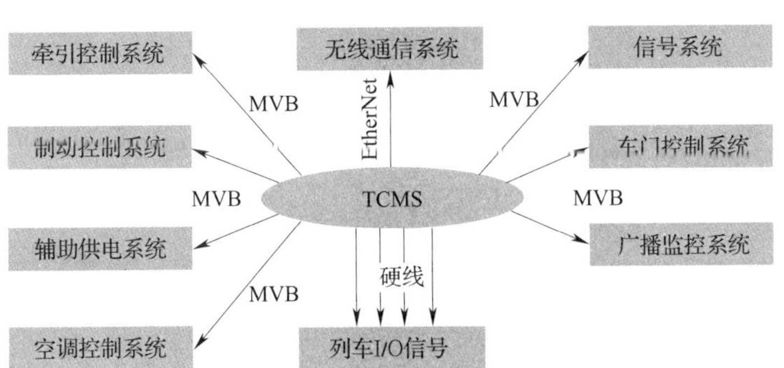

图 9-1　控制系统功能

载无线传输系统将 MVB 总线上的列车状态和故障数据实时传输到地面，实现列车远程监控功能。

车载故障诊断系统是控制系统的一个重要组成部分，完成车载各部件故障数据的采集、分析、转储和显示功能。故障信息在司机台上通过显示屏显示，并且通过便携式测试工具（PTU）上传到地面维修和服务系统中，供长期储存和深入分析。

控制系统的诊断功能可以协助司机和检修人员进行工作。当故障发生时，协助司机采取适当的操作，使维护人员更容易地查找并解决故障。

控制系统将故障划分为三个等级。

1. 严重故障（等级 1）

严重故障是指严重影响列车运行的故障，有可能导致乘客和车辆出现危险，司机需对故障进行确认并立即处理。如果故障不能及时排除，列车需要在运行的下一站进行清客，空车回库以解决故障。

2. 中等故障（等级 2）

中等故障是指影响列车运行的故障，司机需对故障进行确认并立即处理。如果故障不能及时排除，列车需要在完成本次单程运营后退出运行图，空车回库以解决故障。

3. 轻微故障（等级 3）

轻微故障是指不影响运行的故障，可以在列车运营结束后回库再处理。

控制系统设备要求极少的预防性维护，设备内不含电池。一般每 5 年进行一次预防性维护，按照以下方式进行：首先检查设备机械损伤，然后检查设备的机械安装，最后检查所有连接器和紧固件。

如果车辆显示屏表面或外框脏污，用蘸有清水或温和中性清洁剂的软湿布（不是浸泡）清洁屏幕和外壳。应注意尽量减少清洁剂的使用。

清洁后的屏幕应自然风干。为避免损伤屏幕保护塑料膜，不要用研磨材料、纸制品、坚硬或尖锐的物体或弄脏的布接触屏幕。千万不能使用稀释剂、有机溶剂或高酸性混合物清洁车辆显示屏。

根据用户操作需求不同，显示屏可分为运行模式与检修模式，运行模式主要面对司机，检修模式主要面对检修技术人员，运行模式切换至检修模式需输入密码。

二、控制系统检修

1. 车辆控制单元（VCU）的拆卸及安装

（1）确保控制单元电源已经切断（VCUCB 断开）。

（2）旋出控制单元前面板上及背面电缆连接器的螺栓，将电缆连接器逐个拔出（最先拔出电源连接器），注意连接器针子不要接触到列车上的任何金属件。

（3）旋出固定控制单元接地线的螺母（M5）及垫片（2 个），取下接地线。

（4）卸下固定控制单元的螺栓（M6）。

（5）从电气柜固架中取出控制单元。

（6）将控制单元滑入电气柜固架中。

（7）将控制单元的接地线安装在接地螺栓上，并旋紧固定用的螺母（M5）及垫片（2 个）。

（8）逐个插入控制单元前面板和背面的电缆连接器（最后插入电源连接器），并拧紧螺栓或连接器本身。

（9）拧紧用来固定控制单元的螺栓（M6），推荐的转矩为 7.1 N · m。应注意，安装连接器的步骤与拆卸连接器的步骤相反，插入前一定要确认连接器的正确位置。为了防止损坏连接器针脚，不要强行安装连接器。

（10）核查控制单元已经安装到位。

（11）恢复控制单元供电，并安装好所有程序。

（12）恢复列车到运行条件。

2. 车辆显示屏的拆卸及安装

（1）确保显示屏电源已经切断，显示屏断电至少 10 min 后再打开。

（2）卸下固定显示屏的螺栓（M4）。

（3）从司机操作台的面板上将显示屏拔出。

（4）旋出显示屏后面电缆连接器的螺栓，将电缆连接器逐个拔出（最先拔出电源连接器），注意连接器针子不要接触到列车上的任何金属件。

（5）旋出固定显示屏接地线的螺母（M5）及垫片（2 个），取下接地线。

（6）从司机台上取出显示屏。安装显示屏前需先检查外观是否完好。

（7）注意保护屏幕，将显示屏的接地线安装在接地螺栓上，并旋紧固定用的螺母（M5）及垫片（2 个）。

（8）逐个插入显示屏背后的电缆连接器（最后插入电源连接器），并拧紧螺栓或连接器本身。

（9）将显示屏放进司机操作台。

（10）拧紧螺栓（M4），推荐的转矩为 2.1 N · m。应注意，安装连接器的步骤与拆卸连接器的步骤相反，插入前一定要确认连接器的正确位置。为了防止损坏连接器针脚，不要强行安装连接器。

（11）核查显示屏已经安装到位。

（12）恢复显示屏供电，并安装好所有程序。

（13）恢复列车到运行条件。

三、接触器接触不良的处理方法

在城市轨道交通车辆中，交、直流电磁接触器都有广泛的应用。车辆控制系统中包含很多接触器，触头接触不牢靠会使得动、静触头间接触电阻增大，导致接触面温度过高，使得面接触变成点接触，甚至出现不导通现象。直流电磁接触器和交流电磁接触器的结构如图 9-2 和图 9-3 所示。

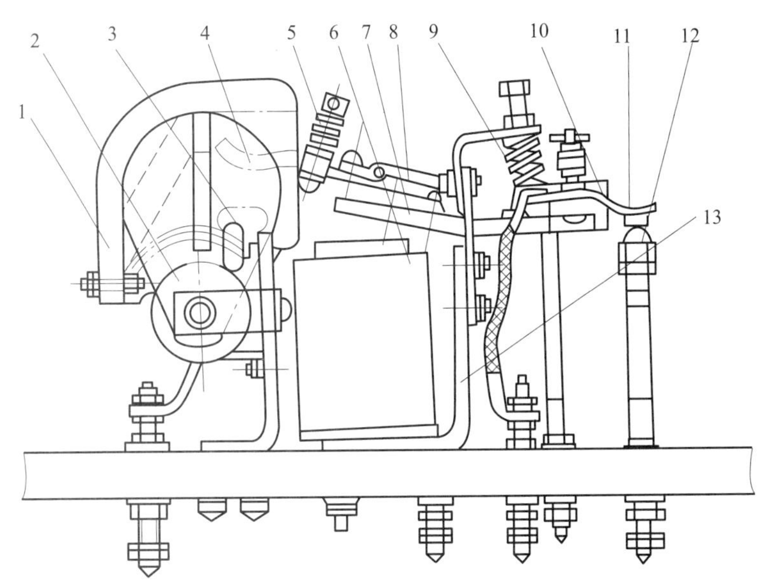

图 9-2　直流电磁接触器的结构

1—灭弧罩　2—吹弧线圈　3—主静触头　4—主动触头　5—触头弹簧　6—吸引线圈　7—衔铁　8—软连接　9—反力弹簧　10—绝缘基座　11—动联锁触头　12—静联锁触头　13—磁轭

1. 故障原因

造成此故障的原因主要有以下几点：触头上有油污、花毛、异物，长期使用使触头表面氧化，电弧烧蚀造成缺陷、毛刺或形成金属颗粒，运动部分有卡阻现象。

2. 处理方法

（1）触头上的油污或异物可以用棉布蘸酒精或者汽油擦洗。

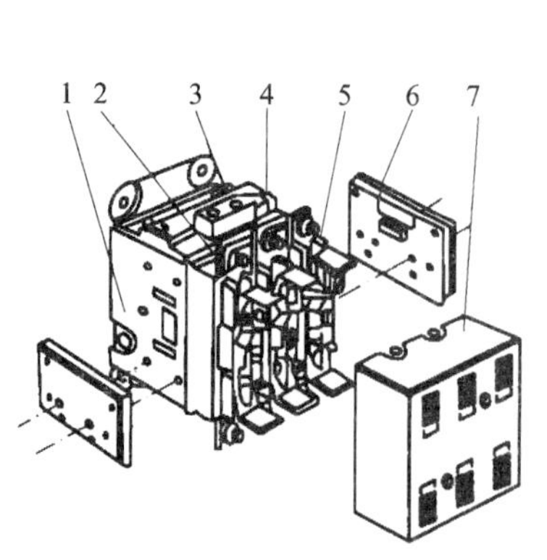

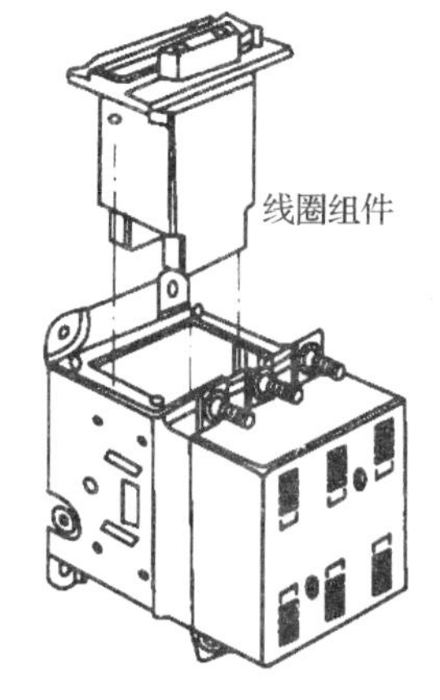

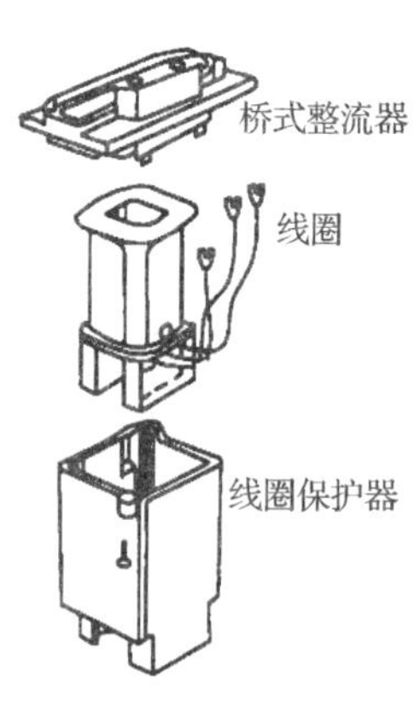

图 9-3　交流电磁接触器的结构

1—底座　2—静触头　3—桥式整流器　4—接线柱　5—动触头　6—辅助触头　7—灭弧罩

（2）如果是银或者银合金触头，其接触表面生成氧化层或在电弧作用下形成轻微烧伤及发黑时，一般不影响工作，可用酒精或汽油擦洗。即使触头表面被烧得凸凹不平，也只能用细锉清除，切勿锉修过多，以免影响触头寿命。

对于铜质触头，若烧伤程度较轻，只需用细锉刀把凸凹不平处修理平整即可，但不允许用细纱布打磨，以免石英砂粒留在触头之间，不能保证良好的接触；若烧伤严重，接触面低落，则必须更换新触头。

如果接触器运动部分有卡阻现象，可拆开检修。

四、继电器常见故障的处理方法

车辆控制电路系统含有大量的继电器元件，具有控制、保护、转换信号的作用。继电器触头在使用过程中经常断开和闭合，频繁的开闭动作导致其经常发生故障，在车辆架修或大修时，按要求需更换大量的相关继电器。继电器的常见故障及处理方法见表 9-1。

表 9-1　继电器的常见故障及处理方法

常见故障	故障原因	处理方法
触头阻值过大	继电器触头材质较差，发生表面氧化、化学腐蚀导致接触电阻变大。部分继电器触头不满足车辆实际所带负载要求，实际功率超过额定功率，这样就要导致诸如触头间的金属电积、触头焊接、磨损或触头电阻快速增加等问题	用砂纸打磨触头，使触头阻值达到要求范围内；用去氧装置对阻值较大的触头进行去氧化处理，使触头阻值达到要求范围内；更换新的继电器部件
吸合、断开时间过慢	继电器防尘性能较弱，灰尘容易进入并堆积，导致继电器线圈得电不吸合、失电不断开	测量工作电压是否在要求范围内；分解并清洁继电器零部件
线圈阻值过大	一般为线圈烧损	更换新的继电器部件

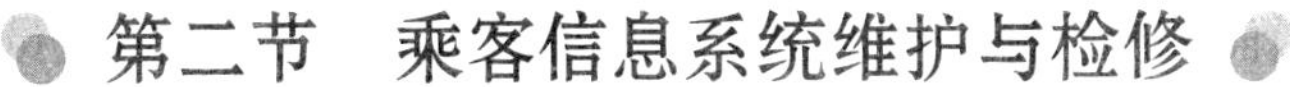

第二节　乘客信息系统维护与检修

城市轨道交通车辆乘客信息系统（简称PIS系统）主要包括三个子系统，即列车广播系统（PA）、多媒体播放系统（PIDS）和视频监控系统（CCTV）。三个子系统可以采用单独组网，也可以采用集成组网。本节主要介绍乘客信息系统维护与检修的相关内容。

一、乘客信息系统维护

以某地地铁1号线为例，车辆乘客信息系统检车作业中的日检与双周检以维护为主，其他检车作业包含双周检的全部内容。

1. 日检

（1）人工广播（PA）功能检查

1）按下激活端广播控制盒上的“人工广播”按钮进行广播，按键指示灯亮，每节客室车厢内和非激活端司机室应清晰听到广播内容。

2）松开“人工广播”按钮，按键指示灯灭，结束本次播音。

（2）司机室对讲（C–C）功能检查

1）首先按下操作端广播控制盒上的“司机对讲”按钮后进行通话，非操作端司机室应清晰听到讲话内容；然后按下非操作端司机室“司机对讲”按钮进行通话，操作端司机室也应清晰听见讲话内容。

2）松开“司机对讲”按钮，按键指示灯熄灭，结束本次对讲。

（3）数字化报站功能检查

分别激活两端司机台，按照以下步骤进行各节车客室数字化广播检查：激活司机台，设置起始站、下一站和终点站后，确认客室开始播报起始站广播语音，广播播报应完整、正确、连续、无中断、无破音，动态地图屏显示正确，贯通道显示屏显示正常，内容统一，站点站显示屏显示正确。

（4）广播控制盒检查

检查广播控制盒、各个按钮应无裂纹、碰伤，麦克风根部未断裂。

（5）动态地图显示屏、贯通道显示屏、站点站显示屏、乘客紧急报警器检查

检查动态地图显示屏、贯通道显示屏、站点站显示屏、乘客紧急报警器，应外观无裂纹，接线插头插接紧固、无松动。

（6）LCD媒体播放屏检查

检查LCD媒体播放屏，应外观良好、表面无裂纹、无松动，能正常播放音频和视频信号。

（7）视频监控系统触摸屏检查

检查触摸屏，应安装紧固、外观良好、表面清洁；检查触摸屏视频画面，应及时、有效地反馈对应车厢视频图像，触控操作正常。

2. 双周检

双周检包含日检的全部内容和麦克风的清洁工作。清洁麦克风时，使用带有少量酒精的软布轻轻擦拭麦克风外部即可。

二、乘客信息系统检修

1. 广播系统检修

车辆架修或大修时，检查广播系统设备接线插头上的螺栓、控制单元设备接线插头上的内六角螺栓，要求安装牢固、螺栓无滑牙。广播系统故障时，系统投入使用初期主要是根据其工作原理查找故障点，随着检修经验的积累，主要根据经验判断故障点，这样可以更快地找到故障点。查找广播系统故障的思路可按照以下步骤进行：

首先，检查系统供电断路器是否跳闸，如果跳闸，复位成功后再检查系统功能是否正常；如果复位不成功，则说明该电路有短路或过流，需要逐个测量该支路各个设备，确定故障设备后将其更换，并检查电路是否跳闸。

然后，检查系统主机是否工作（通过查看主机上对应的指示灯进行判断），如果主机不工作，先检查主机各插头和接线是否有松动，再根据指示灯指示，更换相应板卡或单元，调整后再检查主机是否工作，若仍不能正常工作，则更换整个主机。

最后，根据具体故障现象，检查相应系统部件（如麦克风、功率放大器、扬声器等）插头、接线及工作状态等。

按照以上步骤基本上可以排除故障，但比较费时，因此在故障排除中一般利用经验快速判断故障点。由于各条线路车辆不同，广播系统设备也不同，在处理故障时所要查找的部件也不同，下面以某地地铁 4 号线为例，列举该系统的常见故障及处理方法。

（1）自动广播失效

自动广播失效在乘客信息系统故障中出现的概率最高，在查找该故障时可以按以下方法检查：

1）试验司机对客室广播功能是否正常，由于该功能需要通过以下设备：麦克风→广播控制盒（属于操作设备）→电源模块（属于系统主机和客室主机）→中央控制器（属于系统主机）→功率放大器（属于客室主机）→扬声器。如果司机对客室广播功能正常，则说明以上部件功能均正常，故障点为数字报站器（属于系统主机）。

2）如果司机对客室广播功能不正常，则依次检查电源模块、中央控制器是否正常，从而判断故障点。

从系统使用情况来看，该类故障的故障点主要集中在数字报站器和功率放大器上。

（2）司机对客室广播失效

1）试验自动广播功能是否正常，由于自动广播功能需要通过以下设备：司机显示器→电源模块→中央控制器→数字报站器→功率放大器→扬声器。若此功能正常，则说明以上部件正常，故障点为麦克风或广播控制盒，需要进一步检查。

2）如果自动广播功能不正常，则依次检查电源模块、中央控制器是否正常，从而判断故障点。

从系统使用情况来看，该类故障的故障点主要集中在麦克风上。

（3）某个客室无广播

此问题的故障点可以确定在客室主机上，可以依次检查主机的电源模块、中央控制器及功率放大器是否正常，从而判断故障点。

从系统使用情况来看，该类故障的故障点主要集中在功率放大器上。

2. 多媒体播放系统检修

多媒体播放系统主要由 MPS 媒体播放模块（集成于司机室广播主机）、MPD 媒体解码模块、交换机模块、VGA 分屏器模块（以上三种模块集成于客室音视频控制单元）、LCD 屏等硬件设备组成。多媒体播放系统具有日志信息记录功能，对所有接收的多媒体信息、应用操作信息、控制系统通信信息、系统运行状态信息有完整的日志记录。司机及其他管理人员可以通过 PTU 软件查询日志文件。日志的查看方便直观，在同一个界面完成查看操作；既可按照自定义的分类视图查看，也可按照日志关键字查询。多媒体播放系统还具有日志导出、备份和删除功能，能够根据预先定义的周期自行进行日志的删除清理操作。

在架修和大修作业时，检查客室电子地图、乘客紧急对讲设备和 LCD 显示屏，要求安装紧固，外观及接线正常；检查每个 LCD 显示屏，要求外观良好，没有任何移动和损坏；用干软布擦拭 LCD 显示屏，要求清洁度达到Ⅱ级。如果有 LCD 显示屏损毁，则联系供应商直接更换。

3. 视频监控系统的检修

在车载视频监控系统中，摄像机负责采集每列车六个客室、两个司机室的视频图像数据，采集的视频数据由同轴电缆传输至相应客室内的视频编码模块（集成于客室音视频控制单元），由视频编码模块进行数字编码处理。

视频编码模块也将列车车体号、图像摄取时间、摄像机编号、图像水印等信息一并写入视频图像数据，并按照某标准压缩算法进行压缩后，通过内置传输模块传输至车内以太网络，两个司机室的视频监控系统主机从车内网络接收视频流，存储在视频监控系统主机的硬盘中。

头、尾车两边视频监控系统主机同时接收客室视频编码模块（集成于客室音视频控制单元）发来的经压缩的 14 个视频图像数据，全部同时记录在本机硬盘中。同时，根据设定的画面显示方式，视频监控系统主机通过车内以太网访问视频编码模块，调用所选择摄像机信号在触摸屏的人机界面上显示，提供给驾驶室工作人员观看。

在车辆架修和大修作业时，应检查摄像头是否安装牢固，各接线处接头是否牢固，清洁摄像机表面灰尘，检查摄像机有无破损，如有破损应直接更换。

技能训练 9　接触器日常维护

一、训练目的

1. 能认知接触器的结构组成。
2. 能熟悉接触器的工作过程。
3. 能掌握接触器的一般维护方法。

二、训练内容

1. 接触器外观检查。
2. 接触器灭弧装置的维护。
3. 接触器触头的维护。
4. 接触器吸引线圈的维护。
5. 接触器铁芯的维护。
6. 接触器转轴的维护。

三、训练用品

1. 设备

带接触器的车辆电气设备或者接触器若干台，可以是交流接触器，也可以是直流接触器。

2. 材料

白布或者橡胶垫、酒精、润滑油、接触器相关配件。

3. 工具

六角套筒扳手 1 套、尖嘴钳、方孔钥匙、旋具一套、兆欧表、扭力扳手、小铲刀、手电筒、红色标记笔、毛刷、吹风机。

四、训练过程

1. 训练前的准备

（1）维护时，应确保接触器或者带接触器的车辆电气设备处于断电状态。

（2）穿戴好劳动防护用品。

（3）维护前，应对带接触器的车辆电气设备进行放电试验，确保其不带残余电荷。

2. 操作训练

使用接触器时应经常或定期检查其运行情况，并进行必要的维护，延长其使用寿命，保证其安全、可靠运行。维护、检修接触器时应首先断开电源，再按如下步骤进行操作。

（1）外观检查

用压缩空气清除接触器各部件的灰尘和铁芯极面上的灰尘，也可以用毛刷清除。若有油污，可先用棉布蘸少量酒精擦拭，然后再用干布擦净，并仔细观察接触器外观是否完整无损，注意拧紧所有紧固件。

（2）灭弧装置维护

取下灭弧罩，用毛刷清除罩内落物及金属颗粒，如果发现有破裂或严重烧损及零部件（如灭弧栅片）变形、松脱或位置变换等现象而不易修复时，应及时更换新灭弧装置。重新安装灭弧装置时，应装回原位。

3. 触头的维护

定期检查触头的温升是否超过标准（主触头温升 75 ℃），银或银基粉末冶金制成的触头表面有烧毛发黑的现象是正常的，不会影响其实际工作能力，一般可不必清理。如果触头接触处有金属颗粒或毛刺，可以用细锉轻轻锉平，但不能用砂纸和砂布擦拭。对于具有铜触头的转动式接触器，若长时间没使用或连续工作 8 h 以上，在使用前应先开闭 1 ~ 2 次，以便除去触头的氧化膜。触头若有开焊、裂缝或磨损到原厚度 1/3 的情况时，则应更换新触头。

4. 吸引线圈的维护

观察线圈外表层有无过热变色，定期检查线圈温升是否超过所规定的值（一般规定，当环境温度为 40 ℃时，A 级绝缘的线圈用温度计测得的表面温升不得超过 60 ℃），引线与导线是否有松动、开焊或将断的情况，线圈骨架有无碎裂、磨损或固定不正常现象。此外，还应注意缓冲件是否完整。

5. 铁芯的维护

观察铁芯端面有无变形、松散现象。可用棉纱蘸少量汽油擦拭极面上的污垢。注意交流电磁铁的分极环有无断裂，中柱气隙是否保持在 0.1 ~ 0.3 mm（若发现过小，可略锉去一些）；观察直流电磁铁铁芯的非磁性垫片是否磨损或脱落，缓冲件是否完整，位置是否正确。

6. 接触器转轴的维护

经常检查接触器的转轴转动是否灵活，可在转轴与轴承处注入少量润滑油，保持转动灵活。

五、注意事项

1. 作业者按规定着装，穿戴好劳动保护用品，注意劳动安全。
2. 检查各工装量具是否合格可用，性能良好。
3. 检修作业时应做好呼唤应答，确保人身安全。

六、考核评价

接触器日常维护考核评价见表 9–2。

表 9–2　　接触器日常维护考核评价表

类型	项目	项目与技术要求	配分	评定方法	得分
过程评价（40%）	1	实训纪律	10	考勤	
	2	平时训练表现	10	检查、观察	
	3	顺序、内容及技术要求	20	抽检、展示、诵读	
质量评价（60%）	1	内容、技术及注意事项	30	提问、背诵、笔试	
	2	日检维护作业实操	30	计时测试	

说明：由于目前尚无统一标准，计时测试时，测试时间可根据实际情况灵活掌握。

思考与练习

1. 简述车辆控制系统的组成及其功能。
2. 简述车辆控制系统的维护要点。
3. 简述车辆控制系统的检修要点。
4. 简述车辆接触器接触不良的原因和处理方法。
5. 简述车辆继电器的常见故障及处理方法。
6. 简述车辆乘客信息系统的维护要点。

附录 1

列车车辆日检维护标准化检查作业

目前，我国城市轨道交通车辆类型和编组形式多样，各地实施的日检维护检查作业没有统一标准。列车运行过程中，因车辆漏检造成漏修而引发的运营事件或事故时有发生，因此，对列车车辆采用标准化检查作业，避免漏检则显得尤为必要。本文以长客 DKZ27 型 B 型车辆（编组形式为“=Tc * Mp * M * T * Mp * Tc=”的列车，“=”表示半自动车钩，“*”表示半永久车钩，“T”表示拖车，“M”表示动车，“Tc”表示带自司机室的拖车，“Mp”表示带有受流器的动车）为例，参照车辆日检维修规程及作业指导书，同时借鉴铁道车辆技术检查方式编写而成，主要从列车车辆检查的总体要求、准备防护阶段、检查阶段和结束阶段四个方面进行说明。

一、总体要求

1. 定义方位

目前，各运营企业进行列车车辆维修时，对列车、车辆及零部件的方位定义有所不同。因此，为便于以下内容的学习，定义方位如下：

（1）列车方位

列车运行时，列车前进的方向为头端，另一端为尾端。列车到达终点站后会折返运行，因此，列车的两端既是头端也是尾端。列车入库或入场后，一般以列车出库或出场的方向为头端，另一端为尾端。

（2）车辆及零部件方位

列车头端 Tc 车辆为Ⅰ位车辆，从头端至尾端顺序定义车辆及零部件的位端和位数。站在车辆Ⅰ位端面朝Ⅱ位端，左侧为“奇数”，右侧为“偶数”。

2. 作业程序及方法

（1）检查作业前，应首先进行防护及准备阶段作业。

（2）检查作业分为列车车辆无电作业和列车车辆有电作业，列车车辆有电作业在列车车辆无电作业完成之后进行。

（3）进行列车车辆无电作业时，由列车头端至尾端完成一半的检查作业，然后再由尾端至头端完成另一半检查作业。

（4）进行列车车辆有电作业时，司机室与客室的检查作业采用换端方式完成。

（5）列车车辆有电作业和无电作业完毕后再进行结束阶段的作业。

（6）检查作业按先近后远、自上而下、先局部后整体的方式进行，按规定的步伐、路径及范围完成。

3. 作业分工

检查作业由两位作业人员（分为 1 号和 2 号作业人员）共同完成。为避免重复性检查或漏检，应规定两位作业人员的作业范围或内容，具体分工如下：

（1）1 号作业人员作为主要负责人，负责作业过程中的安全防护，以及车辆车体两侧、车底两侧、客室内部一侧（沿头车Ⅰ位侧向尾车Ⅱ位侧）的功能检查，还有头车司机室设备、相关性能试验。

（2）2 号作业人员负责协助 1 号作业人员做好安全防护工作，并负责车底下部、尾车司机室设备、相关性能试验以及客室内部一侧（沿头车Ⅱ位侧向尾车Ⅰ位侧）的功能检查。

4. 作业要领

作业时应做到“手摸、耳听、目视、口呼”，对关键部位应做到俯身和探身检查。“手摸”是指对关键部位应当通过用手触摸的方式确认其状态。例如，对电气箱卡扣的检查应当用手确认其是否锁闭到位。“耳听”主要是对空气管路及阀体，通过耳朵聆听确认其是否有异常排风现象。“目视”则是对物体表面，通过目视观察其表面有无裂纹或刮痕。“口呼”是指对特定部位采取口呼的形式，确认其状态良好。

二、准备防护阶段

为保证作业的顺利安全地进行，必须在作业前进行作业准备和安全防护。

1. 作业准备

两位作业人员作业前应穿戴好劳动保护用品（如工装、工鞋、安全帽等），清点并携带检查工具（如防护灯、手电筒等），并排走到列车头端。

2. 安全防护

（1）维护条件实施与确认

1）列车车辆无电作业条件是受电弓降下，列车两端悬挂“禁止动车”指示牌，两端 Tc 车辆司机台上悬挂或放置“禁止升弓”指示牌，司机台未激活。作业前两作业人员必须共同确认。

2）列车车辆有电作业条件是列车两端已挂“禁止动车”指示牌，撤出“禁止升弓”指示牌，受电弓已升起，在 ATI 上确认 HB 处于分段位。无电作业完毕后，由 1 号作业人员实施并确认。

（2）停放制动施加与确认

1 号作业人员迅速走至头车Ⅰ位转向架的侧面，确认停放制动已施加，确认完毕后迅速回至原位。

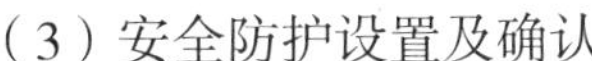

（3）安全防护设置及确认

待 1 号作业人员回位后，2 号作业人员迅速走至列车尾端，同时确认车下无其他人员，确认现场出清。确认完毕后迅速将防护灯挂在列车尾端车辆 I 位防爬器下方。同时，1 号作业人员迅速将防护灯挂在列车头端车辆 I 位防爬器下方。双方共同确认安全防护已设置（1 号与 2 号手电筒打闪示意）。

三、检查阶段

双方共同确认安全防护已设置并与车辆段控制中心（DCC）核对时间后开始作业。

1. 列车车辆无电作业

列车车辆无电作业时，1 号作业人员负责车体两侧、车底两侧，主要对车辆车体、转向架侧面、车下悬挂件及箱体等部件进行检查。2 号作业人员负责车底下部，主要对车辆转向架底部、车底各气路等部件进行检查。

（1）单车（单节车辆）车侧检查（1 号作业人员）

采用“1 步 7 步—7 步 2 步”法进行检查，主要对车辆车体、转向架侧面、车下悬挂件及箱体等部件进行检查。

1）车辆 I 位端检查。采用“1 步”法进行，检查车辆有无倾斜，破损，确认压溃管触发器状态良好，无破损丢失。

2）转向架侧面检查。采用“7 步”法进行。转向架侧面检查“7 步”法站位及检查顺序如图 1 所示。

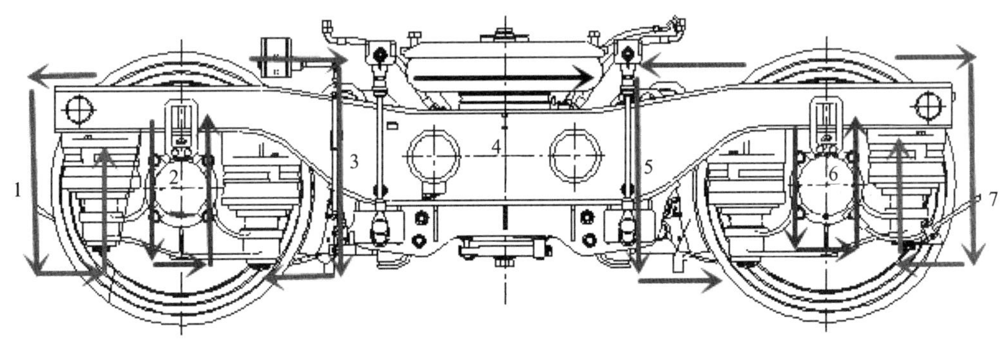

图 1　转向架侧面检查“7 步”法站位及检查顺序

①第 1 步。面向 2 位车轮外侧，探身并由上到下检查确认 2 位车轮 1/2 车轮踏面技术状态良好，无擦伤剥离（口呼“踏面无擦伤，无剥离”）。在 2 位轴箱弹簧下部俯身检查确认降噪阻尼环状态正常（口呼“降噪阻尼环无断裂”）。由下到上检查确认 2 位轴箱弹簧及紧固螺栓状态正常，防松铁丝无断裂，2 位轴箱弹簧外观良好，无裂纹（口呼“2 位一系簧下安装螺栓防松铁丝无断裂”）。

②第 2 步。面向 2 位轴箱，检查确认轴箱箱体无异常发热、无裂纹，端盖的固定紧固螺栓无松动，划线无错位，紧固螺栓铁丝绑扎状态正常。如果有其他轴箱组成，例如轴端接地碳刷或速度传感器，检查确认端盖进线有无松动（口呼“轴箱端盖外观正常无裂纹，安装螺栓无松动”）。

③第 3 步。面向 2 位安全钢索，探身检查确认 2 位轮上部 1/4 车轮踏面技术状态良好，无擦伤剥离。由上到下检查确认安全钢索安装状态良好，球头关节无卡滞，开口销无丢失（口呼“安全钢索无断股，球头关节无卡滞”）。检查确认高度控制阀外观及安装良好，无泄漏，调整杆、水平杠杆及连接点状态良好，开口销无丢失，防护拉环无断裂（口呼“高度控制阀无异常泄漏，高度整杆球头关节无卡滞，防护拉环无断裂，开口销无丢失”）。俯身检查确认 2 位闸瓦磨耗不过限，开口销无丢失（口呼“2 位闸瓦无裂纹，磨耗无超限，开口销张开角度正常”）。由下到上检查确认 4 位轴箱弹簧下部紧固螺栓状态正常，铁丝无断裂，4 位轴箱弹簧外观良好，无裂纹（口呼“4 位一系簧下安装螺钉防松铁丝无断裂”）。

④第 4 步。面向 2 位空气弹簧，检查确认空气弹簧胶囊无泄漏，表面无划伤（口呼“空气弹簧无鼓包、无裂纹，制动软管外观良好”）。由左到右检查确认转向架构架状态正常。探身检查确认停放制动缓解拉环处于正常位置（口呼“停放制动缓解拉环位置正常”）。站在限界线外检查确认车体表面无划伤，玻璃无破损（车体无剐蹭、无破损，玻璃无裂纹）。

⑤第 5 步。面向 4 位安全钢索，探身检查确认 4 位轮上部 1/4 车轮踏面技术状态良好。由上到下检查确认安全钢索安装状态良好，开口销无丢失（口呼“安全钢索无断股，球头关节无卡滞”）。俯身检查确认 4 位闸瓦磨耗不过限，开口销无丢失（口呼“4 位闸瓦无裂纹，磨耗无超限，开口销张开角度正常”）。由下到上检查确认 6 位轴箱弹簧下部紧固螺栓状态正常，铁丝无断裂，6 位轴箱弹簧外观良好，无裂纹（口呼“6 位一系簧下安装螺钉放松铁丝无断裂”）。

⑥第 6 步。面向 4 位轴箱，检查确认轴箱箱体无异常发热，无裂纹，端盖的固定螺栓铁丝绑扎状态正常。如果有其他轴箱组成，例如轴端接地碳刷或速度传感器，检查确认端盖进线无松动（口呼“轴箱端盖外观正常、无裂纹，安装螺栓无松动”）。

⑦第 7 步。面向 4 位轮外侧，探身并由上到下检查确认 4 位轮 1/2 车轮踏面技术状态良好，无擦伤剥离（口呼“踏面无擦伤，无剥离”）。在 8 位轴箱弹簧下部俯身检查确认降噪阻尼环状态正常（口呼“降噪阻尼环无断裂”）。由下到上检查确认 8 位轴箱弹簧下部紧固螺栓状态正常，铁丝无断裂，8 位轴箱弹簧外观良好，无裂纹（口呼“8 位一系簧下安装螺钉放松铁丝无断裂”）。

注：此方法为车辆 I 位转向架 2 位侧的检查流程，具体实施时，可按照实际情况增减检查项目及改变站位。

3）车侧中部检查。采用自由步法，采取先近后远、自下而上的原则进行检查。

自由步法以轨道限界线为标准，采用“Z”步伐和“手拉，目视，耳听”的检查方法，对车下所有设备状态进行检查。当检查到每个车门下时，必须站在限界线外检查客室车门外观、车体外观、车窗玻璃、外紧急解锁装置及车侧指示灯的情况。

手拉：手拉箱体，确认锁闭良好。

目视：吊挂螺栓划线无错位，进、出线良好。

耳听：制动系统各部件无漏风。

以吊挂箱体检查为例：手拉确认箱体锁闭良好；目视确认箱体吊挂螺栓划线无错位，进、出电线无异常，无破损；耳听确认制动系统无漏风情况。

4）车间连接部检查。采用“2 步”法进行：

①第 1 步。检查确认电气连接线安装牢固，外观无破损、磨损，压溃管触发器状态良好，无破损丢失，连接卡环作用良好，风管连接器无漏泄，阀门处于开放位置（口呼“W03 手柄位置正常，压溃管、触发器、缓冲器无异常，连接卡环无异常”）。

②第 2 步。站在限界线外，检查确认贯通道折棚无破损，连接状态良好，车体外观良好，无倾斜（口呼“贯通道无破损”）。

（2）单车（单节车辆）车下检查（2 号作业人员）

采用“4 步 7 步—7 步 4 步”法进行检查，主要对车辆转向架底部、车体底部各气路等部件。

1）半自动车钩缓冲装置检查。按“4 步”法进行检查：

①第 1 步。站在车端自上而下检查确认司机室挡风玻璃、逃生门、前照灯、雨刮器状态良好（口呼“挡风玻璃、逃生门无剐蹭，前照灯外观正常，雨刮器外观无异常”）。检查确认半自动车钩缓冲装置车钩解钩手柄动作正常，风管连接无泄漏（口呼“风管无泄漏”）。

②第 2 步。右侧身检查确认压溃管、缓冲器状态良好，连接卡环紧固螺栓划线无错位，车钩缓冲装置安装座状态良好（口呼“压溃管、触发器、缓冲器无异常，连接卡环无异常”）。

③第 3 步。左侧身检查确认压溃管、缓冲器状态良好，连接卡环紧固螺栓划线无错位，车钩缓冲装置安装座状态良好，电笛安装紧固，连接软管无漏泄，W01 阀处于开放位（口呼“W01 手柄位置正常，压溃管、触发器、缓冲器无异常，连接卡环无异常，电笛安装紧固，外观良好”）。

④第 4 步。回头检查确认半自动车钩缓冲装置安装螺栓和过载保护螺栓外观正常无裂纹，划线清晰无错位（口呼“安装螺栓、过载保护螺栓无松动和裂纹”）。

2）拖车转向架底部检查。按“7 步”法进行检查。拖车转向架侧底部“7 步”法站位及行走路线如图 2 所示。检查路线及项目如图 3 所示。

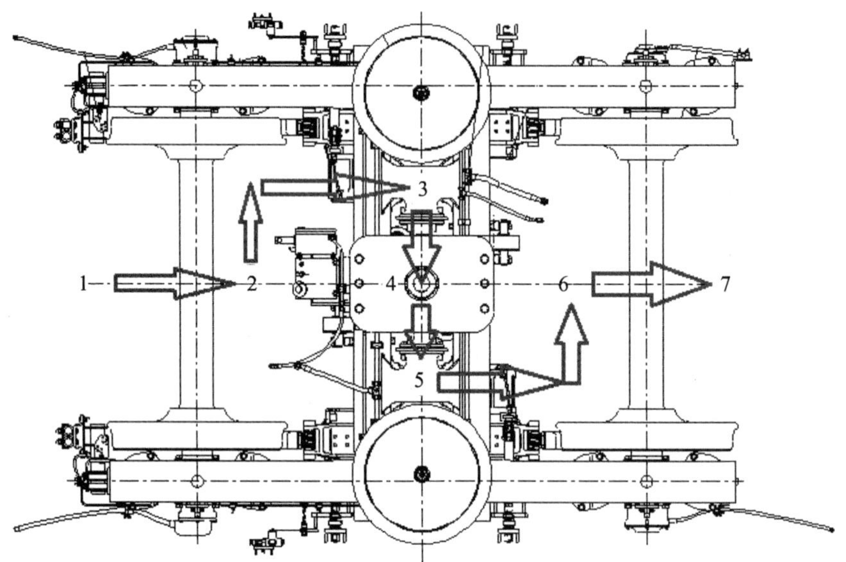

图 2　拖车转向架侧底部“7 步”法站位及行走路线

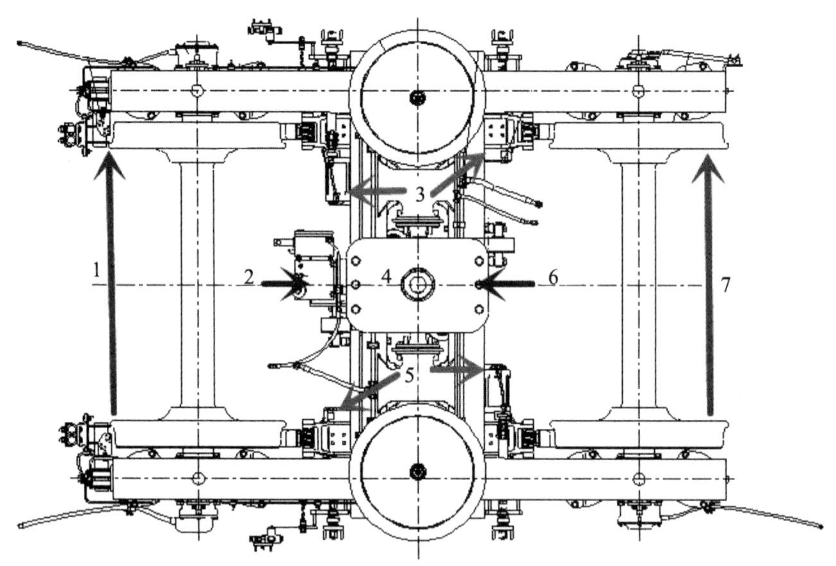

图 3　拖车转向架侧底部检查路线及项目

①第 1 步。面向 1 位车轴，探身检查确认 2 位车轮踏面技术状态良好，无擦伤、剥离（口呼“踏面无擦伤、剥离”）。从右至左依次检查确认 2 位车轮降噪阻尼环、2 位车轮轴防松线（轮轴移动标记）、1 位车轴、1 位车轮轮轴防松线（轮轴移动标记）、1 位车轮降噪阻尼环状态良好（口呼“降噪阻尼环无断裂，轮轴防松线清晰无错位”）。前进一步探身检查确

认 1 位车轮踏面技术状态良好，无擦伤剥离（口呼“踏面无擦伤、剥离”）。

②第 2 步。越过 1 位车轴，面向中心销，从上至下依次检查确认中心销上部吊挂螺栓、制动气管、牵引拉杆防松铁丝状态良好（口呼“牵引中心销上下固定良好，制动气管无泄漏，牵引拉杆防松铁丝无断裂”）。

③第 3 步。面向 1 位车轮制动单元，检查确认 1 位车轮下踏面、1 位车轮闸瓦、1 位车轮单元制动缸及 3 位车轮制动软管、空气弹簧内侧、3 位车轮制动软管及 3 位车轮单元制动缸、3 位车轮闸瓦、3 位车轮下踏面（转身）状态良好（口呼“踏面无擦伤剥离，闸瓦磨耗不超限，单元制动缸耳听无漏气，空气弹簧无鼓包和裂纹”）。

④第 4 步。站在转向架中部，从上至下依次检查确认中心销上吊挂螺栓、横向止挡、横向液压减振器、中心销下安装螺栓（前进一步转身）、中心销上吊挂螺栓、横向止挡状态良好（口呼“牵引中心销上下固定良好，横向止挡无裂纹，横向液压减振器无漏油”）。

⑤第 5 步。面向 2 位车轮制动单元，检查确认 2 位车轮下踏面、2 位车轮闸瓦、2 位车轮单元制动缸及 2 位车轮制动软管、空气弹簧内侧、4 位车轮制动软管及 4 位车轮单元制动缸、4 位车轮闸瓦、4 位车轮下踏面状态良好（口呼“踏面无擦伤剥离，闸瓦磨耗不超限，单元制动缸耳听无漏气，空簧无鼓包和裂纹”）。

⑥第 6 步。面向中心销，从上至下依次检查确认中心销上部吊挂螺栓、制动气管、牵引拉杆防松铁丝状态良好（口呼“牵引中心销上下固定良好，制动气管无泄漏，牵引拉杆防松铁丝无断裂”）。

⑦第 7 步。面向 2 位车轴，探身检查确认 4 位车轮踏面技术状态良好，无擦伤、剥离（口呼“踏面无擦伤、剥离”）。从左至右依次检查确认 4 位车轮降噪阻尼环、4 位车轮轮轴防松线、车轴、3 位车轮轮轴防松线、3 位车轮降噪阻尼环状态良好（口呼“降噪阻尼环无断裂，轮轴防松线清晰无错位”）。前进一步探身检查确认 3 位车轮踏面技术状态良好，无擦伤、剥离（口呼“踏面无擦伤、剥离”）。

3）动车转向架底部检查。动车转向架底部检查按“7 步”法进行。动车转向架底部“7 步”法站位及行走路线如图 4 所示。动车转向架底部检查采用“NZN”的形式，检查路线及项目如图 5 所示。

①第 1 步。面向 1 位齿轮箱，探身检查确认 2 位车轮踏面技术状态良好，无擦伤、剥离（口呼“踏面无擦伤、剥离”）。从右至左依次检查确认 3 位车轮降噪阻尼环、齿轮箱合拢螺栓（由下至上顺时针检查）、齿轮箱注油堵、接地碳刷、汇流排、牵引电动机电源线、车轴、车轮 1 轮轴防松线、车轮 1 降噪阻尼环状态良好（口呼“降噪阻尼环无断裂，齿轮箱合拢螺栓划线清晰无错位，齿轮箱无漏油，注油堵状态良好，接地碳刷端盖螺栓划线无错位，

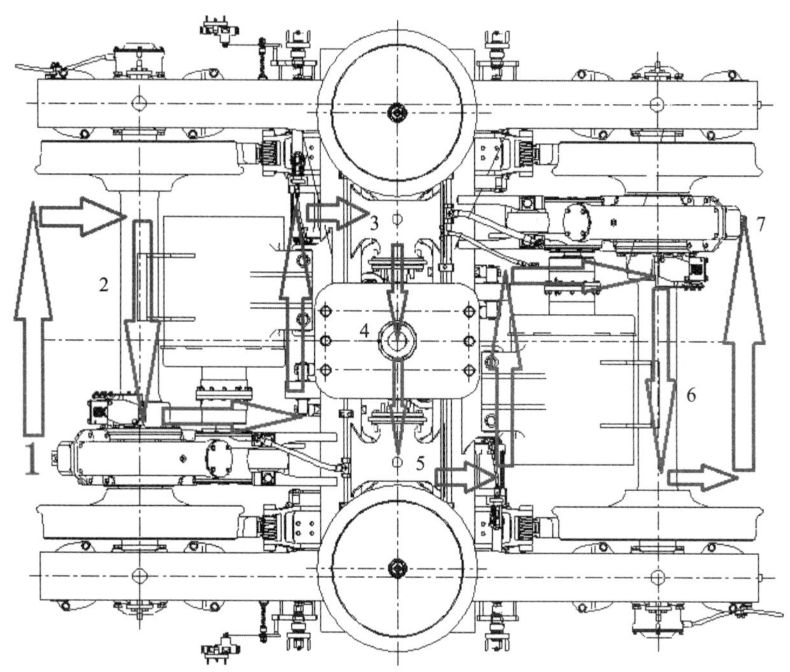

图 4　动车转向架侧底部“7 步”法站位及行走路线

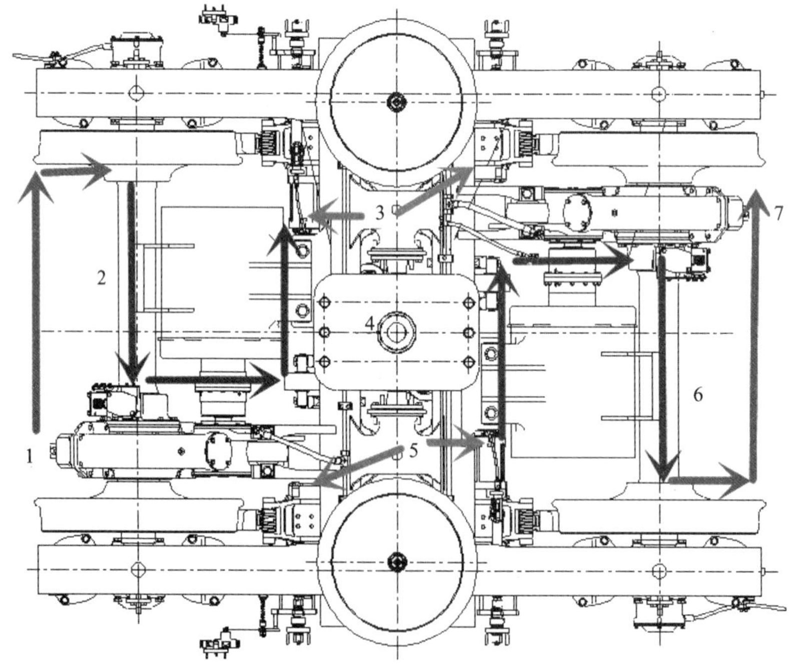

图 5　动车转向架底部检查路线及项目

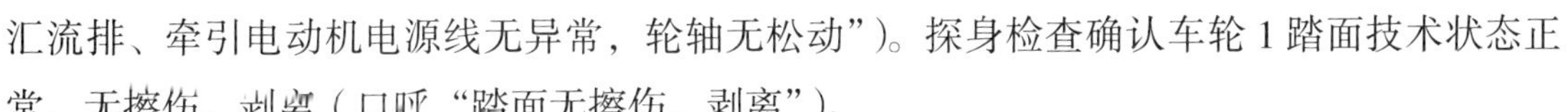

汇流排、牵引电动机电源线无异常，轮轴无松动”）。探身检查确认车轮 1 踏面技术状态正常，无擦伤、剥离（口呼“踏面无擦伤、剥离”）。

②第 2 步。面向 1 位电动机，前进一步从左至右依次检查确认 1 位牵引电动机螺栓（左侧全部）、1 位牵引电动机进出风口、1 位牵引电动机螺栓（右侧一半）、联轴节合拢螺栓（一半）状态良好（口呼“牵引电动机螺栓划线无错位，进出风口无异物，联轴节合拢螺栓划线无错位”）。侧身从左至右检查确认齿轮箱合拢螺栓及轴承合拢螺栓（一半）、接地碳刷排污口、油位、排油堵状态良好（口呼“齿轮箱合拢螺栓及轴承合拢螺栓划线无错位，油位处于上下刻度中间，排油堵状态良好”）。前进一步转身从左至右检查确认联轴节外侧合拢螺栓、吊拖、齿轮箱合拢螺栓及轴承合拢螺栓（另一半）、吊拖下部固定螺栓、联轴节合拢螺栓（另一半）、1 位牵引电动机螺栓（另一半）、1 位牵引电动机后部安装螺栓状态良好（口呼“螺栓划线清晰无错位，吊拖状态正常”）。

③第 3 步。面向 1 位车轮制动单元，从左至右依次检查确认 1 位车轮下踏面、1 位车轮闸瓦、1 位车轮单元制动缸及 3 位车轮制动软管、空簧内侧、3 位车轮制动软管及 3 位车轮单元制动缸、3 位车轮闸瓦、3 位车轮下踏面（转身）状态良好（口呼“踏面无擦伤、剥离，闸瓦磨耗不超限，单元制动缸耳听无漏气，空簧无鼓包和裂纹”）。

④第 4 步。站在转向架中部，从上到下依次检查确认中心销上吊挂螺栓、1 位横向止挡、1 位横向液压减振器、1 位牵引拉杆两侧螺栓及防松铁丝、中心销下安装螺栓、2 位牵引拉杆两侧螺栓及防松铁丝、中心销上吊挂螺栓、横向止挡状态良好（口呼“牵引中心销上下固定良好，横向止挡无裂纹，横向油压减振器无漏油”）。

⑤第 5 步。面向 2 位车轮制动单元，依次检查确认 2 位车轮下踏面、2 位车轮闸瓦、2 位车轮单元制动缸及 2 位车轮制动软管、空簧内侧、4 位车轮制动软管及 4 位车轮单元制动缸、4 位车轮闸瓦、4 位车轮下踏面状态良好（口呼“踏面无擦伤、剥离，闸瓦磨耗不超限，单元制动缸耳听无漏气，空簧无鼓包和裂纹”）。

⑥第 6 步。面向 2 位电动机，依次检查确认 2 位牵引电动机后部安装螺栓、2 位牵引电动机螺栓（一半）、联轴节合拢螺栓（一半）、吊拖下部紧固螺栓、齿轮箱、齿轮箱合拢螺栓及轴承合拢螺栓（一半）、吊拖、联轴节外侧合拢螺栓状态良好（口呼“牵引电动机螺栓划线无错位，进出风口无异物，联轴节合拢螺栓划线无错位”）。前进一步，侧身从右至左检查确认排油堵、油位、接地碳刷排污口、齿轮箱合拢螺栓及轴承合拢螺栓（另一半）状态良好（口呼“齿轮箱合拢螺栓及轴承合拢螺栓划线无错位，油位处于上下刻度中间，排油堵状态良好”）。前进一步，转身从左至右依次检查确认联轴节合拢螺栓（另一半）、2 位牵引电动机螺栓（右侧一半）、2 位牵引电动机进出风口、2 位牵引电动机螺栓（左侧全部）状态良好（口呼“螺栓划线清晰无错位，吊拖状态正常”）。

⑦第 7 步。后退一步面向 2 位齿轮箱，探身检查确认 4 位车轮踏面技术状态良好，无擦伤、剥离（口呼“踏面无擦伤、剥离”）。从左至右依次检查确认 4 位车轮降噪阻尼环、4 位车轮轮轴防松线、车轴、牵引电动机电源线、汇流排、接地碳刷、齿轮箱注油堵、齿轮箱合拢螺栓（右下至上顺时针检查）、3 位车轮降噪阻尼环状态良好（口呼“降噪阻尼环无断裂，齿轮箱合拢螺栓划线清晰无错位，齿轮箱无漏油，注油堵状态良好，接地碳刷端盖螺栓划线无错位，汇流排、牵引电动机电源线无异常，轮轴无松动”）。探身检查确认 4 位车轮踏面技术状态正常，无擦伤、剥离（口呼“踏面无擦伤、剥离”）。

4）车底中部的检查。车底中部检查采用自由步法，按先近后远、自下而上的原则进行，以电气分线槽为中心，采用蛇形步伐，利用“手拉、目视、耳听”的方法对车下所以设备状态进行检查。

以制动模块的检查为例：自下而上检查确认制动模块各个阀体的状态，耳听各风缸、空气管道、设备配管接头无泄漏现象。

以 SIV 静止逆变器装置箱体检查为例：先近后远检查确认 SIV 静止逆变器装置箱体所有手把都处于关闭位置，箱体盖板无变形，然后逐个检查，手拉箱体手把确认锁闭良好，目视各吊挂螺栓划线无错位，进出线正常。

5）半永久车钩缓冲装置的检查。半永久车钩缓冲装置的检查按“4 步”方法进行。

①第 1 步。检查确认半永久车钩缓冲装置安装螺栓划线无错位。

②第 2 步。右侧身检查确认压溃管及加长杆外观状态良好，无变形破损，连接卡环螺栓无松动，划线清楚，W03 阀门处于开放位置，风管连接器无破损、泄漏。

③第 3 步。左侧身检查确认压溃管及加长杆外观状态良好，无变形和破损，连接卡环螺栓无松动，划线清楚，风管连接器无破损、泄漏。

④第 4 步。转身检查确认半永久车钩缓冲装置安装螺栓划线无错位。

2. 列车车辆有电作业（1 号、2 号作业人员共同完成）

1 号作业人员待 2 号作业人员作业完毕后，共同确认列车车辆车底下部及两侧无人，1 号作业人员负责撤除“禁止升弓”指示牌，激活司机台并升起受电弓，在 ATI 上确认 HB 处于分段位，确认后开始司机室功能检查。2 号作业人员在车外确认完列车车辆状态后，上车开始进行列车车辆客室功能检查。

（1）Tc 车外部检查

1）第 1 步。1 号作业人员激活蓄电池后，2 号作业人员确认防护灯状态，需用双手指出，如果有故障，则用单手指出。

2）第 2 步。1 号作业人员设置广播后，2 号作业人员确认 FDU 显示状态，需用单手向上指出。

3）第 3 步。1 号作业人员开启前照灯，2 号作业人员确认近光及远光灯的状态，需用双手指出，如果有故障，则用单手指出。

4）第 4 步。1 号作业人员鸣笛升起受电弓后，和 2 号作业人员共同确认升弓状态，确认列车正常升弓后，2 号作业人员上车开始进行客室功能检查。

（2）司机室功能检查

1）第 1 步。1 号作业人员上车进入司机室，2 号作业人员在列车头端等待确认前部显示单元（FDU）、头灯与防护灯，1 号作业人员上车后打开司机室控制柜，确认空气开关状态，切除列车自动防护系统（ATP），激活蓄电池，确认蓄电池电压并记录。

2）第 2 步。等待列车网络控制系统（ATI）自检过程中，检查司机台所有旋钮与按钮保护盖，确认状态正常，ATI 自检完成后，设置广播上下行、始发站、终点站信息，1 号作业人员配合 2 号作业人员在列车头端确认 FDU、头灯及防护灯状态正常。

3）第 3 步。1 号作业人员鸣笛升弓看网压，按下“升弓”按钮后出门站在固定登车梯上确认实际受电弓状态，2 号作业人员站在车侧共同确认，确认完毕后 1、2 号作业人员共同进入司机室，确认 ATI 屏显示受电弓已升起，高速断路器（HSCB）为断开状态。2 号作业人员请求 1 号作业人员打开相应负载，1 号作业人员打开司机室照明、客室照明、辐流风机、空调并播放客室广播后，向 2 号作业人员说明情况（2 号作业人员标准用语为“请打开相应负载”，1 号作业人员标准用语为“负载已开启，可以开始作业”）。2 号作业人员确认负载开启后，进入客室进行客室检查。

4）第 4 步。1 号作业人员遵循“从上到下”原则，依次检查司机室照明灯、司机室通风单元功能、监控屏状态、摄像头外观、遮阳帘状态、雨刷功能。

5）第 5 步。1 号作业人员检查司机操纵台阅读灯、试灯按钮、广播控制盒话筒支架及话筒出线线缆、广播控制盒功能测试、开关门试验（开门前看门允许灯，关门后看门关好灯，确认 ATI 屏开关门状态，确认侧墙灯）、摘抄里程数、检查司控器牵引功能（确认 ATI 屏 HB 断开）、制动自检确认 ATI 屏显示 HB 断开，紧急制动、停放制动已缓解，风压达到要求，方向手柄向前，主控手柄处于 B7 位，检查仪表、导光板功能，查看故障一览。

6）第 6 步。如图 6、图 7 所示，1 号作业人员进行司机室无电检查，逆时针依次检查逃生梯（1）、司机室 2 位侧门（2）、综合柜外观（3）、灭火器（4）、间隔门（5）、控制柜外观（6）、司机室 1 位侧门（7）、司机室座椅（8），再按照顺时针检查各方孔锁闭状态，包括操纵台配线柜（9）、脚炉（10）、水箱柜（11）、1 位侧门上方孔（12）、控制柜（13）、后端门上方孔（14）、综合柜（15）、2 位侧门上方孔（16）、逃生梯上方孔（17）、监控屏方孔（18）、送风单元盖板方孔（19）。

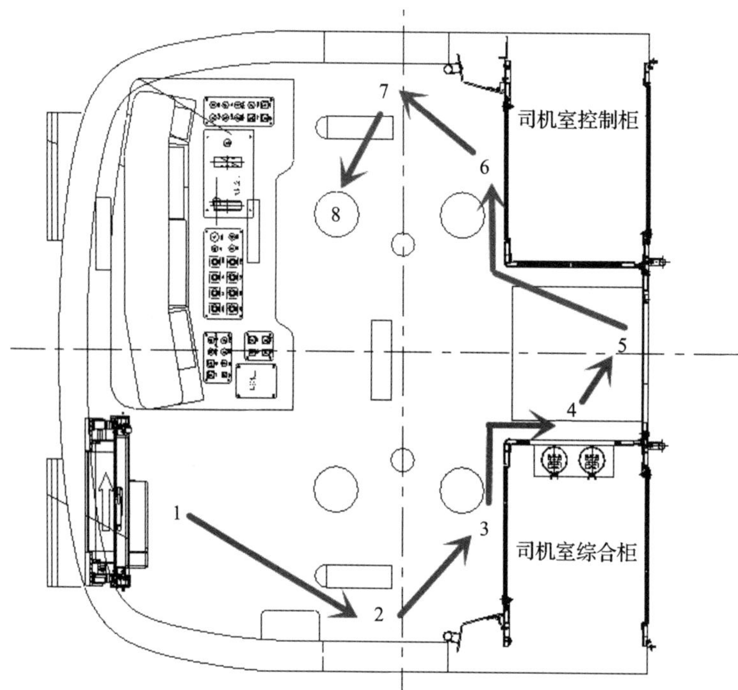

图 6　司机室逆时针检查方法

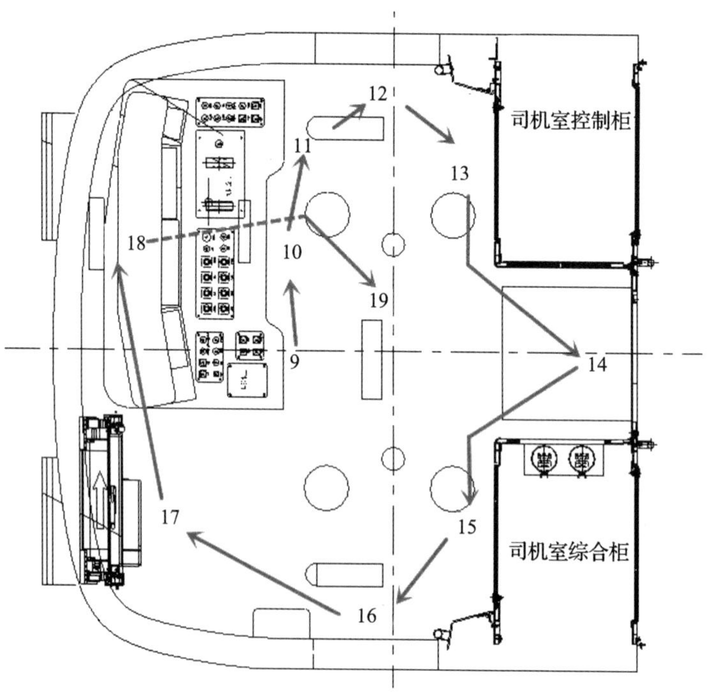

图 7　司机室顺时针检查方法

7）第 7 步。2 号作业人员到达尾车司机室后，通过麦克风报告 1 号作业人员作业完毕。1 号作业人员作业完毕后，进行“司机室对讲功能测试”，核对里程数完毕后 1 号作业人员口呼“作业完毕，关闭负载”，2 号作业人员口呼“收到”，1 号作业人员鸣笛降弓，确认受电弓状态。

（3）客室检查

以客室中间立柱为界，进行一侧检查。

1）站在客室 I 位端，上部检查确认客室照明灯正常，中部检查确认座椅挡风玻璃无破损，卡子无松动，扶手拉环无丢失，下部检查确认地板布无破损。

2）手推确认电气柜门锁闭良好。

3）检查每一个客室车门时需停留 1 s，采用“手拉、目视、耳听”检查动态地图、LCD 屏、广播状态良好，车门盖板锁闭良好。

4）检查确认客室扶手、拉环、座椅、挡风玻璃无破损和松动。

5）检查灭火器时，必须弯腰确认牢固（冬季检查电暖器罩），确认 B05 盖板处于正确位置。

6）检查确认辐流风机运转正常，两端 IDU 显示正常。

7）检查确认贯通道侧护板锁闭良好，渡板无翘起。

说明：以上列车车辆有电作业仅完成司机室和客室内部一半的检查作业，作业完毕后，应按相同方式换端后进行另一半的检查作业。

四、结束阶段

1 号作业人员与 2 号作业人员从尾车司机室下车，由 2 号作业人员撤除尾车车端防护灯，1 号作业人员撤除头车车端防护灯，结束作业。

说明：由于每个人步距不同，学习训练时可根据实际情况灵活调整步数。

附录 2

列车车辆日检标准化检查作业考评表

姓名：　　　　　车号：　　　　　班级：　　　　　日期：　　　　　得分：

<table>
<tr><td rowspan="3">序号</td><td>项目</td><td>日检标准化作业</td><td>分值</td><td>扣分</td></tr>
<tr><td>时间</td><td>开始时间：　　　　　　　　结束时间：</td><td>2</td><td></td></tr>
<tr><td colspan="2">项目内容及要求</td><td></td><td></td></tr>
<tr><td>1</td><td>准备</td><td>确认受电弓降下，蓄电池已断开，列车制动已施加，两端做好防护，共同确认后开始作业（项目齐全，少一项扣 1 分）</td><td>2</td><td></td></tr>
<tr><td>2</td><td rowspan="4">转向架侧面七步法</td><td>第一步 / 第七步，俯身确认降噪阻尼环、一系簧及附属状态，探身确认踏面（项目齐全，少一项扣 1 分）</td><td>5</td><td></td></tr>
<tr><td>3</td><td>第二步 / 第六步，确认构架、吊耳、轴箱及附属状态（项目齐全，少一项扣 1 分）</td><td>5</td><td></td></tr>
<tr><td>4</td><td>第三步 / 第五步，俯身确认一系簧及附属、闸瓦、踏面、安全钢索 / 高调杆、空簧侧面状态（项目齐全，少一项扣 1 分）</td><td>5</td><td></td></tr>
<tr><td>5</td><td>第四步，探身确认 2 轮上踏面、制动软管、空簧正面、手动拉环、4 轮上踏面状态，确认构架、附加气室状态，俯身确认单元制动缸安装螺栓状态（项目齐全，少一项扣 1 分）</td><td>5</td><td></td></tr>
<tr><td>6</td><td>车侧 / 车底中部</td><td>采用自由步伐，采用“手拉、眼看、耳听”的检查方法，对车下设备状态、车体状态进行检查</td><td>4</td><td></td></tr>
<tr><td>7</td><td>车体连接部（侧面）</td><td>第一步，确认电气连接线、压溃管触发器、连接卡环、风管连接器、阀门状态；第二步，站在限界线外，确认贯通道折棚、车体状态（项目齐全，少一项扣 1 分）</td><td>2</td><td></td></tr>
<tr><td>8</td><td>半自动车钩</td><td>第一步，确认司机室挡风玻璃、逃生门、前照灯、雨刮器、半自动车钩手柄、风管状态；第二步，确认压溃管、缓冲器、连接卡环状态；第三步，确认电笛、连接软管、阀门状态；第四步，确认半自动车钩安装螺栓和过载螺栓状态（项目齐全，少一项扣 1 分）</td><td>4</td><td></td></tr>
</table>

续表

<table>
<tr><td rowspan="3">序号</td><td>项目</td><td colspan="2">日检标准化作业</td><td>分值</td><td>扣分</td></tr>
<tr><td>时间</td><td>开始时间：</td><td>结束时间：</td><td>2</td><td></td></tr>
<tr><td colspan="3">项目内容及要求</td><td></td><td></td></tr>
<tr><td>9</td><td>半永久牵引杆</td><td colspan="2">第一步，检查半永久牵引杆安装螺栓状态；第二步，检查压溃管、连接卡环、阀门、风管连接器状态（项目齐全，少一项扣 1 分）</td><td>2</td><td></td></tr>
<tr><td>10</td><td rowspan="4">拖车转向架底部七步法</td><td colspan="2">第一步 / 第七步，确认踏面、降噪阻尼环、车轴状态（项目齐全，少一项扣 1 分）</td><td>5</td><td></td></tr>
<tr><td>11</td><td colspan="2">第二步 / 第六步，确认中心销、制动气管、牵引拉杆状态（项目齐全，少一项扣 1 分）</td><td>6</td><td></td></tr>
<tr><td>12</td><td colspan="2">第三步 / 第五步，确认踏面、闸瓦、单元制动缸、空簧状态（项目齐全，少一项扣 1 分）</td><td>6</td><td></td></tr>
<tr><td>13</td><td colspan="2">第四步，确认中心销、横向止挡、横向油压减振器状态（项目齐全，少一项扣 1 分）</td><td>3</td><td></td></tr>
<tr><td>14</td><td rowspan="4">动车转向架底部七步法</td><td colspan="2">第一步 / 第七步，确认踏面、齿轮箱、注油堵、接地碳刷、汇流排、电动机电源线、车轴、降噪阻尼环状态（项目齐全，少一项扣 1 分）</td><td>7</td><td></td></tr>
<tr><td>15</td><td colspan="2">第二步 / 第六步，确认牵引电动机、联轴节、齿轮箱、接地碳刷、排污口、油位、排油堵、吊拖状态（项目齐全，少一项扣 1 分）</td><td>7</td><td></td></tr>
<tr><td>16</td><td colspan="2">第三步 / 第五步，确认踏面、闸瓦、单元制动缸、空簧状态（项目齐全，少一项扣 1 分）</td><td>4</td><td></td></tr>
<tr><td>17</td><td colspan="2">第四步，确认中心销、横向止挡、油压减振器、牵引拉杆、牵引电动机安装螺栓状态（项目齐全，少一项扣 1 分）</td><td>2</td><td></td></tr>
<tr><td>18</td><td rowspan="5">司机室功能七步法</td><td colspan="2">第一步，确认控制柜状态、ATP 状态，记录蓄电池电压（项目齐全，少一项扣 0.5 分）</td><td>1</td><td></td></tr>
<tr><td>19</td><td colspan="2">第二步，确认司机台各旋钮、广播、头灯状态（项目齐全，少一项扣 0.5 分）</td><td>1</td><td></td></tr>
<tr><td>20</td><td colspan="2">第三步，确认升弓状态和 HSCB 状态，开启相应负载（项目齐全，少一项扣 0.5 分）</td><td>1</td><td></td></tr>
<tr><td>21</td><td colspan="2">第四步，确认司机室照明灯、司机室通风单元功能、监控屏状态、摄像头外观、遮阳帘状态、雨刷功能（项目齐全，少一项扣 0.5 分）</td><td>6</td><td></td></tr>
<tr><td>22</td><td colspan="2">第五步，确认阅读灯、试灯、广播控制盒、话筒支架及话筒出线线缆状态，测试广播控制盒功能、开关门，摘抄里程数，确认 HSCB 断开，测试司控器牵引、制动功能、自检，确认仪表、导光板状态，检查故障一览（项目齐全，少一项扣 0.5 分）</td><td>5</td><td></td></tr>
</table>

续表

<table>
<tr><td rowspan="3">序号</td><td>项目</td><td>日检标准化作业</td><td>分值</td><td>扣分</td></tr>
<tr><td>时间</td><td>开始时间：　　　　结束时间：</td><td>2</td><td></td></tr>
<tr><td colspan="2">项目内容及要求</td><td>/</td><td></td></tr>
<tr><td>23</td><td rowspan="2">司机室功能七步法</td><td>第六步，检查逃生梯、逃生门、司机室侧门、综合柜、灭火器、后端门、座椅状态，确认各方孔锁状态（项目齐全，少一项扣 0.5 分）</td><td>4</td><td></td></tr>
<tr><td>24</td><td>第七步，进行司机室对讲，核对里程数，关闭负载，确认降弓状态（项目齐全，少一项扣 0.5 分）</td><td>2</td><td></td></tr>
<tr><td>25</td><td>客室检查</td><td>按照已制定标准执行</td><td>4</td><td></td></tr>
<tr><td colspan="3">总分</td><td>100</td><td></td></tr>
</table>

考评人：

附录 3

司机控制器维护与检修

司机控制器是用来操纵城市轨道交通车辆运行的控制器，它利用控制电路的低压电器间接控制主电路的电气设备。司机通过操纵主控手柄，使列车按司机意图运行。此处主要介绍司机控制器的维护与检修。

一、司机控制器组成

司机控制器是一种典型的组合电器，其控制方式属于凸轮触头式控制方式，主要由主控手柄、方向手柄、钥匙开关及警惕按钮等组成，如图 1 和图 2 所示。主控手柄有牵引区、0 位、制动区、快速制动四个挡位；方向手柄有向前、0 位、向后三个挡位；钥匙开关设有开位和关位两个位置；警惕按钮是位于主控手柄上端的两个半圆头开关。为防止可能产生的误操作，主控手柄、方向手柄和钥匙开关三者之间设有机械联锁功能。

图 1　司机控制器外形

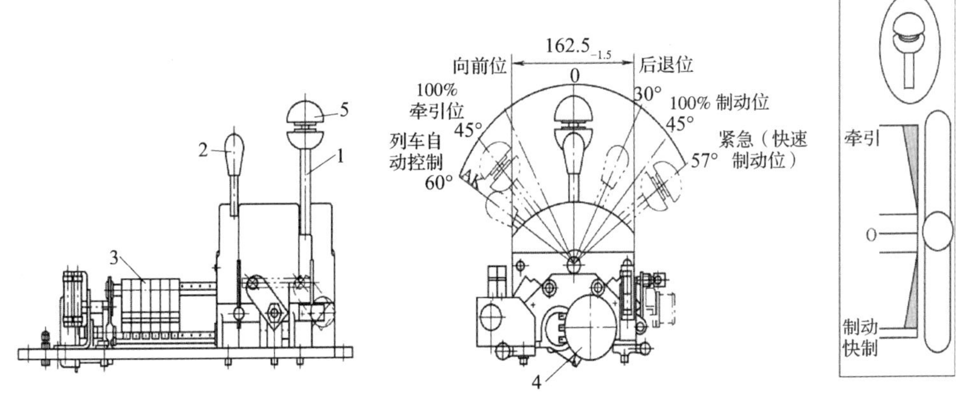

图 2　司机控制器结构

1—主控手柄　2—方向手柄　3—转换开关组　4—凸轮组　5—警惕按钮

二、司机控制器维护

1. 司机控制器的铭牌及标识符号应齐全、完整、清晰、正确。

2. 司机控制器各部件应清扫干净，绝缘性能良好，对外连接插座连接正确，零部件齐全完整。

3. 司机控制器各紧固件应齐全，紧固状态良好。

4. 主控手柄在各个挡位之间应转动灵活，无机械卡阻，相邻两挡位之间不应出现停滞现象。

5. 方向手柄在各个挡位之间应转动灵活，无机械卡阻，相邻两挡位之间不应出现停滞现象。

6. 司机控制器主控手柄、方向手柄和钥匙开关之间的联锁关系应正确无误。

7. 司机控制器的闭合表和对外连接线应与规定相一致。司机控制器线束内有一根备用线（不带线号，头部折弯）。

8. 司机控制器的各个转动部位加注 6 号汽油机油，机械联锁处加润滑脂。

三、司机控制器检修

1. 外观检修

检查主控手柄、方向手柄有无严重损伤、裂化等，必要时可进行更换。

2. 内部检修

拆下司机控制器面板上的 4 颗固定螺栓，取出司机控制器，并确认如下内容：

（1）检查司机控制器凸轮有无破损、松动。

（2）检查各行程开关动作是否良好，各接线（包括警惕线）有无松动、磨损等异常情况。当发现行程开关表面有变黑情况时，应更换新品。

（3）在司机控制器星形轮和齿轮的齿部涂抹润滑脂。

（4）操作司机控制器钥匙、方向手柄、控制手柄，确认是否活动灵活，互锁功能是否正常。

（5）检查司机控制器内部安装螺母有无松动，插头划线有无错位、破裂。

（6）手动缓慢按压警惕按钮，当听到行程开关动作声音后，继续按压，手柄上半球下移尚有余量为合格，否则进行调整。使用专用工具紧固司机控制器警惕按钮，确认此按钮无松动。

（7）打开司机控制器上盖，更换牵引手柄滚轮弹片组件。

（8）检查机械锁的限位销是否紧固和变形。

3. 功能测试

（1）操作主控手柄、方向手柄和司机台钥匙，在各挡位应转动灵活，无机械卡滞现象。

（2）操作验证主控手柄、方向手柄、钥匙开关联锁关系应正确，无卡滞。

参 考 文 献

[1] 吴冰 . 城市轨道交通车辆电器 [M]. 北京：人民交通出版社，2011.

[2] 黄凯林 . 城市轨道交通车辆总体及走行部 [M]. 北京：中国铁道出版社，2016.

[3] 郑炎华，蔡海云 . 城市轨道交通车辆检修工艺 [M]. 成都：西南交通大学出版社，2016.

[4] 陈祖让，黄昌兵 . 城市轨道交通车辆维护与检修 [M]. 北京：中国铁道出版社，2014.

[5] 陈廷凤，廖海峰 . 城市轨道交通车辆电器 [M].2 版 . 成都：西南交通大学出版社，2016.

[6] 李怀俊，曾颖委 . 城市轨道交通车辆电气结构与检修 [M]. 北京：电子工业出版社，2014.

[7] 阳东，卢桂云 . 城市轨道交通车辆检修 [M]. 北京：机械工业出版社，2014.

[8] 刘柱军，曾颖委 . 城市轨道交通车辆机械检修 [M]. 北京：人民交通出版社股份有限公司，2016.

[9] 杜彩霞 . 城市轨道交通车辆构造与检修 [M]. 重庆：重庆大学出版社，2015.